KB273699

오십이 넘으면
세상이 보이는 이유

오십이 넘으면 세상이 보이는 이유

끝맺음이 아니라 해석을 바꾸는 나이에 대하여

초 판 1쇄 2026년 02월 24일

지은이 박범진
펴낸이 류종렬

펴낸곳 미다스북스
본부장 임종익
편집장 이다경, 김가영
디자인 윤영빈, 윤가희, 임인영
책임진행 이예나, 안채원, 김은진, 국소리, 송가희, 이지영

등록 2001년 3월 21일 제2001-000040호
주소 서울시 마포구 양화로 133 서교타워 711호, 808호
전화 02) 322-7802~3
팩스 02) 6007-1845
블로그 http://blog.naver.com/midasbooks
전자주소 midasbooks@hanmail.net
페이스북 https://www.facebook.com/midasbooks425
인스타그램 https://www.instagram.com/midasbooks

© 박범진, 미다스북스 2026, *Printed in Korea*.

ISBN 979-11-7355-721-7 (03190)

값 18,800원

미다스북스는 다음세대에게 필요한 지혜와 교양을 생각합니다.

오십이 넘으면
세상이 보이는 이유

박범진 지음

미다스북스

차례

눈을 떠보니 이 세상에 태어나 있었다. 이 사실도 한참 후에야 알게 되었다. 아버지가 공무원이시고 1남 4녀 중 장남이라는 사실도 나중에 알게 되었다. 지방의 읍소재지에서 평범한 유년 시절을 보냈다. 외환위기가 터진 직후 대학교를 졸업하였다. 어느 회사도 나를 받아 줄 여력은 없었다. 어쩔 수 없이 서울의 한 대학원에 진학하였다. 잠시 시간은 벌었지만, 등록금을 아끼려고 시작한 조교 생활은 고난의 연속이었다. 깐깐한 지도교수 밑에서 인생을 배우며 대학원을 마쳤다. 그러나 외환위기가 끝난 직후라 여전히 취직은 쉽지 않았다. 다행히 수십 번의 도전 끝에 증권회사로부터 합격통지서를 받았다. 인사팀장은 엄청난 경쟁률을 뚫고 들어왔다며 자부심을 느끼라고 하였다. 그러나 사실 그 회사는 자본잠식 상태에 있어서 언제 쓰러져도 이상하지 않은 회사였다. 몇 년이 흘러 매일 보던 인사팀장은 나를 지방의 영업점으로 인사발령을 내놓고 사라졌다. 서울 사람이 되었다는 기쁨도 오래가지 못했다. 영업점으로 내려오니 직원들은 나를 투명 인간으로 취급하였다. 본사에 있던 내가 영업을 잘할 거라는 기대는 아예 포기하고 그냥 무시하였다. 시간이 흘러 영업을 알게 되었고 안정적으로 고객을 확보하였다. 그러나 회사 주인은 세 번이나 바뀌었다. 그때마다 직원들은 구조조정으로 갈려 나갔다. 회사를 벗어나야겠다는 생각이 온통 머릿속을 지배하였다. 때마침 대학원에서 같이 공부했던 모교 선배가 드디어 교수가 되었다. 항상 간장에 밥만 비벼 먹었다던 그 형이 진짜 교수가 되었다. 그 때부터 교수의 꿈을 향해 영혼을 갈아 넣었다. 그러나 꿈을 향해 한 발자국 나아갈 때마다 세상의 편견은 내 발목을 붙잡았다. 그 와중에 결혼하여 두 딸을 둔 가장이 되었다. 가장이 된 나는 세상 어디에도 의지할 곳 없는 지독한 고독을 맛보았다. 다행히 천신만고千辛萬苦 끝에 대학교 교수로 임용되었다. 그리고 어느새 오십 대 중반을 지나고 있다. 저 멀리 두고 온 기억들이 가던 길을 멈춰 세운다. 이제 잠시 숨을 고르고 뒤를 돌아본다.

백 세 시대에 오십은 겨우 인생의 절반이다. 그동안 공짜로 뛰어넘은 날은 하루도 없었다. 그러나 낯설게만 느껴지는 오십은 적잖이 당황스럽게 한다. 해 놓은 것도 별로 없는 것 같은데 벌써 오십이 넘었다. 가깝게만 느껴졌던 사십 대의 생기가 돌아갈 수 없는 체념으로 시들어버린다. 멀게만 느껴졌던 육십 대의 노후는 무거운 걱정으로 다가온다.

미뤄두었던 숙제는 늙음을 인정하는 겸손이었음을 깨닫는다. 누구나 늙음을 인정하는 나이가 있다. 누구나 인생에서 다가오지 않았으면 하는 나이이다. 그러나 그 나이는 반드시 오게 되어 있다. 막상 다가오면 마음의 준비와 달리 회피하기 급급하다.

늘 찾아뵈었던 부모님이 어느 날 갑자기 할아버지와 할머니가 되어 있다. 오랜만에 만난 늙수그레한 친구는 부정하고 싶은 나의 모습이다. 젊은 시절 아무렇지도 않게 넘겼던 팔다리의 통증을 이제는 늙어가는 신호로 받아들인다. 제대로 꽃이 핀 적도 없는 인생 앞에 여전히 젊은 기억의 파편을 부여잡고 괴로워한다.

'이런 날이 올 줄 알았잖아! 마음 단단히 먹고 준비했었잖아!'

그러나 인생 절반 앞에서 두려움을 안고 끌려가지 않으려고 발버둥 친다. 꿈을 먹고 사는 것보다 지나온 길을 헤집으며 사는 것이 더 편한 나이가 되었다. 나아가지 못하고 자꾸 인생의 고갯길에 주저앉는다.

젊은 시절에는 무슨 일이든 해낼 것만 같았다. 언제나 세상의 중심에 서 있다고 믿었다. 지금은 어느새 세상의 중심에서 밀려나 가장자리로 향하고 있다. 그러나 아직도 시간이 남아 있다. 가장자리가 꼭 나쁜 곳만은 아니라는 것을 깨닫는다. 고개를 들어 보니 따라잡기 힘들고 시시콜콜 간섭하는 세상을 풋 웃음으로 날려 버릴 마음의 여유가 생겼다. 지나간 세월에 젊음과 패기는 사라졌다. 그러나 인생의 깨달음과 지혜를 얻었다.

세월은 경험이라는 렌즈lens를 주었다. 그 렌즈는 그때는 보이지 않던 것들을 지금은 볼 수 있게 한다. 물론 그 렌즈가 세상을 왜곡시키지 않도록 잘 갈고 닦아야 한다. 투영된 세상이 다른 사람의 공감을 얻지 못하면 아집

我執이 될 것이며 공감을 얻는다면 깨달음이 될 것이다. 그 깨달음은 삶의 지혜이다.

지나간 세월은 그때의 청춘, 돈, 인간관계 그리고 인생의 고통으로 채워져 있다. 이제는 마음이 흔들릴 때 돌아보면 이유가 보인다. 그때는 몰랐던 이유가 지금은 보인다. 지나간 인생 절반이 깨달음과 지혜를 주며 새롭게 펼쳐질 인생 절반을 기대하게 한다.

어차피 누구나 이 길을 걸어왔고, 또 누구나 이 길을 걸어갈 것이다. 다른 것은 몰라도 시간만은 우리를 공평하게 대하니 참 다행이다. 우리는 그저 그 시간을 무엇으로 채울지만 고민하면 된다.

마지막으로 이 책은 어떤 인생의 정답을 건네기보다는 누군가가 자기의 삶을 조용히 비춰볼 수 있는 여백으로 남기를 바란다. 그리고 이 시대를 살아가는 모든 이에게 잠시 숨을 고르며 자신을 돌아보는 하나의 숨표가 되었으면 한다.

저자 드림

청춘 :

실패와 성장 사이 어디쯤

1.
청춘은 목적지 없는 출발선

청춘은 목적지가 적힌 지도를 받지 못한 채 넓은 바다로 밀려난 작은 배와 같다. 불안은 길을 잃었다는 신호가 아니라 아직 갈 수 있는 방향이 많다는 증거이다. 따라서 목적지가 없는 불안은 모든 방향으로 열린 가능성이다. 서른은 젊음이 끝나는 문턱이 아니라 과거를 짊어진 채 다시 선 출발선이다. 젊음이란 사라진 뒤에야 아는 것이 아니라 믿기로 선택할 때 비로소 살아난다.

불안이라는 이름의 청춘

아직 아무 일도 일어나지 않았는데, 벌써 실패한 기분이 들 때가 있다. 청춘이 불안한 이유는 인생에서 살아온 과거보다 살아갈 미래가 더 크기 때문이다. 미래의 모습을 알고 싶은데 지금 무엇을 해도 알 수 없으니 불안한 것이다. 미래의 불안감은 남아 있는 시간과 비례한다. 그래서 청춘의 다른 말은 불안이다.

학생 하나가 상담하러 왔다. 벌써 4학년이 되었는데 아무것도 준비해 놓은 것이 없어서 불안하다고 했다. 미래에 대한 고민은 오래전부터 했었다고 했다.

나는 학생에게 젊으니까 불안한 거라고 말해주었다. 내일 정오에 죽기로 예정되어 있다면 지금만큼 불안하지는 않을지도 모른다고. 일단 내일 죽기 때문에 오늘 오후에 해야 할 일과 내일 오전에 해야 할 일이 순식간에 떠오를 거라고. 그러나 학생은 아직 쇠털같이 많은 날이 남아 있어서 그 시간을 무엇으로 채워야 할지 몰라 고민하는 것뿐이라고. 그래서 시간 부자인 지금 아이러니한 고민을 하고 있는지도 모른다고.

학생은 나의 얘기에 수긍하였다. 그러나 이내 다시 얼굴은 어두워지고 초조해졌다. 나의 대답에도 여전히 미래를 불안해하는 학생에게 나는 아무거나 실패해도 상관없는 일을 해보라고 말했다. 그 아무거나 할수록 한 만큼 안정감이 생길 거라고. 그 안정감은 미래를 위해 무엇인가를 준비했다는 뿌듯함일 수도 있고, 언젠가 마주할 시간의 끝에 조금 더 가까이 갔기에 그만큼 불안감이 줄어든 것일 수도 있다고.

목적도 목표도 없다면 고민만 할 것이 아니라 아무거나 하고 있으라고. 그것들이 쌓여서 서서히 운명을 바꿔놓을 거라고. 시간을 무언가로 채워야 한다고 생각하면서도 무언가를 하지 못하는 이유는 무언가에 대한 확신이 없어서라고. 그래서 변화를 기대하면서도 조급함만 앞세워 시도조차 안 하는 거라고.

어차피 청춘은 무엇을 해도 불안하니 아무거나 열심히 하라고 말했다. 어차피 세월이 흘러 인생이 부쩍 줄어들면 의외로 불안감은 사라지고 생뚱맞은 안정감이 찾아올지도 모른다.

언젠가 청춘도 사라진다. 돌이켜보면 그 불안이 그리워질 것이다. 끝을 너무 빨리 알려고 하면 인생이 지루해지고 빨리 늙어버린다. 청춘은 불안하지만 정해진 것이 없기에 아무거나 할 수 있는 특권을 가졌다. 어쩌면 그것이 자유인지도 모른다.

서른, 아직 젊음을 믿는 나이

젊음과 영원히 이별한 줄 알았다. 금방이라도 늙어버리는 줄 알았다. 멀어지는 날들만큼 내 기억도 비어가는 줄 알았다. 나를 괴롭히는 상념想念에 인생의 정점에 서 있는 줄 알았다. 다가오는 내일이 내리막길의 초입初入인 줄 알았다. 그러나 내 나이 서른에 아무 일도 일어나지 않았다. 그래서 아직도 채워야 할 쇠털같이 많은 날에 안도하며 지나간 시간을 그저 추억으로 이해하였다. 가슴에는 지나간 시간의 공허함보다 다가올 시간의 설렘으로 가득하였다. 불안했지만 이제 막 세상에 나온 느낌이었다. 공허함은 불안과 뒤섞인 세상의 설렘을 짓누르지 못했다. 세월이 흐르니 내 나이 서른은 그때의 상념想念보다 훨씬 더 젊어 보인다.

2001년 1월 1일 월요일, 사회생활의 두 번째 해를 맞았다. 지난해는 취직의 기쁨도 잠시고 SK 글로벌 사태로 주식이 하락하여 괴로웠다. 동기들은 고객들의 항의를 견디지 못하고 조금씩 사라져 갔다. 올해는 삼십 대의 첫 해이다. 김광석의 〈서른 즈음에〉 노래가 무척 마음을 울적하게 만든다. 서른이 되면 주름살도 많이 생겨 갑자기 늙어버리는 줄 알았다. 다행히 스물아홉 해의 마지막 날과 서른 해의 첫날 사이에 아무런 변화도 일어나지 않았다. 서른은 지난날의 아쉬움과 그리움이 시작되는 출발점인 것 같다.

2001년 1월 7일 일요일, 눈이 굉장히 많이 온다. 이십 대가 지나가니 인생의 모든 것에 대해 조급해지기 시작한다. 결혼은 점점 더 부담스러운 과제로 다가온다. 나는 결혼을 못 하면 문제가 있다는 세상의 시각에 길들어 있다. 세상은 말이 없는데 서른이 되니 세상 눈치를 보기 시작한다.

2001년 1월 27일 토요일, 조급한 인생이 자꾸 내게 어디로 가고 있는지 묻는다. 오늘의 젊음을 누리지도 못한 채 미래에 대해서만 궁금해한다. 젊음의 친구는 불안이라는 것을 잘 알면서도 남들보다 빨리 미래로 달려가 내 모습을 확인하고 싶다. 그곳에 가면 말로 설명하기 힘든 그 무언가가 나를 기쁘게 할 것만 같다.

2001년 2월 8일 목요일, 시간이 예전보다 더 빨리 어디론가 사라진다. 시간을 잡고 싶은 마음은 간절한데 나는 이미 세상에 지배되어 시간의 쳇바퀴에 갇혔다. 나는 똑같은 자리에서 목적 없이 시간만 더 빨리 돌리고 있다.

2001년 2월 10일 토요일, 이제야 일이 끝났다. 밖은 이미 어두워졌다. 멀리 국회의사당의 파란 지붕이 색을 잃어가고 있다. 오늘은 무엇을 위해 살았는지 내게 물어본다. 내 삶의 흔적은 찾아볼 수가 없다.

2001년 2월 13일 화요일, 설 연휴 마지막 날이다. 친척들은 내게 언제 결혼할 것인지에 대해 한마디씩 던진다. 결혼은 세상으로 향하는 또 다른 관문인 것 같다. 나에 대한 걱정인지 질책인지는 모르겠지만 친척들의 관심이 부담스럽다. 서른이 되니 세상으로부터의 간섭이 많아진다.

2001년 2월 14일 수요일, 밸런타인데이이다. 지금 국회의사당이 보이는 건물에서 일하고 있으니 나는 출세한 놈이다. 초등학교 수학여행 때 국회의사당 옆 가게에서 초콜릿을 사기 위해 줄을 섰던 기억이 난다. 이제 초콜릿은 더 이상 꿈도 희망도 아닌 단지 먹을 것이다. 그래도 나에게 초콜릿을 줄 사람이 있으면 좋겠다.

2001년 2월 15일 목요일, 눈이 올 것 같다. 어릴 적 동네 아이들과 뒷동산에 올라갔었다. 비료 포대를 타고 오르락내리락하며 밭고랑을 내려갔다. 놀이동산의 어떤 놀이기구도 부럽지 않았다. 가끔 산비탈을 내려가다가 중요 부위가 눈 속에 파묻힌 나무 밑동과 부딪히기도 했다. 그때 그 친구들은 잘살고 있는지 궁금하다. 과거의 겨울은 지금보다 더 추웠다. 그런데 왜 기억은 그 겨울을 포근하게 느끼는지 모르겠다.

2001년 2월 16일 금요일, 어제는 삼십이 년 만에 폭설이 내렸다. 어제의 적설량은 내가 태어나기 전의 적설량 기록을 깬 것이다. 서른이 되었지만 이렇게 새하얀 세상은 처음이다. 서른에는 아직도 새로운 것이 많다.

아직은 젊다고 믿었던 서른도 벌써 이십 년 전의 일이 되었다. 오십이 넘어보니 이제 젊다고 말하기에는 어딘가 민망한 구석이 있다. 변화된 모습에 거울 앞에 서는 것이 망설여진다. 한때 새로운 곳에만 가면 그곳의 나를 사진으로 박제하였다. 이제는 그런 노력이 시들시들해진다.

나이는 숫자에 불과하다고 말하지만, 몸에서 나오는 마음은 그것을 쉽게 허락하지 않는다. 이곳저곳 쑤시고 아픈 곳이 많아질수록 나이를 잊으려는 노력이 허사가 된다. 살 만큼 살았다는 우리의 위로는 새로운 것에 대한 설렘보다 익숙한 것의 편안함에 더 길들어진다. 어차피 인생은 의미 없다는 것을 잘 안다. 그러나 잠깐 한눈팔면 깊은 공허함에 매몰될 수 있다. 그렇게 어른스러워 보였던 서른의 나이가 지금은 까마득히 어려 보인다. 지금, 이 순간이 가장 젊다는 것을 알면서도 서른이 부러움으로 다가온다.

왜 세월이 흘러야 그때를 이해할 수 있을까? 다시 돌아가도 또다시 부러워할 서른을 그렇게 보냈다. 먼 훗날 젊어 보일 지금을 과거의 허무에 내어

주지 말자고 다짐해 본다. 지금부터는 서른보다 더 단단히 마음으로 충만한 시간을 보내야 한다. 잘못하다가는 지나간 시간의 그리움에 묶여 남은 인생을 한 발짝도 내딛지 못할 수 있다. 지금을 후회로 남기지 않으려면 아직은 젊다고 믿어보자.

서른 살이 무언가 시작하기에 늦었다고 후회하는 사람들에게 말하고 싶다. 그 후회가 또 다른 후회를 낳지 않으려면 무언가를 시작해야 한다고. 그리고 서른 살은 그 무언가를 시작하기에 너무도 아름답고 눈부신 젊은 나이라고. 서른은 지나간 청춘을 아쉬워하기보다 새로운 가능성을 마음껏 펼칠 나이임을 기억하자.

   오십이 넘으면 세상이 보이는 이유

2.
홀로서기를 배워야 했던 날

어떤 청춘은 햇볕 아래에서 자라고 어떤 청춘은 그늘 속에서 먼저 어른이 된다. 부모라는 이름의 뿌리는 때로는 나무를 지탱하지만 때로는 숨 막히는 굳어 버린 땅이 된다. 인생은 대신 살아줄 수 없는 길이기에 결국 각자가 자기 몫의 발걸음을 내디뎌야 한다. 그늘 속에서도 자기 삶을 놓지 않으려는 순간 청춘은 비로소 자기 것이 된다.

그녀의 인생은 그녀의 것

창밖에 추적추적 비가 내린다. 무언가에 의해 분주했던 마음 그리고 무언가에 의해 어지럽혀진 감정이 사그라진다. 갑자기 몇 해 전 상담했던 학생이 잘살고 있는지 궁금하다.

그 학생은 어느 날 내 연구실 문을 벌컥 열었다. 그리고 의자에 털썩 앉더니 울음을 터뜨렸다. 여학생이라 나는 몹시 당황스러웠다. 한참을 훌쩍

이던 그녀는 너무 괴로워서 어떻게 해야 할지 모르겠다고 입을 뗐다.

그녀가 어렸을 때 그녀의 부모님은 이혼하셨다. 자기는 어머니의 손에 자랐고 아버지는 이혼 후에 재혼하셨다고 했다. 그녀는 어린 자기를 돌봐주지 않은 아버지에 대해 증오심을 품고 원망하며 살아왔다.

그러던 몇 주 전 그녀는 갑작스럽게 아버지가 돌아가셨다는 소식을 들었다. 그것도 엄마의 지인을 통해서 말이다. 그렇게 증오했던 아버지가 돌아가셨다고 했을 때 그녀는 만감萬感이 교차하면서 한참을 우두커니 서 있었다. 아버지 쪽 가족들과는 연락이 끊긴 지 한참 되었다.

그녀의 엄마는 그래도 너를 낳은 아버지인데 빈소에는 가봐야 하지 않겠냐고 말했다. 그래서 그녀는 엄마와 함께 아버지의 장례식장에 가게 되었다. 그녀는 가고 싶은 마음이 없었지만, 엄마는 그렇게 해야 마음이 편할 것 같다고 했다. 그녀도 자기를 만들어준 아버지가 이 세상에 없다는 생각에 슬픔의 파도가 마음속에 일기 시작했다.

그녀는 엄마와 장례식장에 도착하였다. 그런데 아버지 쪽의 가족 그러니까 아버지의 형제자매가 그들을 문전박대했다. 이미 끝난 인연인데 왜 찾아왔느냐면서 말이다. 죽은 아버지의 재산을 탐하려고 온 것은 아니다. 그렇다고 가족에게 분란紛亂을 일으키려고 온 것도 아니다. 그런데 아버지 가족들은 남보다도 더 못한 푸대접을 하였다.

그녀는 엄마와 집으로 오는 내내 펑펑 울었다. 그녀는 아무도 자기 존재에 관심이 없다고 느껴 세상에 잘못 태어났다는 자괴감이 들었다. 급기야 엄마도 미워하게 되었다. 그래서 어떻게 살아야 할지 고민하게 되었다.

나는 한참 동안 그녀의 얼굴을 똑바로 바라볼 수 없었다. 나도 그녀의 나이일 때 겪어보지 못한 고통이다. 내가 감히 그녀를 위로할 수 있을까?

잠시 생각에 잠겼다가 나는 이렇게 말했다.

"네 인생을 살아라. 네가 원해서 태어난 것도 아니다. 그렇다고 다시 태어나기 전으로 돌아갈 수 있는 것도 아니지 않냐? 지금은 부모가 너무 큰 그림자로 느껴지겠지만 부모는 부모의 인생이다. 부모가 네 인생을 책임져 줄 것도 아니다. 부모가 완벽한 인격체일 거라고 믿었던 너의 마음에서 너 자신을 해방해라. 용서하지 않아도 괜찮다. 인생은 네가 만들어가는 것이고 네가 책임지는 것이다. 누구에게도 의지하지 말고 네가 원하는 대로 살아라. 한동안 마음은 아프겠지만 그렇다고 네 인생을 포기할 수는 없지 않냐!"

훌쩍이는 그녀 앞에서 말을 이어갔다.

"어차피 태어난 인생이다. 생각보다 세상에는 행복한 일들이 많으니 죽기 전에 그것들을 모두 누리며 살 생각을 해라. 네가 부모 인생을 책임질 생각은 절대로 하지 마라. 부모는 어떻게 너를 키웠는데 하며 자식에게 매

달릴 수 있다. 그러나 부모는 너를 책임지겠다는 마음의 서약을 하고 낳았다. 너무 마음의 짐을 지려고 하지 마라.”

정적이 흐른 한참 후에 나는 이렇게 그녀를 위로하였다.

“네가 홀로서기를 해서 잘 살면 부모님도 기뻐하실 거다. 남의 인생에 네 인생이 매몰되지 않았으면 좋겠다. 어차피 우리는 부모라는 존재로부터 태어났다. 그러나 영원한 시간 속에 우리는 그저 지나가는 티끌 같은 존재이니 너무 깊이 생각하지 마라.”

그날 이후로 비 오는 날이면 문득 그녀가 떠오른다. 그녀의 젊음이 다른 사람들의 잘못된 선택으로 망쳐지지 않았으면 좋겠다. 그녀의 인생은 어떻든 간에 그녀에게 주어진 것이니 온전히 그녀의 것이다. 그녀가 아픔을 딛고 행복하게 살았으면 하는 바람이다. 그녀가 존재 이유를 찾았으면 하는 소망을 빗속에 띄워본다.

그늘 속에서 어른이 된 청춘

그는 해외연수 프로그램에서 내가 관리했던 학생이다. 그는 겉으로 밝고 씩씩해 보였지만 얼굴에는 항상 설명하기 힘든 그늘이 드리워져 있었다. 프로그램이 끝나고 자유시간이 주어졌다. 대부분 학생은 쇼핑도 하고 비싼

 오십이 넘으면 세상이 보이는 이유

음식도 사 먹으며 이십 대의 젊음을 만끽하였다. 그러나 모든 학생이 다 그런 것은 아니었다. 특히 그가 그랬다. 그는 자유시간에 숙소에 머물면서 스마트폰만 만지작거렸다. 매 끼니는 한국에서 가져온 컵라면이나 편의점 주먹밥으로 때웠다.

어느 날 나는 내가 사 온 음식을 그에게 나눠주었다. 그는 별것 아닌 나의 호의를 무척 고마워하면서 음식을 맛있게 먹었다. 다음 날 그는 자기가 저녁을 책임지겠다며 내게 식사를 같이하자고 했다. 그는 식사하면서 나에게 말했다.

"교수님! 저 기초생활수급자예요."

모든 학생이 행복해 보였지만 그만은 예외였다. 나는 왜 그가 기초생활수급자인지 물어보지 않았다. 그에게 딱히 해 줄 말이 없어서 애써 그의 상황을 무심히 듣고 넘겼다. 다만 그런 사람들의 상황을 짐작하며 그를 다시 찬찬히 바라봤다. 숨기고 싶은 자신의 처지를 솔직히 말해줘서 오히려 고마웠다. 그리고 내가 너무 밝은 세상만 떠들고 다녀서 그에게 상처를 준 것은 아닌지 걱정되었다. 여하간 모든 일정을 끝내고 무사히 귀국하였다. 나는 한동안 그의 기억을 잊고 살았다.

삼 년이 훌쩍 지난 것 같다. 한동안 보이지 않던 녀석이 상담하러 왔다. 그 녀석은 연구실에 들어오더니 턱 하니 의자에 앉았다. 성숙한 것인지 아니면 마음고생이 심했던 것인지 알게 모르게 더 어른이 되어 있었다. 그 녀석은 이제 4학년 졸업반이 되었다. 공인회계사 시험을 준비하고 싶다고 하였다. 시험을 준비하려고 하니 너무 막막하여 나를 찾은 것이다. 그래서 나는 자격시험보다 그동안 어떻게 지냈는지 물어보았다.

사실 그 녀석의 부모님은 그를 경제적으로 도와주기가 어려운 상황이었다. 구체적으로 말하면 아버지는 일찍 돌아가셨다. 어머니는 몇 해 전부터 조현병이 생겨 자기가 돌봐주지 않으면 안 되는 상황이라고 했다. 형제는 어떻게 되는지 물었다. 동생이 하나 있는데 집안이 무너지자 집을 나갔다고 했다. 지금은 아예 동생과 연락이 되지 않는다고 했다. 그동안 그 녀석은 어머니를 돌보기 위해 휴학을 했었다. 다행히 올해 외삼촌이 일 년간 엄마를 돌볼 테니 얼른 대학교를 졸업하라고 했다는 것이다.

나도 겪어보지 못한 인생의 쓰디쓴 고통이 그의 이십 대 청춘을 멍들게 하였다. 지금은 아르바이트로 소득이 생겨 기초생활수급자에서 탈락하였다. 그래서 어머니 병원비조차 내기가 힘들다고 했다. 무슨 말을 해줘야 할지 한참 망설였다. 나는 그에게 현실적인 말을 건넸다. 올해 졸업이니 시험 준비보다 어떻게든 취업하여 집안 경제를 안정시키는 것이 낫지 않겠냐고 말이다.

그의 마음이 다소 차분해진 것 같았다. 나에게 큰 기대를 하고 찾아왔을 텐데 큰 도움을 주지 못해 미안했다. 나보다 더 어른스러운 그에게 내가 조언해 줄 입장인지도 잘 모르겠다. 그러나 그에게 이렇게 말했다.

"너의 부모님 인생을 네가 책임지려 하지 마라! 네 인생은 오직 너만이 책임질 수 있으니 좌절과 절망을 붙들 여유가 없다. 네가 원해서 태어난 것도 아니다. 네가 원해서 너의 부모님을 만난 것도 아니다. 너에겐 아무런 잘못이 없다. 그냥 지금부터 너의 인생을 네가 지키며 살면 된다. 그러나 너무 조급해하지 말고 너만 생각하며 살아라."

이렇게 말은 했지만, 그에게 도움이 되었는지 잘 모르겠다. 그는 작은 배려에도 감사할 줄 아는 마음을 가졌다. 그를 위해 아무것도 해 줄 수 없는 나 자신이 무기력하게 느껴졌다.

살아보니 생각보다 시간이 빨리 지나간다. 지나간 아픈 기억을 억지로 견디며 사는 것은 슬프다. 그러나 고통스러운 시간이 빨리 지나가기를 바라는 것은 더 슬프다. 그 녀석이 정해진 운명에 발목 잡혀 남은 인생을 망가뜨리지 않았으면 좋겠다. 인생은 자기밖에 지킬 수 없다는 것을 깨달았으면 좋겠다. 그를 떠올릴 때마다 나 역시 인생을 어떻게 지켜야 할지 묻게 된다.

3.
틀 밖에서 존재를 믿는 용기

인생은 내가 선택한 승차권이 아니라 어느 날 손에 쥐어진 초대장이다. 태어났다는 사실 하나만으로도 우리는 이미 한 번은 허락받은 존재이다. 이유를 따지기 시작하면 삶은 무거워지지만 가꾸기 시작하면 삶은 의미를 갖게 된다. 태어남은 질문이 아니라 출발이고 인생은 증명이 아니라 완성해가는 이야기이다.

태어났다는 것만으로 충분한 이유

몇 해 전 한 학생이 특이한 고민을 안고 나에게 찾아왔다. 얼굴도 하얗고 옷도 멀쑥하게 차려입어 겉으로는 고민이 없어 보였다. 그의 고민은 다름 아니라 아버지 나이가 너무 많다는 것이다. 그는 고등학생일 때만 해도 아버지가 나이 많다는 사실을 잘 인지하지 못했다고 했다. 그도 그럴 것이 고등학교 다닐 때는 주로 아버지보다 한참 젊은 엄마의 그늘에 있었기 때문이다.

그가 아버지 나이를 고민하기 시작하였을 때는 대학교에 들어와서부터이다. 친구들은 아버지와 캠핑도 가고 해외여행도 다녔다. 그러나 자기는 아버지의 나이가 너무 많아 그런 취미활동을 함께 할 수 없었다고 했다.

그에게 아버지의 나이를 물어보니 칠십 대 중반이셨다. 생각해 보니 그의 아버지는 그를 오십 대 초반에 얻은 것이다. 지금은 세상이 변하여 결혼을 늦게 한다. 결혼하여도 애를 갖지 않는 부부도 많다. 누군가가 애를 낳을 거면 빨리 결혼하고 그렇지 않으면 애를 아예 낳지 말라고 한 말이 생각난다. 그 이유가 바로 이 학생을 두고 하는 애기 같았다.

그의 아버지는 늦둥이가 생겨 얼마나 행복했을까? 그러나 상황도 모르고 태어난 그는 태어나 보니 나이 든 아버지가 있었다. 그는 이 세상에 태어날 권리도 없었고 부모를 선택할 권리도 없었다. 그저 태어나니 어쩔 수 없이 주어진 환경에 처한 것뿐이다. 그는 그런 환경이 친구들과 비교했을 때 비정상적으로 보였고 다른 사람들의 시선이 불편했다.

나에게는 두 딸이 있다. 둘 다 예쁘지만 둘째가 첫째보다 더 예뻐 보인다. 종족 번식의 본능상 어쩌면 당연한 일인지도 모른다. 그래서 한때 셋째를 가져볼까 하는 생각도 해본 적이 있었다. 셋째가 태어났다면 너무 귀엽고 사랑스러웠을 것이다. 그러나 그 학생과 상담하면서 셋째에 관한 생각이 나만의 이기심은 아니었나 하며 돌아본다. 요즘 둘째 딸은 아빠가 다른 아빠들보다 머리숱이 적다며 놀려댄다. 셋째가 태어났다면 그는 나를 얼마나 원망했을까?

그의 고민 앞에 인생은 다 가질 수 없다는 생각을 다시 한번 하게 되었다. 그의 아버지는 태어날 그에게 의사도 묻지 않고 낳았다. 아마 그의 아버지는 태어날 그가 자기를 좋아해 줄 거라고 믿었을 것이다. 아버지라는 사실만으로 말이다. 나는 그 학생에게 이렇게 말해주었다.

"네가 네 의지로 태어난 것도 아니다. 너의 아버지가 너를 낳은 것이 잘못된 일도 아니다. 그냥 운명이 그렇게 설정된 것뿐이다. 지금 네가 해야 할 일은 나이 많은 아버지에 대한 원망이 아니라 공짜로 주어진 너의 인생을 어떻게 살 것인지를 고민하는 것이다. 살다가 행복한 날이 오면 이 세상에 너를 태어나게 해 준 아버지에게 감사할지도 모른다. 아니, 그렇게 되도록 행복하게 살아라."

누군가에게는 아무것도 아닌 고민이 누군가에게는 인생의 위기로 느낄 만큼 중대할지도 모른다. 그러나 다행인 것은 그러한 고민도 세월이 지나면 무게와 관점이 달라지며 퇴색해 버린다. 급기야 아무것도 아닌 추억으로 남는다. 아직은 그에게 이런 얘기를 해줘도 이해하지 못할 것이다. 그냥 주어진 너의 인생을 재미있게 살라고 말했다.

나이 많은 아버지가 싫은 이유는 그의 아버지가 그의 욕심을 채워주지 못했기 때문이다. 그러나 아버지가 없었다면 그의 존재도 없었을 테니 고민할 이유도 없다. 인생은 이미 존재하니 이유를 묻지 말고 아름답게 가꾸기만 하면 된다. 인생이 아름다워지면 모든 것에 감사할 수밖에 없다.

적성의 틀에 갇히지 않을 용기

요즘 많은 사람이 MBTI^{Myers-Briggs Type Indicator}를 통해 성격을 확인한다. MBTI는 성격이 인간의 행동에 어떠한 영향을 미치는지 파악하여 실생활에 적용하는 지표로 16가지 유형으로 나뉜다. 유독 학생들은 자기 미래를 16개의 틀^{frame}에 가둬두는 것 같다.

두 학생이 상담하러 왔다. 한 학생은 기한^{deadline}이 가까워져야 움직이는 성격이라 평상시에는 계획을 세워도 실행하지 못한다고 했다. 또 다른 학생은 마케팅 분야가 적성에 맞는데 미래를 위해 무엇을 준비해야 할지 모르겠다고 했다.

먼저 첫 번째 학생에게는 기한이 가까워지면 일을 하는 것과 기한을 한참 남겨두고 일을 하는 것은 자기 선택이라고 말했다. 이러한 선택이 가능한 이유는 기한이 지나도 인생이 끝나지 않아 못했던 일을 하거나 잘못된 일을 수정할 수 있기 때문이다. 그러나 만약 인생의 기한이 가까워져야 하고 싶거나 해야 하는 일을 한다면 후회할지도 모른다고 말했다. 그 이유는 인생의 기한이 끝나면 하고 싶거나 해야 하는 일을 더는 할 수도 수정할 수도 없기 때문이다. 살아 있는 동안 후회하지 않으려면 하고 싶거나 해야 하는 일을 미리 하면 좋을 것이라고 말했다.

두 번째 학생에게는 어디에서 일하고 싶은지 물었다. 학생은 회사에 취업하여 마케팅 관련 일을 하고 싶다고 하였다. 그래서 마케팅 분야에서 어떤 일을 할지 궁금해하는 것보다 어떻게 하면 회사에 들어갈 수 있을지를 고민하는 것이 먼저라고 했다. 사실 회사에 들어가도 일이 생각했던 적성과 맞지 않을 수 있다. 회사는 지원자를 뽑을지 말지 고민한다. 그런데 지원자는 적성에 맞는 일이 아니면 회사에 들어가지 않겠다고 말하는 것과 같다.

대학원 졸업할 때 즈음 경솔했던 나의 경험이 생각난다. 나는 한 회사의 면접에서 사장님에게 지식을 활용하여 회사 자산을 몇 배로 불려놓겠다고 호언장담好言壯談했었다. 실눈을 뜨고 내 얘기를 듣던 사장님은 나지막한 목소리로 교통비를 받아 가라고 했다. 그때 사장님은 갓 졸업한 내가 얼마나 가소로웠을까! 세상 물정 모르는 핏덩이에게 수십 년을 걸쳐 쌓아 올린 공든 탑을 맡길 리 만무했다.

나는 두 학생에게 물었다. 적성에는 맞는데 돈이 적은 직업과 적성에는 맞지 않는데 돈이 많은 직업이 있다면 어느 직업을 선택할지 말이다. 학생들은 대답을 망설였다. 적성에도 맞고 돈도 많이 버는 직업이라면 너무 좋을 것이다. 그러나 그런 직업만 찾는다면 우리는 평생 직업을 갖지 못할 수도 있다.

학생이 적성에 맞는 일을 찾는다는 것은 자기중심적으로 세상을 바라보는 것이다. 어쩌면 학생은 적성에 갇혀 숨겨진 능력을 발견할 기회를 놓칠지도 모른다. 16가지 유형으로 확인된 성격이 인생을 결정했다면 사람들의 삶도 16가지로만 나타나야 한다.

시험을 통해 확인된 적성이 정말로 맞을지도 모른다. 그러나 적성대로 세상을 살아가야 하는지는 또 다른 질문이다. 적성대로 세상을 살고 싶어도 세상은 그것을 쉽게 허락하지 않는다. 세상은 세상에 필요한 사람만 포용한다. 그래서 변화무쌍變化無雙한 인생은 노력하는 자에게만 선물이 된다. 인생은 적성이라는 울타리를 넘어설 때 비로소 자유와 행복이 함께 따라온다.

4.
실패와 돌아오는 질문들

세월은 세상을 바꾸며 흘러가지만 풀리지 않은 질문은 다른 얼굴로 다시 돌아온다. 반복되는 고민은 실패의 증거가 아니라 아직 살아 있다는 흔적이다. 인생은 한 번의 정답을 요구하는 시험이 아니라 같은 문제를 품고 가는 긴 여정이다. 받아들일 수 없는 것을 내려놓는 순간 우리는 실패가 아니라 삶을 이해하기 시작한다.

실패를 인정하지 않는 이유

우리가 실패를 인정하지 않는 이유는 자기 존재를 과대평가하여 의심하지 않기 때문이다. 따라서 실패의 원인을 항상 외부에서만 찾으려고 하니 자기 오류는 개선되지 않는다. 이러한 실패의 작동 방식은 잘못된 본능의 오류다.

본능의 오류는 크게 두 가지 관점에서 발생할 수 있다.

첫째, 뇌는 감정을 보호하는 잘못된 안전장치가 있다. 우리는 어떠한 믿음을 갖고 시장을 기대하며 투자한다. 시장이 우리의 기대대로 움직이면 믿음은 한층 더 굳건해진다. 그리고 다음 투자에도 믿음을 의지할 것이다. 반면에 시장이 우리의 기대와 다르게 움직이면 잘못된 믿음을 탓하는 것이 아니라 외부에서 원인을 찾는다. 이러한 행동은 감정을 보호하기 위한 본능적 안전장치이다. 즉 뇌는 잘못된 판단으로 자존감이 떨어지면 감정이 상하는 것을 막기 위해 그 판단을 합리화할 핑곗거리를 찾는다. 이러한 본능의 오류는 태어날 때부터 머릿속에 있어서 의심하기가 쉽지 않다. 이러한 작동 방식은 현실을 객관적으로 볼 수 없게 만든다. 또한 그 상황에서 빠져나올 대안을 찾지 못하게 한다. 따라서 엄청난 외부 충격이 발생해야 비로소 그 작동 방식에서 벗어날 수 있다.

둘째, 정보를 해석하는 사고 틀은 유전적 또는 사후적인 환경요인에 의해 모두 다르게 형성된다. 사고 틀은 같은 시장을 다르게 해석하는 자동적인 작동 방식이다. 따라서 사고 틀이 시장이 보내는 신호나 언어를 올바로 해석하지 못하면 잘못된 의사결정에 이르게 된다. 결국 자기감정을 보호하는 안전장치와 시장을 올바로 해석하지 못하는 사고의 틀이 실패를 인정하지 않게 한다.

어리석음의 작동 방식에서 벗어나는 방법은 자기 사고를 의심하여 사고를 유연하게 만드는 것이다. 어떠한 상황이 닥치면 자연스럽게 발동하는 어리석은 작동 방식은 생각을 경직시키고 새로운 정보를 부정한다.

자신에 대한 맹목적 믿음이 세상으로부터 눈과 귀를 막는 실패의 주범
이 된다. 따라서 믿음을 의심하고 마음을 열어야 한다.

세월 속에 반복되는 고민

회사에 다니면서 세 번의 구조조정을 겪었다. 세월이 많이 지났지만, 구
조조정의 불안감은 여전히 가슴 깊은 곳에 남아 있다. 같은 자리에서 나와
같은 모습으로 인생을 달릴 것 같던 동료들은 점점 사라졌다. 다른 길에 들
어선 그들의 용기가 한편으로 부러웠고 한편으로는 걱정되었다. 그들은 인
생의 갈림길에서 각자의 방식으로 그들만의 길을 선택했다. 나는 회사에 남
아 승진 누락의 패배감을 느끼며 경쟁 사회의 냉혹한 현실을 체감하였다.

그들은 지금 어디서 무엇을 하며 살고 있을까? 이제 지난날을 되새김하
는 것보다 그리움으로 남겨두는 것이 더 좋은 나이가 되었다. 나를 위로하
는 것은 아직도 남아 있는 시간에 대한 안도뿐이다. 그러나 다시 설명하지
못할 불안감이 샘솟는다. 맞닥뜨린 현실 앞에 지금 무엇을 해야 할지 과거
의 기억을 뒤적거린다. 그리고 한 번이면 족할 줄 알았던 고민이 계속 반복
되고 있다. 이십 년 전의 고민을 돌아본다.

2002년 3월 22일 금요일, 이십 년 만의 강한 황사가 서울을 노랗게 뒤덮
었다. 황사는 내가 가본 적 없는 낯선 땅에서 이곳까지 날아왔다. 아무도

흐르는 시간을 막아 세울 수 없다. 할 수 있는 일은 그저 무엇으로 시간을 채울지 고민하는 것뿐이다. 목표에 대한 발걸음은 더디기만 한데 젊음은 쏜살같이 지나간다. 황사에 뒤덮인 하늘처럼 앞날이 답답하다.

2002년 4월 13일 토요일, 대학교 친구를 만났다. 회계사 시험에 합격하여 지금은 여의도의 한 회계 법인에서 근무하고 있다. 친한 친구였기에 그가 회계사가 된 것이 무척 기뻤다. 그는 더 이상 허름한 옷차림으로 도서관 구석에 처박혀 있던 초라한 고시생이 아니다. 나는 여전히 제자리에만 맴도는 것 같아 당황스럽다. 내가 잘못된 길에 들어선 것은 아닌지 걱정된다.

2002년 6월 27일 목요일, 침통한 나날들이다. 같은 부서에 나보다 일찍 입사했지만 나보다 어린 동료가 있다. 내가 먼저 이 부서에서 근무했기에 먼저 승진할 줄 알았다. 그러나 나는 나이 어린 대리를 모시는 나이 든 사원이 되었다. 며칠 전까지만 해도 ○○씨라고 불렀는데 이제는 ○○대리님이라고 불러야 한다. 호칭이 선뜻 입 밖으로 나오지 않는다. 친한 사이라서 그냥 ○○대리라고 부르면 된다. 그러나 내가 승진에서 ○○대리에게 밀렸다는 사람들의 시선이 두렵다. 세상은 언제나 승자 편이다. 사회의 냉정함에 좌절하여 회사를 그만둘까도 생각해 봤다. 비상구 계단에서 창밖을 보는데 자존심이 허락하지 않는지 눈물이 흐른다. 괜히 나를 눈치 보는 주변 동료들이 나를 더 힘들게 한다. 나에게 닥쳐올 월급쟁이의 비애가 서서히 느껴진다. 이렇게 작은 시련에도 이렇게 크게 흔들릴 줄 몰랐다. 세상은 여기서 주저앉을 것인지 여기를 뛰어넘을 것인지 나에게 묻는다.

2002년 7월 22일 월요일, 회사 동기가 승진 누락으로 우울해하는 나에게 태국 여행을 같이 가자고 했다. 나이는 같지만 나보다 세상을 일찍 깨우친 형 같은 놈이다.

태국 여행을 같이 갔던 친구는 얼마 후 다른 회사로 이직하면서 연락이 끊겼다. 먼저 승진했던 대리도 한동안 연락이 되었다가 이제는 흔적조차 찾아볼 수 없다. 그리고 벌써 이십 년이 훌쩍 지나갔다. 그렇게 내 가슴을 헤집던 기억이 이제는 아무런 감정으로도 설명할 수 없는 빛바랜 사진으로 남았다.

세월이 지나면 폭풍 같던 세상도 잠잠해지고 내 마음에 평화가 찾아올 줄 알았다. 그러나 여전히 살아갈 날이 남아 있기에 고민이 많다. 그 고민은 이십 년 전의 고민과 닮아 있다. 시간은 쏜살같이 흐르는데 나만 제자리에 있는 것 같다. 욕심은 사그라지지 않고 행복은 멀게만 느껴진다.

세월이 지나도 세상은 다른 모습으로 다가와 같은 고민을 반복하게 만든다. 고민이 반복되는 이유는 반복되는 고민이 해결할 수 없는 것이기 때문이다. 해결할 수 있는 고민은 절대로 반복되지 않는다. 해결할 수 없는 고민은 아마 인생의 고민일 것이다. 그래서 시간이 흐르면 다시 또 같은 고민에 머물게 된다. 어쩌면 반복되는 고민을 해결할 수 없다고 받아들일 때 인생의 불안은 줄어들고 행복은 다가올지도 모른다.

5.
우연처럼 주어진 삶

아무것도 하지 않는 시간은 비어 있는 공백이 아니라 숨을 고를 수 있는 여백이다. 감사는 가진 것이 많아질 때 생기는 감정이 아니라 우연히 여기까지 왔음을 알아차릴 때 생긴다. 아무것도 하지 않아도 괜찮다는 믿음과 지금 이 자리가 기적이라는 깨달음이 만날 때 인생은 비로소 의미의 질문으로부터 자유로워진다.

아무것도 하지 않아도 괜찮다

자유시간은 말 그대로 자유시간이기에 아무것도 하지 않아도 된다. 그래서 자유시간은 힘들게 일해야 하는 시간보다 행복해야 한다. 그러나 나는 그렇지 못했다. 아무 일도 하지 않으면 오히려 불안감이 스멀스멀 올라왔다. 처음에는 한국 사람들이 모두 다 그런 줄 알았다. 그러나 한 심리학자의 애기를 들어 보니 모두 다 그런 것은 아닌 것 같다.

아무것도 하지 않으면 왜 불안함을 느낄까? 그것은 뇌에 화석처럼 박혀 있는 고정관념 때문이다. 위키백과는 고정관념을 어떤 집단이나 사회적 범주 구성원들의 전형적 특징에 관한 신념이라고 정의하고 있다. 신념은 어떤 것에 대한 믿음이다.

우리가 태어났을 때 뇌는 백지상태였다. 그러나 그 뇌에 무언가가 자꾸 주입되면서 고정관념이 생겨났다. 뇌는 그 고정관념대로 우리를 움직이고 생각하게 만든다. 즉 처음부터 아무것도 하지 않는다고 불안했던 것은 아니었다.

고정관념은 어렸을 때부터 무의식적으로 형성되니 부모의 영향이 크다. 생각해 보면 부모님은 어렸을 때 나에게 참 많은 것들을 주입했다.

"아침에 일찍 일어나야 한다. 네가 장남이니 모범을 보여야 한다. 아끼고 저축하지 않으면 부자가 될 수 없다. 열심히 살지 않으면 나중에 고생한다."

이런 말들이 나의 뇌에 주입되면서 고정관념이 생긴 것이다. 그 고정관념은 의식하지 못하는 사이에 나를 조종하고 있었다. 대부분 부모는 아이가 열심히 공부하지 않으면 "이다음에 커서 뭐가 될래?"라고 채근한다. 어른이 되어 보니 그때의 아이들은 부모의 걱정과 달리 어딘가에서 각자의 역할을 하며 잘살고 있다.

내가 이런 불안을 느끼는 것은 나이를 먹었다는 방증이다. 유년 시절을 보냈던 1970년대에는 박정희 대통령의 새마을운동이 한창이었다. 몇 시인지는 모르겠지만 아침마다 앞산에 설치된 확성기에서 새마을운동 노래가 흘러나왔다. 그 노래를 들으면 얼른 일어나 일을 해야 할 것 같았다. 늦잠을 자면 죄인이 되는 것 같았다. 또한 저녁에는 국기 하강식에서 흘러나오는 애국가를 들으면 어디서든 멈춰서야 했다. 왼쪽 가슴에 손을 얹은 채 말이다. 그렇게 하지 않으면 애국심이 없는 죄인 취급을 받는 것 같았다. 여하간 그때는 열심히 부지런히 살지 않으면 나쁜 사람이 되는 시절이었다.

그 시절을 보낸 나의 뇌에는 열심히 일하지 않으면 죄책감을 느끼게 만드는 고정관념이 생겨났다. 그래서 가끔의 여유시간에도 '내가 이렇게 있어도 되나?' 하며 자꾸 나 자신을 괴롭힌다. 가만히 있으면 경쟁자들이 나를 치고 올라올 것 같았다. 경쟁자가 나를 앞지르면 나는 영원히 패배자가 될 것 같았다.

다시 생각해 보면 나의 불안감은 학습된 감정에 가깝다. 요즘 MZ 세대는 이런 불안을 온전히 이해하지 못할 수 있다. 그러나 그들 중 일부는 공감할지도 모른다. 그들의 부모 또한 나와 같은 시대를 지나왔기 때문이다. 그래서 이 불안은 개인의 문제가 아니라 여전히 많은 한국인의 마음속에 남아 있는 시대의 흔적이다.

나의 행동을 자세히 뜯어보면 여유시간에 아무것도 하지 않은 것은 아니다. 좋아하는 기타도 연주하고 글도 쓴다. 아이들을 학원에 데려다주기도 한다. 그런데도 아무것도 하지 않았다며 불안해한다. 그 이유는 그 일이 돈이 되는 일이 아니었기 때문일 것이다. 열심히 부지런히 해야 하는 일은 모두 돈이 되는 일이어야 한다. 돈이 되지 않는 일은 아무것도 아닌 의미 없는 일로 인식되어 버린다. 그래서 놀면서 돈만 쓰면 죄책감을 느낄 수밖에 없다.

이런 불안감에서 벗어나는 방법은 크게 두 가지가 있다. 하나는 미친 듯이 돈이 되는 일을 찾아 열심히 일하는 것이다. 다른 하나는 아무것도 하지 않아도 괜찮다는 믿음을 주는 보상을 경험하는 것이다. 전자의 방법은 고정관념이 시키는 대로 움직이는 것이므로 불안하지 않다. 그러나 후자의 방법은 돈이 되지 않는 일에 의미를 부여할 보상을 찾아야 한다. 그 보상은 사람마다 다를 것이다. 어떤 사람은 아무것도 하지 않는 것을 체력을 회복하는 중요한 일이라며 의미를 부여할 수 있다. 어떤 사람은 가족과 함께하는 시간을 인생에 가장 행복한 일이라며 의미를 부여할 수 있다.

무의식적으로 얻게 된 고정관념을 의심하지 않고 바꾸지 않는다면 아무것도 하지 않는 것을 계속해서 불안해할 것이다. 요즘 나는 아무것도 하지 않았다는 생각을 뒤집어 내가 보낸 시간 속에 내가 한 일들에 의미를 부여하고 있다. 이렇게 내가 행한 일에 의미를 부여하고 나니 아무것도 하지 않았다는 죄책감에서 조금은 벗어날 수 있었다. 어느 하루도 내 인생에서 의미 없었던 날은 없었으니 말이다.

세월이 준 과분한 선물

지금 이 자리가 행운인 이유는 나보다 훨씬 더 고생하고 노력했던 사람들이 꿈꿔온 자리이기 때문이다. 지금 이 자리가 당연해 보인다면 보잘것없는 소유물이 된다. 그러나 지금 이 자리가 누군가의 처절한 꿈이라면 믿기 힘든 행운이 된다. 우리는 어쩌면 지금 이 자리에 감사하지 못해서 더 불행한지도 모른다.

경기 불황으로 힘들다지만 막상 거리를 나가보면 술집은 사람들로 꽉 차 있다. 백화점은 불야성을 이루고 공항은 관광객들로 미어터진다. 이 사람들은 도대체 무슨 돈으로 이렇게 돌아다니는지 궁금하다. 아마 답은 둘 중의 하나일 것이다. 하나는 원래 돈 많은 사람이 돈을 쓰며 돌아다니기 때문이다. 다른 하나는 돈 없는 사람이 대출받아 돈을 쓰며 돌아다니기 때문이다.

1997년 외환위기 때만 해도 사람들은 빚을 지며 소비하지 않았다. 그래서인지 거리는 한산했고 세상은 온통 잿빛이었다. 그때 나는 대학원 석사과정을 다니면서 직장인 한 분을 만났다. 그분은 대우증권을 다니다가 구조조정으로 그만두고 목포의 한 대학교에 직원으로 근무하셨다. 그분은 교수의 꿈을 위해 매주 비행기를 타고 서울에 있는 대학원에 다니셨다. 그분이 지출한 교통비만 해도 상당했을 것이다. 당시 대우증권은 증권사관학교라고 불릴 만큼 증권맨이라면 누구나 가고 싶어 했던 회사였다. 더구나 그분은 남들이 부러워하는 S대 출신이다. 그러나 S대 출신도 외환위기의 파고波高를 넘지는 못했다.

　아무것도 가진 것 없는 내가 불쌍해 보였나 보다. 그분은 가끔 삼겹살과 소주를 사주며 나에게 용기를 주었다. 나는 대학원을 졸업하면서 그분과 연락이 끊겼다. 그때 당시 그분의 나이가 사십 대로 보였으니 지금은 육십 대가 넘었을 것이다. 이제 인생의 뒤안길을 바라보며 노후 생활을 하고 있을 것이다. 그 질곡桎梏의 세월을 편안하게 보내셨는지 궁금하다.

　나는 증권회사를 거쳐 대학교로 왔다. 그때의 그분도 외환위기를 겪었고 나 역시 외환위기를 겪었다. 그러나 나는 운 좋게도 그 파도를 정통으로 얻어맞지 않았다. 그래서 지금 이 자리까지 올 수 있었는지도 모른다.

　그분은 진정 원하는 꿈을 이루셨는지 궁금하다. 세월은 무심하게 흘렀고 그분의 꿈은 빛바랜 사진처럼 보인다. 그분이 꿈을 이루지 못했다면 지금 이 자리는 나에게 너무도 과분한 행운이다. 나는 지금 나보다 훨씬 더 아프고 힘든 세월을 보낸 누군가의 꿈을 누리고 있는지도 모른다.

　세상에는 당연한 것이 없으니 무엇이든 당연하게 봐서는 안 된다. 세상에는 나보다 훨씬 더 치열하게 살았지만, 시대를 잘못 만나 나보다 훨씬 더 힘들게 사는 분들이 많다. 그래서 지금 이 자리에 있는 나는 모든 것이 행운이다.

6.
생각보다 먼저 걷는 발걸음

모두가 같은 방향으로 갈 때 나는 이유 없이 다른 길을 걷는다. 뇌는 행복을 설계한 정원이 아니라 생존을 위해 끊임없이 경계를 세우는 성벽이다. 생각을 해결하려고 애를 쓸수록 길은 막히지만, 발걸음을 움직이면 생각은 길을 찾아 흘러간다. 그래서 산책은 뇌가 세운 성벽을 비집고 생각을 해결할 수 있는 가장 쉬운 방법이다.

생각을 끄는 연습

생각이 많은 이유는 생존을 위한 안전장치가 늘 켜져 있기 때문이다. 마치 화재도 나지 않았는데 사이렌부터 울리는 경보기와 같다. 이 장치는 미래의 위기를 피하려고 우리를 걱정 속에 가둔다. 그래서 걱정 속에 갇힌 우리는 현재에 살지 못하고 미래에서만 헤매게 된다.

나는 우뇌형 인간인가 보다. 예민하고 관찰력이 뛰어나 공감 능력과 상상력이 좋은 편이다. 그러나 끊임없이 솟구치는 생각 때문에 정신적 과잉 상태가 되어 고통스럽다. 잠깐 한눈팔면 뇌에는 쓸데없는 생각들이 스멀스멀 기어 나와 머릿속을 지배한다. 그러면 하던 일을 멈추고 그 생각들을 정리하느라 얼이 빠진다. 낮에는 정보에 노출되어 그렇다 쳐도 밤이 되면 뇌가 쉬어야 한다. 그러나 생각은 멈추질 않는다. 어렵게 잠이 들어도 어느 순간 꿈속에서 샘솟는 생각들을 정리하느라 바쁘다. 간혹 처리하기 힘든 일이 생기면 꿈속에서도 괴로워한다. 그리고 끝내 그 일을 해결하지 못하면 나의 의식은 꿈 밖으로 뛰쳐나와 잠을 깨운다.

사람 중 일부는 우뇌형 인간이라고 한다. 흔히 우뇌는 감정을 담당하고 좌뇌는 이성을 담당한다고 한다. 그러나 이러한 주장도 설득력이 떨어진다. 왜냐하면 우리는 뇌를 일부밖에 활용하지 못하고, 문제점을 해결하기 위해 우뇌와 좌뇌가 상호작용하기 때문이다. 결국 중요한 것은 우뇌나 좌뇌가 아니라 뇌가 생존을 위해 끊임없이 반응하도록 설계되었다는 사실이다.

인간의 뇌는 살아남기 위해 진화했다. 그리고 뇌에 생존을 위한 안전장치가 전해졌다. 지금 인간은 수많은 동물 중에 최상위 포식자가 되었다. 그렇게 된 배경에는 여러 가지 이유가 있다. 그중에 가장 큰 이유는 다른 동물보다 더 큰 뇌를 가졌다는 것이다. 그 옛날 인간은 자기를 잡아먹으려는 동물로부터 살아남기 위해 움직임이나 소리에 민감했다. 자연의 변화에서 살아남기 위해 미각味覺과 후각嗅覺이 발달해야 했다. 이렇게 오감五感이 만든 경험은 기억으로 저장되어 생존하기 위한 안전장치가 되었다. 이러한 기억은 고스란히 유전자에 담겨 후손들에게 전달되었고 뇌는 커질 수밖에 없었다. 유전자를 품은 뇌는 아직 일어나지도 않은 일에 과민 반응하여 걱정을 만들어낸다. 그래서 우리는 그 걱정으로 들어가 미래의 위기를 해결하려고 애쓴다. 따라서 수만 년 동안 축적된 기억을 가진 뇌는 살아남기 위해 쉬지 않고 생각한다. 뇌는 우리를 행복하게 하려고 만들어진 기관이 아니라 죽지 않게 보호하려고 만들어진 기관이다.

다행인 것은 생각을 줄일 방법이 있다는 것이다. 그 방법은 외부 환경에 과도하게 반응하지 않는 감정의 평형 상태를 유지하는 것이다. 그리고 미래가 아닌 현재에 집중하는 것이다. 더 나아가 현실적인 방법으로 사람을 줄이는 일이 있다. 나이 들면서 선택한 가장 큰 변화는 만나는 사람을 줄이는 것이다. 돌이켜 보면 내가 어떻게 영업 직원으로 살아왔는지 이해가 되질 않는다. 나의 기氣가 수많은 고객에게 빨렸는데도 그 젊은 날을 무탈하게 보냈다. 그러나 지금 나의 정신은 많은 사람의 생각을 공유하기에는 너무 낡은 것 같다. 자칫 많은 사람의 생각에 휘둘려 의식의 끈이 끊어질까 봐 두렵다.

사람을 만나지 않아도 외로움보다 자유의 행복이 더 커진다. 외로움은 충만한 자유와 같은 선상에 있다. 그 위치만 반대일 뿐이다. 외로움은 외부 환경에 의해 어쩔 수 없이 홀로된 쓸쓸한 감정이다. 자유는 스스로 선택한 혼자만의 고독이다. 외로움과 자유를 어떻게 대하느냐에 따라 생각과 걱정이 달라진다.

우리의 뇌는 언제든지 생각을 쏟아낼 준비를 하고 있다. 그 생각은 걱정을 만들어 미래의 위기로부터 우리를 안전하게 보호한다. 그러나 문제는 이러한 안전장치가 의지와 상관없이 아무 때나 켜진다는 것이다. 미래에 대한 걱정에서 벗어나려면 지금, 이 순간에 집중해야 한다. 지금, 이 순간이 잠식되지 않으려면 생각을 끄는 연습이 필요하다.

목적 없는 발걸음의 힘

산책이 중요한 이유는 갇혀 있는 생각의 틀에서 손쉽게 벗어날 수 있기 때문이다. 머릿속에 문제를 해결할 수 있는 답이 있었다면 우리는 괴로워할 필요가 없다. 머릿속에 답이 있다는 생각이 오히려 문제의 해결을 막는다. 그 생각은 새로운 생각을 가로막아 아무리 생각해도 답을 얻지 못하게 한다.

우리의 머릿속은 생각을 사로잡는 수많은 목표로 복잡하다. 조금만 방심하면 그 목표들로부터 파생된 무모한 걱정들이 마음을 어지럽힌다. 어디서부터 어떻게 이 많은 생각들을 정리해야 할지 감당하기 힘들다. 그러나 걷다가 문득 떠올랐던 생각 하나! 갇혀 있는 생각에서 손쉽게 탈출하는 방법으로 산책이 있다.

우연히 대학교 때 썼던 일기장을 읽어보았다. 지금으로 말하면 버킷리스트Bucket List 같은 것들이 일기장을 빼곡히 메우고 있었다. 그중에 눈에 들어오는 것이 "무작정 거리를 배회하기"라는 것이 있었다. 그때는 왜 그것이 그렇게 간절한 소원이었는지 몰랐다. 그때 여자친구에게 차이고 기말시험은 망쳤다. 친구들과는 입대를 앞두고 소원해졌다. 누구나 겪을 법한 경험이며 추억이다. 그러나 그때는 어린 마음에 감당하기 힘든 시련이었나 보다.

생각을 끊어낸다는 것은 아무런 목표도 갖지 않는 것이다. 여자친구를 만들고 싶다는 것도 시험을 잘 치르고 싶다는 것도 친구들과 친해지고 싶다는 것도 모두 나의 목표였다. 이 목표들을 달성하기 위해 내 머릿속은 끊임없는 생각들로 넘쳐난 것이다. 그때부터 이미 생각을 끊는 해결책이 산책이라는 것을 알았나 보다.

산책은 목표도 목적도 없다. 그냥 발길 닿는 대로 걷고, 눈길 가는 대로 보고, 손길 닿는 대로 느끼는 것이다. 목적도 없이 움직이는 오감五感은 머릿속을 옭아맨 많은 생각의 끈들을 서서히 끊어버린다. 머리는 외부 자극에 반응하며 연결되어 있던 생각을 끊어내고 새로운 생각으로 채워진다. 산책은 우리에게 새로운 자극으로 창의력을 높여 해결하지 못했던 많은 일을 해결해 준다.

산책은 머릿속에 부정적인 생각을 잠재우고 긍정적인 생각이 득세得勢하도록 만든다. 인류가 힘겨운 장애물을 맞닥뜨릴 때마다 굽히지 않는 의지보다 우연한 기회로 얻은 영감靈感으로 해결한 경우가 더 많다. 결

국 생각이 자유로워야 창의력이 생기고 해결 방법을 찾을 수 있다. 생각
이 자유로워지려면 몸을 목적 없이 내버려 두어야 한다. 그것을 위해 가
장 좋은 방법이 산책이다. 산책은 목적 없이 시간을 죽이는 일이 아니라
목적을 갖고 생각을 살리는 일이다. 그래서 생각이 막힐 때마다 나는 걷
는다.

7.
버텨낸 날들에 남겨진 얼굴들

손에 쥔 십만 원은 돈이 아니라 부모님의 걱정과 세상을 견디게 한 숨겨진 부적이었다. 내무반 승진은 고통의 계급장이 아니라 좋은 사람들과 견뎌낸 시간의 훈장이었다. 초콜릿 한 조각은 봄보다 먼저 찾아온 인생의 온기였다. 군대는 내 젊음을 빼앗아 갔지만 내 인생에 좋은 사람들과의 추억을 남겼다.

군대에서 십만 원이 고마웠던 이유

훈련소 마지막 주에 군장을 메고 산으로 행군하였다. 온통 잿빛인 훈련소를 벗어나니 세상은 일곱 색깔 무지갯빛이었다. 등에는 30kg이 넘는 군장을 메었지만, 무지개 세상에서 날아갈 것 같았다. 4월의 햇살은 생각보다 뜨거웠고 등은 땀으로 흠뻑 젖었다. 우리가 갔던 산은 시민들이 자주 찾는 산이었다. 그날 초등학교 학생들이 소풍을 왔다. 한 초등학생이 들고 있던 그 사이다가 지금도 너무 마시고 싶다. 지난 세월만큼이나 사이다를 마셨지만, 아직도 그때 그 사이다의 맛이 궁금하다.

훈련소에서 퇴소하는 날 초코파이를 든 가족들이 단상 뒤에서 퇴소식이 끝나기를 기다렸다. 우리 가족도 와 있을까? 퇴소식이 끝나고 며칠간의 휴가가 시작되었다. 동기들은 연병장에서 가족들과 얼싸안고 있었다. 나는 잠시 혼자였다. 그때 멀리 단상 뒤에서 어렴풋이 낯익은 얼굴이 나타났다. 아버지였다. 항상 고향에서만 뵀던 분을 JJ에서 뵈니 너무 반가웠다.

훈련병은 휴가에서 돌아오자마자 자대로 배치받았다. 자대로 떠나는 전날 조교들은 훈련병들에게 집으로 전화하지 말라고 신신당부하였다. 그러나 내무반 옆 공중전화에는 훈련병들이 길게 줄을 늘어섰다. 훈련병이 JJ역에서 기차를 타서 자대 근처 기차역에 내리면 자대에서 훈련병을 데려갔다. 내릴 기차역에 다다르기 전까지는 훈련병에게 배치 부대를 알려주지 않았다. 훈련병들이 집에 전화하면 부모님들은 모든 인맥을 동원하여 아들이 편안하고 안전한 부대에 배치받도록 노력할 것이다. 그러면 기차를 타고 가는 도중에도 훈련병들의 배치 부대가 바뀔 수 있다.

나는 공중전화 앞에 줄을 서지 않았다. 남들처럼 기댈 곳이 별로 없었다. JJ역에서 나를 태운 기차는 어느새 고향을 지나가고 있었다. 차창 너머에는 고향 집이 손에 잡힐 것만 같았다. 부모님은 그때 무엇을 하고 계셨을까? 끝없이 올라가던 기차는 나를 PT역에 토해냈다. 그렇게 해서 나는 OS 부대에 배치받았다.

부대에 배치받은 첫날이었다. 총무 특기라서 전대 본부의 행정 일을 맡게 되었다. 한편 훈련소에서 말로만 듣던 일이 나에게도 일어났다. 훈련병들은 휴가를 마치고 복귀하면서 부모님의 걱정만큼 용돈을 받아 왔다. 부모님은 아들의 손에 돈이라도 쥐여 주어 마음의 위안을 얻으려 했다. 이런 부모의 마음을 이용하는 나쁜 놈이 있었다. 내무반에 더플백Duffel Bag을 놓고 본부에 인사하러 갔다. 저녁에 와보니 더플백에서 십만 원이 없어졌다.

다음 날 헌병대에 도난 신고를 했다. 그러나 그들은 늘 있던 일처럼 형식적인 조사만 하고 돌아갔다. 이후 아무런 연락이 없었다. 나중에 선임병 하나가 나에게 돈의 행방을 알려 주었다. D 병장이 훔쳐 갔을 거라고 했다. D 병장은 제대가 얼마 남지 않아 내무반에서 뒹굴뒹굴하며 시간을 보냈었다. D 병장은 어리바리한 신병이 돈을 가진 것을 알고 훔친 것이다. 이런 일이 내가 처음은 아니라고 했다.

세월이 많이 흘렀다. 내 돈을 훔친 D 병장은 부자가 되어 잘살고 있는지 궁금하다. D 병장의 낯짝이 기억나지 않는다. 그러나 그때 부모님의 걱정을 훔쳐 간 D 병장 덕분에 걱정 없이 군대 생활을 잘 마쳤는지도 모른다. 그래서 십만 원이 고마운 이유이다. 그러나 더 이상 그가 남의 돈을 빼앗지 않고 살았기를 바란다. 남의 눈에 피눈물을 흘리지 않게 하였기를 바란다.

내무반 축배와 승진

군대에서 가장 기억에 남는 일은 승진이었다. 세월과 맞바꿔서 얻은 것이 승진이라고 해도 과언은 아니다. 초·중·고등학교 시절의 부반장, 반장 그리고 회장은 제외하겠다. 흔히 승진이라고 하는 것이 시작된 곳은 군대가 아니었나 생각한다. 인생은 승진의 역사이다.

군대에서 이병, 일병, 상병 그리고 병장으로 승진한 후 제대하였다. 물론 군대에 말뚝 박으면 더 올라갈 수 있었다. 그러나 나는 군인 체질이 아니다. 대대장님은 가끔 나에게 말뚝 박으라고 권유하셨다. 행정병이었던 나는 대대장님께 커피를 타 드리는 일도 일과의 하나였다. 그때 그 커피가 맛있으셨나 보다. 대학교를 졸업하고 취직을 하였다. 사원, 주임, 대리, 과장 그리고 차장까지 승진한 후 회사를 떠났다. 회사에서의 승진은 초조와 불안에 맞서야 하는 피똥 싸는 일이었다. 어렵게 학교로 와서는 시간강사, 조교수, 부교수 그리고 정교수가 되었다. 학교에서의 승진도 쓰레기들과 싸워야 하는 힘겨운 여정이었다. 이제 어디로 더 올라가야 하나! 이렇게 오르기만 하다가 인생 오십 년이 흘렀다.

사회생활에서의 승진은 시험과 실적 때로는 아부도 필요하였다. 그러나 군대에서의 승진은 강인한 정신력과 체력만으로 충분하였다. 낮에는 행정병으로 일했고 밤에는 선임자의 집사執事로 최선을 다했다. 그러나 취침 시간만 되면 선임은 나를 깨워 화장실로 데려갔다. 전투화가 깨끗하게 닦여 있지 않다는 둥, 내무반 침상의 걸레질이 개판이라는 둥, 이불 각이 잡혀 있지 않다는 둥 지적하며 괴롭혔다.

여하간 군대의 시계는 돌아갔고 때가 되면 승진했다. 이병에서 일병으로의 승진은 얼떨결에 되었다. 상병에서 병장으로의 승진은 대접받으며 점잖게 되었다. 그러나 일병에서 상병으로의 승진은 이제 어른이 되었다며 선임자들이 짓궂게 굴었다. 승진을 위해 내무반 선임자들의 피와 땀이 담긴 축배祝杯를 마셔야 했다. 축배는 세숫대야에 담긴 물이었다. 선임자들은 후임의 건강과 안녕을 기원하며 그 물에 하나씩 귀중한 것을 넣었다. 그것은 스킨로션, 발가락 사이의 먼지, 겨드랑이털 그리고 먹다 남은 술 등 다양하였다. 특히 취사병 선임자는 케첩, 마요네즈 그리고 식초 등 갖은양념을 섞어 넣었다. 고통스러웠지만 축배를 마시고 승진이나 제대를 못 한 사람은 한 명도 없었다. 지금 생각하니 하나하나가 모두 추억이다.

사실 나는 운運이 좋아 좋은 선임자들을 만났다. 관사 관리병 선임자는 주말이면 몰래 목욕탕에서 삼겹살을 구워주었다. 취사병 선임자는 저녁마다 건빵을 튀겨 내무반으로 가져왔다. 같은 고향이라고 살갑게 대해 주던 선임자는 휴가 때도 밖에서 만났다. 지금 그분들은 어디서 무엇을 하고 있을까?

세월이 지나서야 누군가와 함께 삼 년을 먹고 자고 한다는 것이 얼마나 신기한 일인지 깨닫게 된다. 영원히 함께 할 것 같던 시간이 지나고 나니 그냥 찰나刹那였다. 살면서 한 번쯤 마주칠 것 같던 인연들이 지나고 나니 그때가 마지막이었다. 머물러 있는 줄 알았던 청춘이 삼십 년 전의 일이 되었다. 군대 승진은 좋은 인연과 함께한 값진 보상이며 인생의 추억이기에 더 소중하고 그립다. 내무반에서 함께 했던 그들이 어딘가에서 잘살고 있기를 바란다.

초콜릿 하나로 버텨 낸 봄

대부분 한국 남자는 군대의 기억이 있을 것이다. 그러나 다시 갔다 오라고 하면 죽어도 다시 가기 싫은 곳이 군대일 것이다. 막 제대하고 돌아본 군대 생활은 기억 속에 지우고 싶은 공허함이었다. 그러나 지금은 군대 생활이 웃으며 농담할 수 있는 안줏거리가 되었다. 나는 제대한 후에도 한동안 군대에 다시 가는 악몽을 꾸었다. 생각해 보면 군대는 내 젊음을 원했던 것 같다. 이제는 군대가 나이 든 나를 꿈속에서조차 찾지 않는다. 세월은 그렇게 지우고 싶던 군대 생활을 머릿속에서 지워주었다. 그러나 문득문득 군대에서 만났던 사람들이 떠오른다. 세월은 잔인하게도 잘해줬던 선임병의 이름과 얼굴은 기억에서 앗아가고 못되게 굴던 선임병의 이름과 얼굴은 남겨 놓는다. 그래서 우리는 좋은 기억을 쉽게 잃어버려 늘 불행하다고 착각하나 보다.

며칠 전 책상 깊은 곳에서 먼지 쌓인 수양록修養錄을 발견하였다. 삼십 년 만에 넘겨지는 수양록은 '쩍' 하는 소리와 함께 벌어졌다. 그때는 훈련소에서 수양록을 써야 했다. 수양할 것도 없던 나이에 매일 일기를 써서 구 대장에게 결재받았다. 빛바랜 종이의 오른쪽 위에는 얼굴도 이름도 기억나지 않는 구 대장의 서명이 남아 있다. 구 대장은 지금 어디서 무엇을 하며 살고 있을까? 수양록에는 훌륭한 군인이 되겠다는 다짐뿐이다.

3월이었다. 남쪽 지방이라 춥지 않을 줄 알았다. 훈련소까지 따라와 배웅해 준 친구들이 있었는데 누구였는지 기억나질 않는다. 정말 소중한 친구들인데 세월 속 어딘가로 묻혀버렸다. 입소 첫날부터 걸린 감기와 때늦은 폭설은 내 마음을 더욱더 얼어붙게 하였다.

훈련소에서 내 옆에 잤던 그 친구가 생각난다. 나보다 두 살 더 많았지만 같은 동기라서 반말했다. 그래도 그는 동생이라고 생각했는지 짧은 기간에 나를 살폈다. 그는 훈련소에 직업군인인 친구가 있었다. 그래서 가끔 그 친구로부터 몰래 초콜릿을 받곤 했다. 짬밥에 절어 있던 훈련병에게 가장 절실했던 것은 초콜릿이었다. 그는 초콜릿을 내무반 천장의 벌어진 틈에 숨겨놓았다. 취침을 위해 소등되면 몰래 일어나 그 초콜릿을 나에게도 나눠주었다. 그는 나와 너무도 짧은 인연이었지만 강렬한 그리움으로 남는다. 그는 벌써 오십 대 중반을 달리고 있을 것이다. 한 번밖에 만나지 못했지만, 그가 어딘가에서 잘살고 있기를 바란다. 인생은 모든 사람을 마음속에 품기에는 너무도 짧다. 나를 스쳐 간 모든 분이 이 세상을 행복하게 살다 가기를 기원한다.

지나고 보니 아무리 힘든 일이 있어도 언제나 내 곁에 호인好人이 있었다. 지금까지 무탈하게 살아온 것이 나 혼자만의 힘은 아니었다. 이제 나도 누군가의 호인이 될 수 있을 만큼 마음의 여유가 생겼다. 굳이 나를 기억해 내지 못해도 누군가의 인생에 호인으로 남고 싶다. 그것이 지금 내가 걷고 싶은 삶의 방향이다. 아무렇지도 않게 던진 한마디가 누군가의 인생에 용기와 희망이 될 수 있다. 나의 글이 누군가의 삶에 작은 위로가 되었으면 좋겠다.

8.
봄기운을 빌려 전하는 마음

그 시절 우리는 가진 것 하나 없어도 함께한 기억만으로 마음속에 꽃이 폈다. 누군가의 봄을 빌어주는 마음은 지나간 인연을 붙잡는 것이 아니라 세월의 흐름 속에 잘 놓아주는 것이다. 함께 떠난 인생의 여행은 목적지가 아니라 혼자가 아님을 확인하는 과정이었다. 나를 믿어 주었던 사람들이 내 인생을 지탱하며 봄을 맞이하게 하였다. 그래서 나도 그들의 봄을 빈다.

그 친구 하나로 충분했던 봄날

얼마 전 일기를 뒤적이다 고향 친구가 생각나 전화했다. 그 친구는 여러 가지 사정으로 회사에서 일찍 퇴직하고 창업을 하였다. 그러나 사업이 신통치 않아 마음고생이 심했다. 내가 가장 외로울 때 함께 했던 친구라 마음이 안 좋다. 그의 인생을 대신 살아 줄 수 없으니 위로밖에 해 줄 것이 없었다. 똑같은 위로라도 누가 해 주느냐에 따라 가슴에 와닿는 무게는 다를 것이다. 나의 위로가 그의 가슴에 진심으로 닿아 잠시라도 그를 쉬게 할 수 있으면 좋겠다. 인생은 외로운 길이지만 마음 터놓을 친구 하나 있으면 그렇게 외로운 길도 아니다. 한편 벌써 이십 년도 지난 일이지만 지금 그 친구에게 사과하고 싶다.

그날은 내가 대학원생이었던 어느 일요일이었다. 고향 친구 S는 여자친구 문제로 힘들어했다. 여자친구는 두 남자를 양다리에 걸치고 저울질하였다. S의 무게가 다른 남자친구의 무게보다 가벼워 보였다. 좀처럼 힘든 내색을 안 하는 친구인데 그날따라 몹시 힘들어 보였다. S는 자취방에서 무기력하게 널브러져 있었다. 나는 친구에게 춘천에 가자고 권유했다. 우울하고 힘들 땐 노래처럼 춘천 가는 기차를 타고 훌쩍 떠나면 기분이 나아지지 않을까 생각했다. 집에서 쉬고 싶다던 친구를 억지로 끌어내어 청량리 역으로 갔다. 그리고 무작정 매표구 앞에 줄을 섰다. 다행히 입석이 있었다. 기차에 올라탄 사람들은 얼굴에 한가득 미소를 머금고 있었다. 그들 사이에 우리는 우울함이 돋보였다. 낡은 가죽 잠바에 책가방을 둘러맨 나와 방금 자다가 일어난 부스스한 친구는 그들과 많이 달라 보였다. 기차를 따라 흐르는 강 위에는 봄 햇살이 한가롭게 노닐고 있었다. 두 시간 남짓 달려 아무도 반기는 이 없는 춘천에 도착했다. S를 위로할 방법은 그저 춘천 닭갈비에 동동주를 마시는 것뿐이었다. 그래도 연애조차 시도해 보지 못한 나는 그 친구가 부러웠다.

얼마 후 어느 일요일 아침이었다. S에게 오늘 무엇을 하냐고 전화했다. S는 새로운 여자친구가 생겼다. 오늘 여자친구랑 강릉에 바람 쐬러 간다고 했다. 그리고 S는 미안한지 나에게 같이 가자고 했다. 그때 나는 전화를 끊었어야 했다. 그러나 나는 너무나 아름다운 일요일에 혼자 외로움과 싸울 자신이 없었다. 그래서 S와 S의 여자친구 그리고 나는 강릉에 가게 되었다. 서울에서 강릉까지는 자동차로 세 시간 거리였다. 그러나 마음의 거리는 예닐곱 시간은 더 되는 것 같았다. S와 S의 여자친구가 자동차 앞자리에서 오붓한 시간을 보내는 동안 나는 뒷자리에서 꿰다 놓은 보릿자루처럼 침묵으로 일관했다. S의 여자친구가 싸 온 방울토마토가 S의 입으로 들어가는 동안 나는 창밖을 보며 애써 외면해야 했다. 그래도 방울토마토는 가끔 나에게도 왔다. S가 외로움에 몸부림칠 나를 구해줘서 감사했다. S는 내가 대학원생일 때 외로움을 달래준 유일한 친구였다. S의 자취방에는 언제나 내가 입을 잠옷이 준비되어 있었다. 힘들 때마다 S의 집에 가서 삼겹살도 구워 먹고 잠도 자고 왔었다. 어느새 우리는 정동진을 거쳐, 망상해수욕장에 도착하였다. 금방이라도 빨려 들어갈 것 같은 푸른 바다가 넘실넘실 춤을 추고 있었다. S와 S의 여자친구가 바닷가에서 술래잡기하는 동안 나는 멍하니 바다만 바라보았다. 이제 S는 아름다운 바다를 같이 볼 사람이 생겼다. 나는 그저 아름다운 바다를 혼자 쓸쓸히 찬양하였다. 그럴 줄 알면서도 친구의 여행에 부담을 주어 미안했다.

“S야! 나 눈치 없는 놈 아닌 거 알지. 그러나 그날은 외로움과 싸울 자신이 없었어. 불편했을 텐데 데려가 줘서 고마워.”

S도 나도 가정을 꾸렸고 이제는 한 번쯤 노후를 생각할 나이가 되었다.

지나고 보니 인생은 순간이었다. 그러나 그 순간에 S가 있어서 젊은 날이 외롭지 않았다. 내 인생에 그가 있어서 다행이고 그의 인생에 내가 있어서 다행이면 좋겠다. 그동안 먹고사는 데 바빠 연락이 뜸했다. 이젠 세상 시름 내려놓고 편안하게 만났으면 좋겠다.

나이가 드니 내가 찾는 사람보다 나를 찾는 사람이 더 소중해진다. 그래서 인간관계는 좁아지지만, 마음은 더 충만해지는 것 같다. 문득 외롭다고 느낄 때 내 마음에 친구 하나가 찾아온다. 아무 말 하지 않아도 눈빛으로 모든 것을 이해하는 친구 하나면 인생은 충분하다.

그녀의 봄을 바란다

그녀의 행복을 바라는 이유는 나를 믿어 주었던 고마움 때문이다. 뒤늦게라도 봄기운을 빌려 감사의 마음을 전한다. 그녀도 나와 같이 이 세상을 아름답다고 느끼며 살고 있기를 바란다.

벌써 시간이 많이 흘렀다. 증권회사에서 근무할 때 만났던 고객 한 분이 생각난다. 그녀는 항상 단아한 옷차림과 과하지 않은 화장 그리고 웃음 띤 얼굴로 나를 찾아왔다. 잘 사는 편도 아니지만 그렇게 못 사는 편도 아닌 것 같았다.

그녀는 남편이 회사에 다니는 동안 재테크를 통해 자산을 늘리고 싶어 했다. 나는 그녀에게 금융상품을 권유할 때마다 누구보다도 신중했다. 그 이유는 그녀가 나의 말을 전적으로 믿어 주었고 나의 권유를 한 번도 의심한 적이 없었기 때문이다. 나를 믿는 사람에게 도저히 나의 이익을 앞세울 수 없었다. 다행히 수익은 생각보다 많이 발생하여 그녀의 자산도 무럭무럭 자랐다.

그녀의 작은 가방에서 꼬깃꼬깃 접힌 지폐들이 나오면 그것들을 적립식 펀드에 넣어주곤 했었다. 구김살 없고 해맑은 그녀의 표정은 돈에 찌든 내 모습을 정화했다.

그러던 어느 날 항상 밝았던 그녀가 시무룩한 표정으로 나를 찾아왔다. 그리고 예치했던 돈을 모두 찾아야 할 것 같다고 말했다. 나는 깜짝 놀라 그녀에게 그 이유를 물었다. 그러자 그녀는 남편이 몸이 안 좋아서 더 이상 회사에 다닐 수 없다고 했다. 내 마음은 그녀가 찾아갈 돈이 아니라 그녀의 어두워진 얼굴 때문에 가라앉았다. 그리고 가끔 같이 왔던 그녀의 귀엽고 앙증맞은 남자아이가 떠올랐다. 한 집의 가장이 더 이상 생계를 책임질 수 없는 상황과 오직 가장만을 바라보며 알뜰살뜰 살아온 그녀의 순수純粹가 위태롭게 보였다. 내가 그녀를 위해 해 줄 수 있는 것이 아무것도 없다는 사실을 깨달았다.

세월이 많이 흘렀다. 그때 그녀의 남편은 사십 대 중후반이었던 것 같다.

그들은 이른 나이에 시련을 맞았다. 그들이 어떤 모습으로 이 세상을 살아가고 있는지 이 화창한 봄날에 궁금하다. 그들이 이 아름다운 봄날을 만끽하며 잘 지내고 있으면 좋겠다. 그녀와 한 번도 만나본 적 없는 그녀의 남편 그리고 그 귀여운 꼬마가 행복했으면 좋겠다.

세상은 우리에게 같은 모습과 같은 색깔로 찾아온다. 그러나 그 속에서 우리는 형형색색形形色色의 모습으로 살아간다. 그래서 각자의 생각과 처지에서 바라본 세상은 항상 다른 모습으로 그려진다. 오늘 그들은 이 세상을 어떻게 그려 나가고 있을까?

생각과 처지가 바뀌면 세상이 달리 보인다. 그 다름을 우리는 깨달음이라는 진리의 단어로 포장한다. 그러나 아무리 세상이 아름답다고 하여도 그것을 볼 수 있는 사람은 생각보다 많지 않다. 진짜로 삶의 고통에 쫓기는 것인지 아니면 스스로 만들어낸 허상虛像에 쫓기는 것인지는 모르겠다. 우리는 그렇게 아름다운 것들을 보지 못하고 시간을 흘려보낸다.

언제부턴가 사람들과 얘기할 때면 그 사람의 처지를 살피고 너무 과하지도 너무 모자라지도 않게 세상을 묘사하려고 한다. 그녀에게 그 봄날의 세상은 어떤 색이었을까? 나를 믿었던 그녀가 이 세상은 아름답다고 느끼며 살았기를 희망해 본다. 그녀의 해맑은 얼굴이 어딘가에서 세월과 함께 곱게 늙어가기를 바란다.

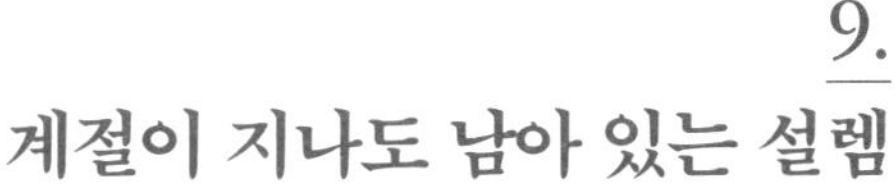

9.
계절이 지나도 남아 있는 설렘

설렘은 오래 머물지 않고 계절처럼 잠시 다녀간다. 지나간 인연들은 이미 사라졌지만, 그 시간과 감정은 나를 만든 숨결로 남아 있다. 설렘과 그리움은 언제나 마음의 풍경 속에 남아 지나간 계절을 빛나게 한다. 그래서 우리는 흩날리는 기억 속에서도 아름다움을 보고 아직 끝나지 않은 설렘을 기다린다.

가을 우체국 앞에서

가을 우체국 앞이 설레는 이유는 나에게 툭 하고 무심히 편지를 건넬 것 같은 누군가의 기다림 그리고 그 추억에 대한 그리움 때문이다. 가을날의 우체국은 언제나 내 마음의 한가운데에 자리 잡고 있다.

언젠가 우체국 앞에서 누군가를 기다리며 몇 시간을 설렜었다. 그런 내 모습은 아직도 눈에 선한데 그때 그 마음은 온데간데없다. 지금은 속세에 찌든 초라한 속물로만 남아 있다.

한때 활짝 핀 꽃을 보며 알지 못할 희망에 설렜고 떨어지는 낙엽에도 눈물이 글썽거렸다. 그 아이는 이제 내 마음속에서 사라진 걸까? 어디쯤 와 있을지 모를 그녀를 기다리며 몇 시간을 설레어도 아까울 게 없었던 그 시절! 꽃이 피고 지는 계절의 변화에 언제나 감사했던 그 겸손한 마음! 감당할 수 없는 청춘에 누군가를 기꺼이 받아들였던 그 순수!

나는 노랗게 물든 은행나무 아래에서 설레는 마음을 안고 다시 한번 누군가를 기다리고 싶다. 뒤에서 나타나 금방이라도 등 떠밀며 '선배'라고 외치는 동아리 후배일까? 조치원역 앞에서 놀러 가려고 기다렸던 그 친구들일까? 언제 내 곁을 떠날지 몰라 전전긍긍戰戰兢兢하며 애타게 그리워했던 그녀일까? 아니면 아무 생각 없이 한동안 가을에 빠져 있었던 나 자신일까?

그동안 살아남기 위해 사람들과 부대끼며 마음에도 없는 웃음과 말들로 나 자신을 속였다. 그 많은 날이 푸른 가을날에 내 마음을 울린다. 예전에는 묻지 않던 질문이다. 정말로 세상에는 아름다운 것들이 오래 남을 수 없는 것일까? 나를 설레게 했던 그 많은 것들은 지금 모두 어디로 갔을까?

훌쩍 흘러간 세월 앞에 내게 남은 것은 잃어버린 것들에 대한 황당한 마음뿐이다. 그러나 나에겐 아직도 아름다운 것들만 보고 아름다운 사람들만 만나며 아름다운 생각만 할 수 있는 충분한 시간이 있다고 위로한다. 그래서 가을 우체국 앞에서 누군가를 기다려 본다. 기다린다는 것은 아직 내게 끝나지 않은 설렘이 있다는 증거이다.

벚꽃처럼 흩어진 설렘의 기억

매일 아침 지하철에 오르는 순간, 내 마음은 누군가를 기다리는 설렘으로 뛰었다.

사회생활 첫해에는 동기들과 놀러 다니거나 필요한 자격증을 따느라 바빴다. 또한 결혼을 재촉하는 부모님의 성화에 여자친구를 사귀려고 노력했었다. 나는 구의동에서 여의도까지 지하철로 한 시간 거리를 출퇴근하였다. 강남역에 사람들을 토해놓고 구의역으로 올라온 지하철은 빈자리가 많았다. 6개월 이상 지하철을 타다 보니 어느새 나도 점쟁이가 되어 가고 있었다. 나도 모르게 어떤 사람이 다음 역에서 내릴지 얼굴과 태도를 보고 맞추기 시작했다. 한동안 지하철에서 사람들의 얼굴을 보는 것이 유일한 낙樂이었다. 그래서 매일 보게 되는 얼굴들이 점차 늘어났다.

어느 날 내 눈에 그녀가 들어왔다. 그리고 그녀가 여의도역에서 내린다는 사실을 알게 되었다. 오늘도 내일도 매일 그 시간이 되면 그녀는 어김없이 지하철에 올라탔다. 그녀는 긴 생머리에 훤칠한 외모로 성격이 좋아 보였다. 말을 걸어보고 싶었지만 용기가 나질 않았다. 그녀가 안 보이는 날이면 '회사를 그만두었나!' 하는 걱정까지 하게 되었다. 그녀는 왕십리역 근처에서 올라타는 것 같았다. 그녀가 여의도역에 내릴 때마다 나를 알리고 싶은 마음에 '용기를 내자.'라고 나 자신을 독려했다. 그렇게 마음을 졸이며 한 달의 시간을 보냈다.

드디어 기회가 왔다. 그날 그녀는 여의도역에서 사라지지 않고 한참 동안 누군가를 기다렸다. 나는 그녀에게 다가가 지하철에서 자주 봤다고 얘기했다. 떨리는 마음을 억누르고 언제 차나 한잔하자며 그녀의 손에 명함을 쥐여줬다. 그리고 나는 죄지은 사람처럼 얼른 얼굴을 숨기고 회사로 도망쳤다.

며칠이 지나자 B 대리는 나에게 "요즘 결혼하려고 노력을 많이 하나 봐!"라고 말했다. 나는 아무것도 모른 채 태연하게 그렇다고 대답하였다. 그러자 B 대리는 "지하철에서 어떤 여자에게 명함을 주지 않았느냐?"라고 물었다. 나는 소스라치게 놀랐고 얼굴은 화끈 달아올랐다. 지하철의 그녀는 인사팀 여직원의 동생 친구였다. B 대리는 인사팀 여직원과 업무에 관한 애기를 하다가 이 일을 알게 된 것이다. 여자친구를 사귀려는 나의 노력은 가상했으나 지하철의 그녀는 이미 남자친구가 있었다. 그 일이 있고 나서 우리나라 사람들은 세 다리만 건너면 다 알 수 있다는 말을 실감하게 되었다.

얼마가 지났을까? 추석 때 만난 고향 친구는 자기 회사의 입사 지원자 중 나를 아는 사람이 있다고 했다. 누구냐고 물었더니 다름 아닌 인사팀 여직원이었다. 그녀는 회사를 그만두고 쉬다가 다시 입사원서를 낸 곳이 하필이면 친구가 다니는 회사였다. 다행히 그녀는 친구에게 내가 지하철에서 있었던 일을 얘기하지 않은 것 같았다. 세상은 넓은 것 같으면서도 참 좁다. 이제 이 일은 이십 년도 넘은 추억이 되어버렸다. 지금 같으면 스토커라고 범죄자 취급을 했을지도 모른다. 그때는 낭만으로 포장할 수 있는 순수의 시대였다.

잠시 내 인생을 채웠던 그녀는 온데간데없는데 그때의 상념들은 여전히 머릿속에 남아 맴돌고 있다. 그렇게 설레고 두려웠던 나의 도전들이 쌓이고 쌓여 지금의 나를 만들었다. 까마득히 잊혔던 그녀가 세월이 훌쩍 지난 지금에서야 나타나 나에게 안부를 묻는다.

그녀가 지금 어디서 어떻게 사는지는 궁금하지 않다. 그저 세월이 그녀를 어디론가 데려갔을 거라고 짐작만 할 뿐이다. 나는 잘살고 있으니 그녀도 어딘가에서 잘살고 있으면 좋겠다. 문득문득 떠오르는 기억의 조각들은 세월이 황당하게 빠르다고 말한다. 세월은 나에게 의미를 부여할 기회조차 주지 않고 나의 기억을 어디론가 데려가고 있다. 그래서 세월은 그녀도 어디론가 데려간 것이다. 봄바람에 흩날리는 벚꽃처럼 언젠가 내 기억도 시간 속에 흩어질 것이다. 그러나 모든 순간이 소중했기에 지나간 날들이 그립고 아름답다.

10.
서툴지만 지켜낸 사랑의 서약

사랑은 잘하고 익숙한 일이 아니라 서툰 채로 버텨내는 시간에 가깝다. 잘못된 만남과 아픔도 결국 삶의 지혜와 나 자신을 지키는 법을 가르쳐준다. 사랑하는 이를 지키기 위한 작은 거짓말은 우리의 책임과 성장으로 이어진다. 지켜주고 싶다는 마음 하나로 우리는 계절을 지나며 사랑을 연습한다. 그래서 사랑은 서툴지만 서로의 책임으로 단단해지는 과정이다.

시간이 증명한 잘된 만남

어느새 남녀 간의 사랑이 기억 속의 언어처럼 느껴지는 오십 대에 들어섰다. 그래도 한때 잘못된 만남으로 한동안 가슴 시렸던 기억이 문득 떠오른다.

대학생이 되면 진짜 어른이 되는 줄 알았다. 도시로 유학하러 온 나는 몹시 외로움을 느꼈다. 대학교가 개강하자마자 고향 동문회가 열렸다. 선배들도 궁금했지만, 고향에서 올라온 동기들이 더 궁금했다. 그녀를 본 건 그때가 처음이었다. 그녀의 예쁘장한 얼굴과 따뜻한 음성에 온 마음을 빼앗겨 버렸다. 그것이 사랑인지 외로움의 목마름인지 그때는 잘 몰랐다. 난 그녀를 믿었던 것만큼 내 친구를 믿었기에 그녀와 갈등이 있을 때마다 내 친구와 같이 만났다. 내 친구는 대학교에서 만난 대학 동기였다.

그때는 서로 연락할 방법이 삐삐밖에 없었다. 삐삐화면에는 전화번호만 나타나 전화하지 않으면 무슨 말을 하려는지 알 수 없었다. 강의만 끝나면 학생들은 공중전화 앞에 줄을 섰다. 그러나 내 순서가 다가올 즈음 다시 강의가 시작되어 전화하기가 쉽지 않았다. 우리는 손 편지를 써서 서로의 학과사무실에 두고 오기로 했다. 나는 항상 강의가 끝난 후 그녀가 두고 간 편지가 없는지 학과사무실에 들렀다. 그녀로부터 편지를 받으면 나도 내 마음을 담아 편지를 썼다. 그 편지를 들고 공강이 생길 때마다 그녀의 학과사무실에 찾아갔다. 편지 내용은 늘 비슷한 일상 이야기였다. 그런데도 봉투를 여는 순간이면 마음이 먼저 흔들렸다. 내 마음을 표현하기 위해 편지지는 꽃무늬가 들어간 것이나 향기가 나는 것을 사용하였다. 내용은 중요하지 않았다. 손 편지가 아직도 그녀와 나를 연결해주고 있다는 사실에 안도하였다. 그때는 지금보다 사람과 연락하기가 더 어려웠다. 그러나 기다림을 설렘으로 즐겼던 것 같다.

그녀의 시간표를 쫓아다니던 내 모습에는 꼬깃꼬깃 접힌 손 편지와 이야기들이 겹친다. 비 오는 날에도 흙탕물이 튀긴 바지에 다 젖은 신발을 끌고 굳이 그곳에 가야 마음이 편했다. 그러나 그녀에 대한 나의 마음은 나에 대한 그녀의 마음보다 터무니없이 컸다. 입대를 앞두고 나는 멀어지는 그녀를 붙잡을 자신이 없어 서성이기만 하였다.

한동안 그녀와 연락이 뜸했다. 그러던 어느 날 고향 친구가 그녀와 대학 동기가 같이 걸어가는 것을 봤다고 했다. 그녀와 대학 동기는 나에게서 소리 없이 멀어졌다. 그날 이후로 내 안에는 어디에 두어야 할지 모를 감정 하나가 생겼다. 대학 동기는 사랑과 우정 사이에서 사랑을 선택했다. 나라면 그러지 못했을 일들을 그들은 했다.

뒤돌아보면 사랑하는 지금의 아내를 만났기에 그들과의 만남은 잘된 만남이다. 그래서 그들을 미워하지 않는다. 그들은 나에게 내가 가장 지키고 싶은 소중한 것은 온전히 나 혼자 감당해야 한다는 진실을 알려주었다.

세상에 잘못된 만남은 없다. 만남은 좋은 의미이든 나쁜 의미이든 세상을 살아갈 지혜를 준다. 그렇지만 인생은 생각보다 짧으니 가능하면 상처 없는 만남을 선택하는 것이 좋다.

사랑을 지키는 거짓말

해외연수 프로그램에서 모범생 같은 한 남학생과 대화하게 되었다. 최근

에 여자친구가 생겼는데 자기가 그녀를 좋아하는 만큼 그녀가 자기를 좋아
해 주지 않아 고민이라고 했다. 남학생은 아직 학생이라 그녀를 감싸줄 능
력이 없다며 그녀를 사랑할 자격이 있는지 궁금해했다.

그녀를 향한 마음은 남학생의 성장에 긍정적인 영향을 줄 것이다. 그러
나 남학생은 지금 당장 그녀를 떠나지 못하도록 잡아야 한다. 사각진 턱과
짧은 머리, 작은 눈과 단정한 옷차림 그리고 바른말만 하는 그 재미없는 남
학생은 삼십 년 전의 나를 보는 것 같았다.

나 역시 삼십 년 전 한 여학생의 표정과 몸짓에 울다가 웃으며 가슴에는
시퍼렇게 멍이 들었다. 지금 생각하면 그때의 사랑이 어린아이들의 소꿉장
난처럼 보인다. 그러나 그때는 그녀의 마음을 얻기 위해 죽을 수도 있을 것
만 같은 심정이었다.

'이성에게 별 볼 일 없던 내가 그에게 여자친구 잡는 방법을 조언해 주다니.'

그러나 지금 나는 그 남학생에게 가장 필요한 것이 무엇인지 잘 알고 있
다. 그것은 세월이 나에게 알려준 지혜이다. 그는 연수 내내 틈만 나면 전
화기를 붙잡고 통화하였다. 통화할 때만큼은 그 누구보다도 행복한 미소를
머금고 있었다. 통화의 상대자는 당연히 그의 여자친구였다. 부모에게도
그렇게 살갑게 전화하지는 못했을 것이다. 머릿속은 온통 그녀 생각뿐일
것이다. 어떻게 하면 그녀의 마음을 사로잡을지만 고민하고 있을 것이다.

그의 표정은 통화가 끝난 후 다시 시무룩해졌다.

그는 세상의 모든 행복을 그녀에게 주고 싶을 것이다. 그는 속마음을 아낌없이 그녀에게 털어놓았을 것이다. 그러나 그의 마음과 달리 머뭇거리는 그녀를 보면서 한없이 작아지고 있었다.

남학생은 그녀에게 두려움마저도 솔직하게 털어놓아야 한다고 생각했다. 그래서 나는 그렇게 하면 안 된다고 말했다. 너의 솔직함을 받아줄 사람도 있겠지만, 지금은 강한 모습을 보여야 그녀가 안심할 수 있다고 말이다. 다시 그는 말했다.

"교수님! 그러면 지금 아무것도 아닌 내가 그녀를 사랑할 수 있을까요?"

그래서 나는 대답했다.

"네가 아무것이 되는 순간 너는 많은 세월을 보내야 할 것이다. 그때까지 그녀가 네 곁에 머물지는 장담할 수 없잖아."

그러자 남학생은 그러면 어떻게 해야 하냐고 물었다. 나는 또 대답했다.

"그냥 그녀에게 세상 모든 것으로부터 다 지켜줄 수 있고 세상 모든 것을 다 갖다 바치겠다고 말해라."

그러자 남학생은 말했다.

"그것은 거짓말이고 사랑하는 사람에게 솔직하지 못한 거잖아요?"

그래서 또 내가 말했다.

"그러면 너는 지금 네 여자친구를 놓아줄래 아니면 붙잡을래?"

그는 당연히 여자친구를 붙잡고 싶다고 했다. 그래서 나는 말했다.

"지금 너는 그녀를 지킬 능력이 없다고 생각하지만, 언젠가 그 능력을 만들면 될 것 아니냐. 오히려 지금 너의 망설이는 모습과 어눌한 말투에서 그녀가 실망하여 떠날지도 모른다."

속으로 그에게 나 역시 삼십 년 전에 너무 솔직해서 여자친구를 잡지 못했었다고 말했다. 지금은 그 풋풋한 감정도 설레는 마음도 전혀 기억나지 않지만 나 역시 그랬던 것 같다.

어차피 세월이 지나면 서로를 의지하며 이해하고 사는 것이 부부이다. 그때 당시는 왜 그렇게 여자친구 앞에서 슈퍼맨이 되려고 했었는지. 지금 생각하면 웃음이 나온다. 마지막으로 남학생에게 말했다.

"너는 그녀를 붙잡기 위해 그 정도의 거짓말도 못 하냐. 거짓말을 하지 않는 것이 그녀를 놓아주는 것보다 낫단 말이냐. 그런 마음으로 그녀를 사랑할 거라면 너는 진정 그녀를 사랑하지 않는 것이다. 물론 너에게 지금은 그것이 거짓말이겠지만 나중에는 그것이 진실이 되도록 노력하면 된다. 그 정도의 자신감도 없이 어떻게 그녀를 네 곁에 둘 수 있겠느냐."

그리고 나는 한마디 더 덧붙였다.

"설사 네가 그녀에게 강한 척했던 그 거짓말이 현실이 되지 못해도 너는 그녀를 위해 최선을 다할 것 아니냐. 그러면 세상에서 말하는 그런 강한 자가 되지는 못했어도 너는 그녀에게 누구보다 강한 자가 되어 있을 것이다. 그러니 너무 걱정하지 말고 그녀 앞에 당당해져라. 그리고 너의 나약함을 그녀로부터 위로받을 생각은 하지 마라."

세월이 많이 흘렀다. 젊은 사람들의 사랑 이야기가 이제는 나와 상관없는 일처럼 낯설게 들린다. 사랑으로 고통받는 사람들에게 말해주고 싶다. 그것은 인생의 한 과정일 뿐이니 상처받을까 봐 미리 두려워하지 말라고. 세월이 지나면 그 모든 것이 추억이 될 수 있다고. 그러나 누군가를 사랑한다면 절대로 배신만은 하지 말라고. 그렇게만 한다면 서로 사랑할 수밖에 없다고 말이다. 사랑을 위한 거짓말은 책임이 따르는 거짓말이다. 그러니 진짜 거짓말은 아니다.

돈 :

욕망의 중력

1.
돈 앞에서 흔들리는 마음

돈 앞에만 서면 마음은 늘 조급하게 서두른다. 돈은 인간의 감정을 조종하며 자존감과 불안을 흔든다. 인생은 한정된 모래시계라서 그 모래알을 돈으로 채우려 해도 결국 사라진다. 가치를 세는 손끝에서 우리의 삶은 자주 방향을 잃는다. 인생은 결국 허락된 시간 안에서 돈이 아닌 나 자신을 찾는 기술이다.

돈 앞에서 자꾸 흔들리는 나에게

돈에 관해 글을 쓰면 누군가는 내가 엄청나게 돈을 잘 벌어서 부자가 된 줄 안다. 사실은 정반대이므로 돈에 관한 상념想念이 많다. 돈에 속지 말아야 하는 이유는 인생이 돈의 노예가 되지 않기 위해서이다. 돈의 노예가 되면 인생은 돈으로만 평가되어 돈은 남지만, 시간은 사라진다. 돈은 우리의 시간 속에서만 존재하니 시간이 없으면 돈은 결국 허무가 된다. 따라서 쉽지는 않겠지만, 돈에 속지 않으면 인생을 누릴 수 있다.

우리는 열심히 살았는데도 손해만 보는 것 같아 화가 날 때가 있다. 누구보다 정직했고 성실했고 정의의 편에 서서 살았다. 그러나 바른 마음으로 쌓아 올린 하루들이 어느 순간 나를 짓누르는 돌이 된다.

힘든 일은 나 몰라라 하면서 돈 되는 일이라면 불나방처럼 달려드는 사람이 있다. 귀찮고 성가신 일은 안 하면서 작은 일 하나로 동네방네 소문내며 생색내는 사람이 있다. 싸울 일이 있으면 마음 약한 사람 등 떠밀어 총대 메게 하고 구경만 하는 사람이 있다. 아무것도 모르는 사람들은 그런 사람의 허풍에 속아 넘어가 엄지를 치켜든다.

누구나 한 번쯤 이런 억울함을 겪은 적이 있을 것이다.

'왜 나만 이렇게 억울하지? 다른 사람들이 어떻게 살든 신경 쓰지 않기로 했잖아? 그런데 왜 나는 지금 그런 사람들이 짜증 나고 싫어질까?'

'아! 잘 생각해 보니 그런 사람들이 나보다 열심히 일하지 않았고 나보다 힘든 일을 하지 않았는데도 더 많은 돈을 버는 것 같아 짜증 나나 보다. 결국 나도 돈의 차별 대우에 화가 나나 보다. 그러면 나는 언제쯤 돈이라는 놈으로부터 사람을 떼어놓고 바라볼까?'

사실 돈을 더 모으는 것이 의미 없어질 정도로 돈을 모으려면 어느 정도 모아야 하는지 잘 모르겠다. 분명 돈을 모으다 보면 돈을 더 벌어도 의미 없어지는 때가 온다. 그러나 그런 때가 살아 있을 때 오는 사람은 많지 않다. 그렇지만 유한한 인생 앞에 돈을 더 벌어도 의미 없어지는 때는 반드시 온다. 그런 때가 올 때 우리는 허무함에 몸부림칠 것이다. 돈이라는 것이 인생의 전부였던 우리에게 돈이 더 이상 의미가 없다면 그 허무함은 이루 말할 수 없다. 우리가 허무해지는 것은 죽음 앞에 아무것도 가질 수 없는 우리의 숙명宿命 때문이다.

우리는 돈이 있으면 인생이 행복해지고 돈이 없으면 불행해진다고 믿는다. 그러나 죽음이 다가오면 돈이 있어도 행복해질 우리가 사라진다. 그래서 돈만 좇아 인생을 살아온 사람들은 돈에 속아 인생을 허비한다.

나보다 더 많은 돈을 가진 사람들도 시간은 내가 가진 것과 별반 차이 나지 않는다. 굶어 죽을 정도가 아니면 돈 앞에 당당하고 품격 있게 사는 것이 좋다. 그렇게 사는 삶은 돈에 속지 않는 삶이다. 특히 나이가 들면서 그런 생각에 더 격하게 공감한다. 그러나 자꾸 돈이 내 감정을 속이려고 한다. 속지 말아야지 하면서도 자꾸 돈에 속는다. 나이가 들수록 돈이 감정을 지배하게 내버려 두면 인생은 더 허무해질 수밖에 없다.

돈에 속아 사는 인생

사람은 돈에 죽고 돈에 산다. 돈이 없어서 맥없이 죽기도 하고 돈을 많이 벌려고 끈질기게 살기도 한다. 돈이 인생의 전부는 아니지만, 인생은 돈으로 더 행복해질 수 있다고 믿는다. 그래서 돈은 말이 없지만, 사람들은 돈에 행복이라는 이름을 붙여 놓았다. 이제는 물질문명이 심화하면서 돈에다 목숨이라는 이름도 붙여 놓았다. 인생은 목숨이 있을 때 존재한다. 그렇다면 인생은 돈이 있어야 존재한다고 볼 수 있다. 반대로 인생은 죽음이 있을 때 존재하지 않는다. 그렇다면 돈이 없으면 인생은 존재하지 않는 걸까?

드라마 〈오징어 게임〉을 보면서 인생에서 돈이란 무엇일까 생각해 본다. 돈 때문에 힘들었던 456명의 사람이 목숨을 걸고 게임에 참가한다. 그들은 빚진 돈을 갚지 못하면 목숨을 잃을 수 있다. 게임에서 져도 목숨을 잃는다. 그러나 게임에서 살아남으면 456억이라는 상금을 얻게 된다. 드디어 상금을 거머쥔 우승자가 나타났다. 그러나 우승자는 455명의 사라진 목숨에 죄책감을 느껴 돈을 마음대로 쓰지 못했다. 돈은 그렇게 참가자 모두를 속였다. 나중에 우승자는 게임의 주최자를 만나게 된다. 게임의 주최자는 세상에 더 이상 재미있는 일이 없어서 게임을 만들었다고 하였다. 어느 정도의 돈이 있어야 세상에서 돈으로 얻을 수 있는 행복이 더는 없다고 느끼게 될까 궁금하다.

2020년은 코로나바이러스로 유례없이 힘든 한 해였다. 그러나 아이러니하게도 경기회복을 위해 풀린 돈이 주식이나 비트코인 투자로 몰리면서 탐욕에 잠식된 한 해이기도 하였다. 인간의 탐욕은 어디까지인지 잘 모르겠다. 그러나 인간의 탐욕을 가장 잘 아는 사람은 사기꾼일 것이다.

몇 해 전 인간의 탐욕을 이용한 비트코인 사기가 유행했었다. 사기꾼은 현대 문명이 다소 빗겨나간 시골로 파고들었다. 그들은 동네 사랑방인 미용실에서 비트코인에 투자하면 큰돈을 벌 수 있다고 떠들어 댔다. 처음에 믿지 않던 어르신들은 은행보다 훨씬 높은 이자를 받았다는 얘기를 듣게 된다. 어르신들은 하나둘 인생과 맞바꾼 몇천만 원을 신문지에 돌돌 말아 미용실로 가져온다. 사기꾼은 그렇게 동네 사람들의 돈을 거둬들인 후 어느 날 갑자기 사라진다. 인생의 끝자락에서도 돈에 대한 인간의 탐욕은 사그라지지 않는다. 어쩌면 욕망을 모두 채울 수 있는 돈의 양은 애초부터 없었는지도 모른다. 어르신들은 정신을 차려보니 잃어버린 돈보다 돈과 맞바꾼 지나간 인생에 더 허무해졌을 것이다.

사람들은 처음부터 인생을 돈과 맞바꿀 생각은 없었다. 살다 보니 돈이 있으면 인생이 행복해질 것 같았고, 돈으로 목숨도 살 수 있을 것 같다고 느낀 것이다. 돈은 죽음과도 함께 갈 수 있는 그 이상의 무엇이라고 받아들인다. 그래서 사람들은 죽은 사람이 저승에 갈 때도 돈이 꼭 필요하다고 생각했다. 죽어서도 노잣돈이 없으면 저승으로 못 가는 세상이다. 돈은 그렇게 사람들을 속였다.

살다 보면 돈보다 시간이 더 소중해지는 시기가 다가온다. 그러나 그런 시기는 누구나 다 다를 것이다. 누군가는 먹고살 만하니 그런 소리 한다고 하겠지만 먹고살 만한 기준도 결국 마음속에 있는 것은 아닐까? 먼저 간 사람들이 인생은 짧고 언젠가 끝난다고 아무리 말해도 사람들은 언제나 돈 앞에서 약해진다.

빚이 많은 사람은 인생이 의미 없다며 목숨을 버린다. 빚이 없는 사람은 돈이 없어 불행하다며 끝없이 돈을 갈구한다. 감당할 수 없는 빚은 당신의 목숨이 가치 없다고 말한다. 항상 부족한 돈은 당신에게 죽을 때까지 일하라고 말한다. 돈은 그렇게 우리를 속인다. 감당할 수 없는 빚도 부족한 돈도 우리의 욕심이 만들어 낸 괴물이 아니었던가?

드라마 〈오징어 게임〉에서 참가자들은 돈이 없는 세상이 지옥이라고 생각하고 목숨과 돈을 바꾸겠다고 결심한다. 대부분 참가자는 목숨을 잃었고 돈도 얻지 못했다. 차라리 목숨이라도 건졌으면 적은 돈이라도 만져볼 기회를 얻었을 것이다. 거창한 행복은 아니라도 소소한 행복은 누렸을 것이다. 그러나 돈은 그렇게 인간을 무참히 속인다.

한 번뿐인 인생과 인간의 탐욕이 만들어 낸 돈은 처음부터 그 가치가 달랐다. 그런데도 사람들은 여전히 돈과 함께 인생의 행복이 찾아온다고 믿는다. 나 역시 돈에 속아 그렇게 믿을 때가 많다. 세월이 갈수록 돈의 탐욕에 속지 않으려고 가던 길도 자주 멈춰 선다. 돈을 많이 벌면 다행이지만 돈을 많이 벌지 못해도 이제는 인생이 크게 달라질 것 같지 않다. 누군가는 돈을 많이 가져보지 못해서 그렇다고 말할 수도 있다. 나는 돈을 벌기 늦었다고 생각하는 것이 아니다. 돈과 맞바꿀 인생이 그리 많지 않다고 느끼는 것이다. 아직 죽어보지 않았지만, 돈이 죽음과 함께 할 거라고 믿지는 않는다.

돈이 자꾸 우리를 속인다. 다행히도 나이가 들수록 돈에 잘 속지 않는다. 그러나 인간이기에 언제 또 돈에 속을지 모른다. 바람이 있다면 죽는 그날까지 돈에 조금만 속았으면 좋겠다.

가끔 주말이면 복권가게에 들른다. 가게 안에 사람들은 열심히 나름의 비법으로 번호를 선택한다. 가게 밖에 걸려 있는 현수막은 이 가게에서 일 등 당첨자가 나왔다며 유혹한다. 돈은 다시 내게 속삭인다. 당신에게 갈 돈이 저 사람들에게 갈 수 있다고. 얼른 펜을 집어 든다. 한 번도 효과 없었던 나만의 비법으로 번호를 고른다. 기대하지 않는다고 수백 번 거짓말하면서 이번에는 네 차례라는 악마의 속삭임에 다시 속는다. 그러나 내 인생 전부를 돈에 걸고 싶지는 않다. 시간을 소소한 행복에도 투자하고 싶다. 먼 훗날 만져보지도 못할 허황한 돈 때문에 인생을 허비했다고 후회하기는 싫다.

2.
욕심을 비워낸 자리의 시간

천천히 가는 길 위에서 비로소 잃지 않은 것들이 보인다. 탐욕은 번갯불처럼 번쩍이며 마음을 태우지만, 허무의 재만 남긴다. 소중한 순간의 웃음과 느린 발걸음만이 영혼을 지켜주는 방패가 된다. 돈으로 살 수 없는 시간은 욕심을 비워낸 마음에만 머물 수 있다.

우보천리, 욕심 없이 걷는 천국행

주식이 지옥행 열차인 이유는 천국에 쉽게 도달하려는 욕심이 묻어 있기 때문이다. 그 욕심은 우리를 항상 지옥행 열차에만 올라타게 하여 영혼을 털리게 만든다. 영혼이 사라진 우리는 결국 살아갈 힘을 잃는다. 그러나 그 욕심을 내려놓으면 주식은 우리를 천국에 도달하게 도와줄 것이다.

주식의 매수 호가 창과 주식의 매도 호가 창을 보면 인간이 얼마나 탐욕스러운지 알 수 있다. 누군가는 주식을 비싸게 팔려고 하고 누군가는 주식을 싸게 사려고 한다. 서로의 이기심은 번갯불에 콩 구워 먹듯 주가를 천국과 지옥으로 왔다 갔다 하게 만든다. 그리고 서로 자기의 결정이 옳았다며 동상이몽同床異夢을 한다.

주식이 천국인 상한가에 다다를수록 투자자들의 매수세는 거세진다. 주식이 상한가로 끝나면 내일은 분명 다시 천국으로 떠날 거라는 꿈을 꾼다. 그러나 천국의 꿈이 사라지면 매수세의 힘이 떨어지고 투자자들은 주식을 급매急賣한다. 투자자들이 꿈에서 빨리 깰수록 주가는 더 빨리 내려간다. 꿈에서 깬 사람들은 지옥의 그림자를 맛본 것이다. '투자주의', '투자경고' 그리고 '투자위험'의 신호가 켜졌다. 그러나 천국으로 간다고 믿는 사람들은 여전히 주식을 들고 있다.

사람은 간사해서 주식을 바라보는 관점이 주식을 가지고 있을 때와 가지고 있지 않을 때 천지 차이天地 差異가 난다. 주식을 가지고 있을 때는 천국행 열차만 보인다. 그러나 주식을 가지고 있지 않을 때는 지옥행 열차가 보인다. 열차를 타면 천국만 보이지만, 열차를 타지 않으면 지옥을 볼 수 있다.

투기 세력들도 이미 천국행 승차권을 팔고 열차에서 내렸는데 믿는 사람들은 아직도 출발을 기다린다. 그러나 그들이 뒤늦게 투기 세력이 떠난 것을 알았을 때는 이미 열차는 지옥에 도착해 있다. 그들은 그동안 지옥행 열차에 탔었다고 자책自責하며 어쩔 수 없이 지옥에서 내린다. 그러나 그들은 얼마 못 가 다시 천국으로 떠난다는 꾀임에 속아 지옥행 열차에 올라탄다.

그들은 아직도 쉽게 천국에 갈 수 있다는 믿음을 저버리지 않은 것이다.

열차는 더 이상 올라탈 자리가 없을 때까지 사람들을 꽉꽉 채운다. 그리고 열차는 천국을 가장한 지옥으로 떠난다. 다른 사람은 몰라도 나만은 천국행 열차에 올라탔다며 사람들은 반복해서 지옥행 열차에 올라탄다. 주식이 손쉽게 천국에 데려다줄 거라는 믿음이 터무니없는 욕심이라는 것을 모른 채 말이다.

남들보다 쉽게 천국에 가려는 욕심은 지옥행 열차를 천국행 열차로 둔갑시킨다. 그래서 우리는 항상 지옥행 열차만 타는지도 모른다. 우리가 그 욕심을 내려놓는다면 우리도 정말로 천국행 열차를 탈 수 있다.

'우보천리牛步千里'이다. 느려 보이지만 우직한 소가 천 리를 간다. 나는 이 말을 믿고 싶다. 급등했던 주식이 제자리에 오거나 더 하락하면 천국으로 가는 시간은 더 지체된다. 느리지만 욕심을 내려놓고 한 발 한 발 나아가는 것이 천국에 다다르는 가장 빠른 방법이다. 이런 생각으로 주식을 산다면 주식은 천국행 열차가 된다.

돈으로 살 수 없는 시간

돈보다 시간이 더 귀중한 이유는 시간은 돈으로 바꿀 수 있지만, 돈은 시간으로 바꿀 수 없기 때문이다. 우리에게는 시간을 무엇으로 바꿀지의 선택권이 있다. 그 무엇 중의 하나가 돈일 뿐이다. 돈으로 세상의 모든 것을 살 수 있을 것 같지만 시간은 살 수 없다.

지인 중에 은퇴하신 교수님이 있다. 그분은 젊은 사람들을 볼 때마다 돈을 아껴서 노후를 준비해야 한다고 강조하셨다. 요즘 같은 백 세 시대에 노후 준비는 정말 중요하다. 특히 자녀 교육에도 관심이 있고 부모 봉양에도 책임감을 느끼는 사오십 대에는 중요한 과제이다. 이런 우리에게 그분의 말씀은 고마운 조언이고 감사해야 할 일이다.

그분은 젊었을 때부터 이미 재산이 많았다. 그러나 그분은 기차를 두 시간 이상 기다려 기어코 무궁화호만 타셨다. 남는 것이 시간인데 왜 비싼 KTX를 타냐고 말씀하셨다. 그분은 주머니에 칫솔과 치약을 가지고 다니셨다. 치아에 문제가 생겨 지출되는 돈을 막기 위해 항상 양치하셨다. 한번은 그분이 나에게 햄버거를 사준 적이 있었다. 그 일을 다른 사람에게 얘기하니 놀라는 눈치였다.

몇 해 전 코로나 시국에 그분과 통화할 일이 있었다. 그분은 작은 수술 때문에 병원에 계셨다. 이미 칠십 세가 넘으셨지만 건강하셨다. 대화를 나누다가 직접 말씀은 안 하셨지만, 그분의 작은 후회를 감지할 수 있었다. 은퇴하고 돈을 써도 생각만큼 돈이 줄어들지 않는다고 하셨다. 코로나 시국 이전에는 해외여행을 다니시며 돈을 쓰셨다. 코로나 시국이 되니 정말로 돈 쓸 일이 없다고 하셨다.

흔히 은퇴하면 남는 것이 시간밖에 없다고 말한다. 그러나 그분에게는 돈을 쓸 시간이 별로 없는 것이다. 계산이 정확하신 그분도 돈을 쓸 수 있는 시간까지는 계산하지 못했던 것 같다. 이럴 때는 "이럴 줄 알았으면~"이라는 단어로 시작하는 문장이 가장 적합한 상황일 것이다.

돈으로 시간을 살 수 없다. 더 정확하게 말하면 돈으로 시간을 되돌릴 수 없다. 나이가 들수록 시간으로 돈을 바꾸는 시간의 가성비價性比가 점점 떨어진다. 언제 끊길지 모를 우리의 인생 필름이 애지중지 키워온 재산을 애물단지로 만들어 버릴 수 있다. 세월이 갈수록 순간이 더 소중해진다. 그 순간을 무엇을 위해 사용해야 할지 생각이 많아진다.

3.
운과 실력의 경계

운이 좋아 잘된 선택은 언제나 뒤편에 설명하지 못하는 그늘을 남긴다. 우연히 얻은 운은 달콤하지만, 우리를 자만의 덫 속에 가둔다. 운을 실력이라고 부르는 순간 위험은 이미 시작된 것이다. 결국 주식의 얼굴은 운으로 설명할지 노력으로 설명할지에 따라 표정이 달라진다.

운과 노력이 만드는 주식의 두 얼굴

도박과 투자가 다른 이유는 주식을 바라보는 우리의 태도가 다르기 때문이다. 즉 주식 매매의 결과를 운運에 의지하면 도박이 되고, 주식 매매의 결과를 노력에 의지하면 투자가 된다.

우리는 흔히 도박에 중독되었다고 말한다. 왜 사람들은 도박에 중독되는 것일까?

그 이유는 돈을 벌려는 노력이 돈을 버는 결과와 인과관계가 없기 때문이다. 즉 도박은 운에 의지하므로 결과에 대해 아무런 판단도 하지 못한다.

사람들이 일하면서 보람을 느낄 때는 자기가 일한 만큼 보상을 받는다고 느낄 때이다. 즉 사람들은 자기 노력에 대해 세상이 합리적으로 평가하고 정당하게 대우해 줄 때 내면의 기대와 외부의 반응이 일치하면서 행복감을 느낀다.

그렇다면 도박은 어떠한가? 도박은 우리 내면에 기대를 심어 주지만, 우리의 어떠한 노력도 반영되지 않는다. 그래서 무작위적인 운의 결과로 우연히 얻은 보상은 생각보다 엄청난 행복감을 가져다준다. 노력 없이 다가온 운은 우리의 뇌에 엄청난 도파민dopamine을 분비하며 우리의 마음을 속인다. 그래서 도박은 우리에게 다음에도 또 행운이 찾아올 거라는 믿음을 심어 준다. 이것이 도박에 중독되는 이유이다.

한편 사람들은 세상이 노력에 대해 합리적으로 평가하고 보상하지 않으면 열심히 일하지 않거나 아예 그만둔다. 따라서 노력에 상응하는 보상을 기대하는 사람은 주식에 중독되지 않는다.

주식 매매가 도박이 될지 아니면 투자가 될지는 우리의 태도에 달려 있다. 주식 매매를 도박으로 선택한 사람들은 이익을 얻으면 무작위적 행운을 자기 선택의 결과로 합리화한다. 반면에 주식 매매를 투자로 선택한 사람들은 이익을 얻으면 노력에 대한 보상으로 받아들인다. 따라서 주식으로 이익을 얻었어도 사람마다 그 과정을 다르게 해석한다.

주식을 도박으로 대하는 사람은 한번 매매를 시작하면 그것에서 헤어 나오질 못한다. 그 이유는 자기가 어떻게 주식으로 이익을 내는지 모르기 때문이다. 즉 언제 매매를 시작하고 언제 매매를 멈추어야 할지 모른다. 반면에 주식에 투자하는 사람은 자신의 노력과 결과에 대한 인과관계를 이해한다. 따라서 언제 매매를 시작하고 언제 매매를 멈춰야 할지 안다. 결론적으로 도박은 인과관계를 알 수 없어서 끊임없이 운을 기다리며 매매를 멈추지 못한다.

주식시장에는 여전히 운을 노력의 결과로 받아들이는 사람들이 많다. 그 사람들은 자신의 노력보다 더 큰 보상을 누리고 싶은 욕망이 있다. 그 욕망을 내려놓지 않으면 그들에게는 주식이 언제나 도박이 될 것이다.

운을 실력이라 믿는 함정

운運으로 돈 벌기 어려운 이유는 운이 만들어지는 원리를 모르기 때문이다. 운이 있어야 돈을 벌 수 있다면 운이 계속 따라줘야 한다. 그러나 그런 일은 없다. 반면에 실력이 있다면 돈을 벌 수 있는 확률이 높아진다. 우리의 욕심은 운을 실력이라고 믿기 때문에 운으로 돈 벌기가 어려운 것이다.

우연한 기회로 추천받은 종목을 샀는데 운이 좋아 돈을 번다. 그러나 우리는 운을 실력으로 둔갑시켜 자만自慢 속에 가두고 세상의 진실에 벽을 세운다. 실력이라고 말하고 싶은데 왜 주식을 그때 사야 했고 왜 주식이 올랐는지 설명하기가 곤란하다. 누군가는 신문 기사를 보고 샀더니 올랐다고 말한다. 누군가는 주식 차트chart를 보고 샀더니 올랐다고 말한다. 그것이 정말로 실력이라면 같은 방법으로 계속해서 이익을 얻을 것이다.

상승기에는 리딩leading방이나 신문 기사에서 추천하는 종목만으로도 일정의 이익을 얻을 수 있다. 물론 그러한 종목의 차트를 열어보면 주가는 이미 한참 올라와 있다. 그런데도 주식을 사면 더 상승한다. 그 이유는 추천해 준 종목이 대단한 성과를 냈거나 엄청난 비전이 있어서가 아니라 투자자들의 매수심리가 자극되어 올라가는 것이다.

하락기에는 리딩방도 사라지고 신문 기사도 침묵한다. 올라갈 종목을 찬양했던 그 많은 사람은 다 어디로 가고 파랗게 멍든 주식만 덩그러니 남아 있다. 운을 믿고 주식을 매수한 사람들은 왜 주식이 떨어지는지도 몰라 버티기에 돌입한다. 그리고 버티면 언젠가 오를 거라는 공허한 희망으로 자신을 안심시킨다. 그러나 마음속에는 주식을 추천했던 리딩방이나 신문 기사를 원망한다.

대세 상승기에는 운으로 이익을 얻고도 자기 실력이라고 믿는다. 대세 하락기에는 노력했는데도 운이 나빠 손실 났다고 말한다. 왜 주가가 오르고 왜 주가가 내려가는지에 대한 인과관계를 살펴보지 않는다. 그래서 운을 쫓는 사람은 돈을 벌면 자기 실력이라고 믿고 돈을 잃으면 세상 탓만 한다.

어쩌면 주가의 결정 요소가 너무 많아 차라리 투자 선택을 운에 맡기는 것이 나을지도 모른다. 그러나 우리에게는 확률이라는 단어가 있다. 아무리 전문투자자라고 해도 항상 이익을 낼 수는 없다. 하지만 그들이 일반투자자보다 이익을 낼 확률이 높은 이유는 노력으로 얻은 원칙이 있기 때문이다. 주식의 실력은 절대적인 확신에 도달하는 것이 아니라 이익을 낼 확률을 높이는 것이다.

운에 의지하기 때문에 아무런 행동을 하지 않고 아무런 행동을 하지 않기 때문에 스스로 운을 인정한 꼴이 된다. 이런 사람들은 또 다른 대세 상승기와 하락기가 와도 운에 의지하게 된다. 결국 자기가 투자했지만, 주식의 운명은 남의 손에 맡겨져 있다. 남의 손에 맡겨진 운명이 우리를 행복하게 할 리가 없다. 운은 바람의 방향이고 행운은 그 바람을 타고 도착한 따뜻한 항구이다. 사실 어디에서 왔다가 어디로 갈지 모를 우리는 존재 자체가 행운이다. 투자에서는 잠시 스칠 운을 노력해서 곁에 머물 행운으로 만들 수 있다. 우리가 해야 할 일은 실력을 키워 성공 확률을 높이는 것이고 그것이 행운이다.

4.
책임을 회피한 대가

책임을 외부로 돌리는 사람은 반복되는 손실의 미로 속에 갇히게 된다. 책임을 피하지 않는 사람만이 손실을 끝낼 수 있는 자격을 얻게 된다. 외면한 선택의 자리에는 같은 실패가 다시 내려앉는다. 결국 투자의 승리는 자신의 선택과 책임을 마주하는 용기에서 나온다.

잃어버린 책임, 반복되는 손실

투자로 손실이 반복되는 이유는 투자 실패에 대한 원인을 자신이 아닌 외부로만 돌리기 때문이다. 실패 원인이 외부에 있으니 자기 선택은 문제가 없다는 것이다. 따라서 자기는 어떠한 변화나 개선도 하지 않으니 실패는 계속된다.

어렸을 때 무슨 일을 하려고 하면 가정적 특성이나 사회적 분위기로 인해 부모로부터 제지당한 경험이 있을 것이다. 이러한 경험은 욕구 불만으로 이어져 성인이 되면 투자성향에도 영향을 미친다. 특히 부모의 성향이 보수적이거나 성숙도가 떨어진다면 그러한 욕구 불만은 더 크게 나타난다. 그런 부모는 우리에게 왜 그 일을 하면 안 되는지에 대해 친절하게 설명하지 않았다. 그래서 우리는 의지와 상관없이 세상으로부터 강요받는 행동과 생각에 울음을 터뜨리게 된다.

어렸을 때 터뜨린 울음은 제지制止의 이유를 알지 못해 답답한 마음을 몸으로 표현한 행동이다. 그러나 이러한 행동은 성인이 되어 결정을 잘못했을 때 책임을 회피하는 비상구가 된다. 이런 사람은 문제가 생길 때마다 책임을 전가할 희생양을 찾는다. 그리고 그에게 문제의 원인이 당신이었다고 강요한다. 결국 어떠한 일에 문제가 생기면 자기 잘못을 돌아보지 않고 외부에서만 원인을 찾으려고 한다.

이러한 책임 회피는 주식 투자자에게도 적용된다. 주식에 투자하여 자기 생각과 다른 결과가 나오면 그 결과를 자기책임이 아닌 외부 탓으로 돌린다. 즉 자기 생각과 노력은 맞는데 시장이 따라주지 않았다고 믿는 것이다. 그래서 투자 실패가 발생할 때마다 자신에 대한 성찰省察은 없고 늘 시장 탓만 한다. 그렇게 하면 마음이 쉽게 편안해질 수 있다. 또한 자기보다 더 큰 손해를 입은 사람들을 찾아다니며 마음의 위로를 얻는다. 결국 투자 실패의 원인을 자신에게서 찾지 않아 자기를 변화시킬 기회를 잃는다.

어렸을 때 왜 그 일을 하면 안 되는지에 대해 부모로부터 친절한 설명을 듣지 못했다. 그러나 그 설명을 듣기 위해 얼마나 노력했었는지도 돌아볼 필요가 있다. 지금이라도 그 제지制止의 그늘에 우리의 책임도 있었다는 것을 이해해야 한다. 우리는 투자 결과가 자기책임이라는 것을 깨닫고 변화할 때 단단한 성공으로 나아갈 수 있다.

책임 회피가 부른 투자 실패

우리가 적기適期에 투자하지 못하는 이유는 투자 선택에 대한 책임을 회피하려고 하기 때문이다. 다른 사람의 권유로 투자한 주식이 손실 나면 시장 탓이라도 하겠지만, 자기가 결정한 투자는 자기밖에 탓할 수 없다. 초보자의 성공 확률이 높은 이유는 실패에 대한 책임 의식도 수익에 대한 기대도 크지 않은 평온한 마음 상태 때문이다.

분명 그때가 적절한 투자 시점임을 알았으면서도 투자하지 못하는 경우가 많다. 그러나 다른 사람들에게는 적절한 시점이라고 투자를 권유한다. 이러한 이율배반二律背反적 행동은 투자에 관한 결과를 책임지지 않아도 된다는 자기 방어기제에서 나온 것이다.

증권회사에 다닐 때 고객에게 지금이 투자 적기라고 권유했으면서 정작 나의 손은 움직이지 못했다. 몇 달이 흘러 나의 말을 믿고 투자한 고객은 나에게 투자 적기를 알려주어 고맙다고 인사했다. 그 인사를 받고 가장 괴로운 사람은 바로 나였다.

대부분 초보자는 처음에 투자하면 수익 실현을 경험한다. 이것이 초보자의 저주일지도 모른다. 초보자는 수익이 났기 때문에 운을 실력이라고 믿고 더 많은 돈을 투자한다. 차라리 손실을 보았다면 왜 손실이 났는지 그 이유를 찾으려고 노력했을 것이다. 그러나 처음부터 수익이 발생하면 그러한 과정이 생략된다.

그러면 왜 초보자는 수익을 실현하는 경험을 하게 될까?

그것은 아마 초보자가 실패에 대한 두려움 없이 주식을 평온하고 중립적인 마음으로 바라봤기 때문이다. 그러나 한 번의 운이 또 다른 운으로 이어지기는 쉽지 않다. 그때부터 초보자는 시장에게 자기 생각이 옳다는 것을 입증하려고 애를 쓴다. 하지만 안타깝게도 승률상 승리보다 실패가 더 많아진다. 그때부터 투자자는 실패의 책임을 자기 생각을 따라주지 않는 시장에게 돌린다.

주식은 중립적이고 제로섬zero sum 게임이다. 주식시장은 누군가가 누군가의 돈을 빼앗기도 하고, 누군가가 누군가에게 돈을 빼앗기기도 하는 기회를 마련해 준 것뿐이다. 그런데도 실패한 투자자는 시장의 규칙이나 상황이 잘못되었다며 시장을 탓한다. 실패자가 비난해야 할 대상은 다수의 움직임이나 생각을 읽지 못하고 반대로 행동했던 바로 자기 자신이다. 그러나 대부분은 자기의 실패를 배신감으로 받아들여 책임을 전가할 대상만 찾는다.

결국 투자자는 초심初心을 잃어 투자 적기에도 책임을 회피하기 위해 투자를 주저한다. 적정한 투자 시점에 투자를 실행하려면 시장에 대한 경험과 통찰력 그리고 자기 결정에 대한 책임이 있어야 한다. 따라서 자기 경험과 통찰력에서 나온 투자 시점을 의심하지 않고 책임질 때 주식투자에서 성공할 것이다.

마음과 깨달음이 만드는 성공 투자

투자에서 중요한 것은 손끝의 경험이 아니라 마음의 균형이다. 경험은 렌즈가 되어 세상을 왜곡하지만, 마음은 생각을 바로잡는 의지이다. 깨달음은 단순한 지식이 아니라 마음과 행동을 함께 움직일 때 찾아온다. 결국 중립적이고 유연한 마음과 확장된 사고의 틀이 시장의 변덕 속에서도 기회를 잡게 만든다.

투자에서 중요한 것은 경험이 아닌 마음

투자에서 경험보다 마음이 중요한 이유는 경험은 세상을 바라보는 왜곡된 렌즈일 수 있지만, 마음은 생각을 바로잡는 의지이기 때문이다. 따라서 마음은 경험을 의심할 수 있고 생각을 재조합할 수 있다. 그래서 마음이 흔들리면 안 된다.

투자의 경험은 성공을 위한 약이 될 수도 있고 독이 될 수도 있다. 투자 경험이 많으면 성공적인 투자자가 될 수 있을까? 그것에 대한 대답은 "아니다.”이다. 성공적인 투자자가 되려면 중립적이고 객관적으로 시장을 바라볼 수 있는 마음의 태도가 중요하다.

뇌는 어떠한 일이 발생하면 무의식적으로 그것을 해결하기 위해 경험에 근거하여 반응한다. 이러한 반응은 순식간에 일어나므로 인간이라면 그것을 통제하기가 쉽지 않다. 그러나 무의식적 반응을 의지나 훈련으로 최대한 극복할 때 성공적인 투자자가 될 수 있다.

만약 누군가에게 여러 번의 실패를 경험한 후 기회가 찾아온다면 어떠한 반응을 보일까? 아마 그 기회를 성공의 기회로 만들기가 쉽지 않을 것이다. 실패의 경험으로 체득體得한 고통은 성공의 기대를 압도하여 기회를 놓치게 한다. 반면에 누군가에게 여러 번의 성공을 경험한 후 기회가 찾아온다면 어떠한 반응을 보일까? 당연히 그 기회를 성공의 기회로 인식할 것이다. 성공의 경험으로 체득한 행복은 실패의 불안을 압도하여 기회를 잡는다.

그러나 그 기회가 성공의 기회인지는 아무도 모른다. 미래에 대한 믿음은 우리의 경험에서 나온다는 것을 잊지 말아야 한다. 그래서 실패한 경험이든 성공한 경험이든 생각을 고정관념 속에 가둬두고 시야를 좁혀 새로운 정보에 문을 닫게 한다. 생각이 시장의 변화를 받아들이지 못한다면 우리의 손은 시장의 흐름을 유연하게 따라가지 못한다.

그렇다면 우리가 해야 할 일은 무엇인가? 그것은 시장의 변화에 대한 우리의 반응이 정보를 객관적으로 분석하여 나온 것인지 아니면 머릿속에 내재한 무의식에서 나온 것인지 의심하는 것이다. 즉 기회가 왔을 때 의사결정의 작동 방식이 지금을 통해 이루어지는 것인지 아니면 과거의 경험으로 이루어지는 것인지 살펴봐야 한다.

주식을 사려고 무심코 눌러버린 단추에 손모가지만 탓할 것이 아니라 우리의 머릿속을 들여다봐야 한다. 머릿속에 경험들이 마음을 어지럽히는 것은 아닌지 말이다. 투자에 성공하기 위해서는 시장을 바라보는 중립적인 마음의 태도를 잃지 말아야 한다. 시장은 늘 그 자리에 있는데 마음만 변덕스러울 뿐이다.

사고의 틀을 푸는 열쇠

투자를 위해 공부해야 하는 이유는 오감五感으로 만들어진 사고 틀 안에서 생각을 조합하여 투자 결정을 내리기 때문이다. 공부하지 않으면 기존의 사고 틀에서 벗어난 새로운 정보나 환경 변화를 성공으로 이끌 투자 기회로 인식하지 못한다. 사람들이 어떠한 주제를 놓고 열띤 토론을 벌여도 좀처럼 접점을 찾지 못하는 경우를 본다. 각자의 세월을 통해 다져진 사고 틀이 너무도 달라 그 틀을 통해 바라본 주제는 너무도 다른 해석을 가져오기 때문이다.

우리는 그때가 투자 적기였다는 것을 지나고 나서 논리적으로 이해한다. 이

것은 때늦은 후회처럼 보인다. 그러나 뇌에서 이를 분석하고 저장할 수 있다면 사고 틀을 확장하는 계기가 된다. 주변에 아무리 좋은 정보와 투자 기회가 있어도 사고 틀이 그것을 포용할 만큼 넓지 못하면 무용지물無用之物이 된다.

우리는 사고 틀을 넓히기 위해 경험이 필요하다. 그러나 세상의 많은 일을 경험으로 체득體得하기에는 인생이 너무 짧다. 그래서 책을 통해 다양한 경험을 이해하고 분석하여 머릿속에 저장해야 한다.

아무런 지식이 없는 상태에서 주식 차트를 보면 투자 기회를 발견하기가 어렵다. 물론 주식 차트에 반드시 투자 적기가 표시되어 있다고 단언할 수는 없다. 그러나 머릿속에 주식 차트에 대한 지식이 있다면 같은 차트라도 해석할 수 있는 넓이와 깊이가 달라진다. 시장의 움직임은 아무도 모른다. 그러나 학습을 통해 사고 틀을 넓힌다면 주식의 랜덤Random한 움직임 속에서도 숨겨진 규칙을 발견할지도 모른다.

만약 누군가가 2020년 코로나 사태가 터졌을 때 교과서에서 배운 대로 경기 둔화와 소비 위축을 예상하였다면 주식을 모두 팔았을 것이다. 그러나 현실은 각국 정부가 경기 침체를 우려하여 시장에 엄청난 유동성을 쏟아부었다. 그 유동성은 오히려 금융장세를 이끌면서 주가의 상승을 가져왔다. 자! 이제 우리는 이러한 경험을 통해 앞으로 전염병이 창궐해도 주식을 쉽게 매도하지 않을 것이다.

그렇다면 다음번에 또 전염병이 돌면 오히려 주식을 사야 하나? 이러한 결정은 우리의 사고 틀 안에서 일어난다. 사고 틀을 넓히기 위해서는 최소

삼 년에서 길게는 십 년 이상의 경험이 필요하다. 그러나 이러한 경험이 다음에도 똑같은 기회를 만들어준다고 장담할 수는 없다. 따라서 한쪽으로 치우친 경험을 합리적인 판단 근거로 활용하려면 다양한 지식을 쌓아 균형 있는 사고 틀을 만들어야 한다.

머릿속에 지식을 넣는 일은 쉬운 일이 아니다. 우리가 너무 쉽게 새로운 지식을 받아들였다면 그 지식이 정말로 사고 체계에 변화를 가져왔는지 의심해 봐야 한다. 새로운 지식이 사고 틀에 안착하기 위해서는 기존의 사고 틀을 깨는 고통이 수반된다. 이러한 고통을 흔히 깨달음이라고 말한다. 그러나 그 깨달음은 머릿속에서만 존재하지 않고 행동으로 옮겨져야 진정한 깨달음이 된다.

가끔 엄청난 독서량을 자랑하는 인플루언서influencer나 투자자들을 본다. 책을 통해 변화된 삶을 살고 있다면 다행이다. 그러나 책을 읽었는데도 삶의 변화가 없다면 책으로부터 얻은 지식은 고통을 수반한 자기성찰이 아닌 그저 즐거움을 위한 합리화 과정이다.

기존의 사고 틀을 깨려면 공부해야 한다. 그 사고 틀을 깨야 세상을 바라보는 새로운 통찰력이 생긴다. 지금 보고 있는 세상이 먼 훗날에는 생각했던 그 세상이 아닐 수 있다. 뒤늦은 후회를 하지 않으려면 다양한 생각을 공유하고 경험하여 사고 틀을 넓혀야 한다. 우리가 가진 오감五感의 생리적 능력은 세상을 이해하는 데 턱없이 부족하다.

6.
거품으로 가려진 확신의 실체

사람들은 작은 손짓으로 세상을 움직이려고 하지만 현실의 세상은 제 갈 길만 간다. 거품 위를 걷는 발걸음은 달콤하지만, 거품 밑에는 공허한 낭떠러지가 기다린다. 광란이 지나간 자리에는 허무의 무게로 눌린 거품의 흔적만 남는다. 결국 세상을 바꾸는 힘은 거품의 허상 너머를 볼 줄 아는 겸손에서 싹튼다.

주식으로 세상을 지배하는 착각

주식 종목토론방이 흥행하는 이유는 사람들 마음속에 세상을 지배하고 싶은 욕망이 있기 때문이다. 사람들은 생각보다 적은 노력으로 큰 이익을 얻으려고 한다. 주식으로 이익을 얻기 위해서는 주식을 마음대로 지배할 수 있어야 한다. 물론 위험회피 성향이 강한 사람들은 예금이나 채권 등 안전자산에만 투자한다. 그들은 큰 욕심이 없기에 주식 종목토론방에서 싸울 일도 없다.

주식투자에는 세상을 통제하고 싶은 욕망이 담겨 있다. 주가가 뜻대로 움직일 때 우리는 비로소 세상을 지배했다는 만족감과 희열을 느낀다. 주식 종목토론방에는 주가가 오를 것이라고 주장하는 찬티찬양과 안티의 합성어와 주가가 내려갈 것이라고 주장하는 안티anti가 싸운다. 안티들은 얼마의 가격에 몇만 주 팔기를 잘했다며 은근히 주가 하락을 맞췄다고 자랑한다. 찬티들은 이에 질세라 이제 주가가 상승하기 시작했다며 예상 목표가를 뜬금없이 높게 지른다. 찬티와 안티는 서로 자기가 생각한 대로 세상이 움직일 거라고 말한다. 급기야 안티는 찬티에게, 찬티는 안티에게 댓글을 단다. 서로 미쳤다고 말이다.

이렇게라도 해서 우리는 세상의 무엇 하나라도 마음대로 움직일 수 있다고 믿고 싶은 것이다. 주식이 내 마음대로 움직여 준 것인지 아니면 내가 운이 좋아 그렇게 움직일 주식을 맞춘 것인지는 나도 모른다. 그러나 내가 예상한 대로 주식이 움직이면 주식을 지배한 듯한 쾌감을 느낀다. 보잘것없는 한 인간이 세상을 모두 지배할 수는 없다. 그러나 그것 하나라도 지배했다는 자부심에 뿌듯해지는 것이다.

물론 나는 주식 종목토론방에 들어가 싸울 생각이 없다. 주식이 나의 주장을 들어줄 리 없고 다른 사람들의 주장 역시 들어줄 리 없다. 주식은 그냥 제 갈 길을 갈 뿐이다. 설사 한 번은 주식이 가는 길을 맞췄다 해도 얼마 지나지 않아 주식은 우리의 주장을 무시하고 변심變心한다. 그러면 주식을 지배했다는 자부심은 이내 좌절감으로 바뀐다. 주가가 오르면 안티가 힘을 잃고 주가가 내리면 찬티가 힘을 잃는다.

우리의 뇌는 패배를 인정하고 싶지 않은가 보다. 주식이 조금만 생각대로 움직이면 반질반질 닦은 숟가락을 다시 토론방에 얹는다. 그렇게 인간은 세상을 지배할 수 있다고 착각하나 보다.

아무 생각 없이 냅다 던진 주식이든 몇 날 며칠을 고민하여 잡은 주식이든 주식이 우리 마음대로 움직여주기를 바란다. 서로의 생각을 인정하면 세상을 지배할 수 없다는 그 어리석음에 갇혀서 말이다. 그래서 세상에 겸손하지 못한 우리는 수익도 내지 못하면서 늘 토론방에서 싸우기만 하나 보다.

광란의 거품 위를 걷는 사람

부동산 가격이 오를 때마다 일본의 부동산 거품 붕괴가 사람들 입방아에 오르내린다. 일본 경제는 1990년을 정점으로 부동산과 주식이 지속 하락하면서 잃어버린 삼십 년으로 설명되고 있다. 일본의 부동산 거품 붕괴에 교훈이 있는 이유는 인구 변화와 노동의 가치를 일깨워줬기 때문이다. 놀면서 돈 벌고 싶은 인간의 탐욕이 부질없음을 보여주었다.

1980년대 일본 제품은 전 세계 시장을 누비며 엄청나게 잘 팔렸다. 특히 미국 시장에서 일본 제품이 선호되면서 미국 제품이 잘 팔리지 않았다. 그래서 미국의 레이건 행정부는 일본, 프랑스, 서독, 영국을 플라자호텔로 불러들였다. 그리고 미국 제품이 싸지도록 환율 조정에 합의하게 하였다. 이것이 바로 1985년 플라자 합의이다.

플라자 합의 이후 일본 기업들은 내수시장을 공략하였다. 그러나 여의찮아 파산하는 기업들이 늘어났다. 그래서 일본 정부는 경기 부양을 위해 1986년부터 금리 인하를 시작하였다. 시장에 풀린 유동성이 연구나 설비투자로 흘러가길 바랐다. 그러나 시장에 흘러들어온 돈은 주식과 부동산으로 흘러갔다. 1987년 도쿄의 상업지와 주거지가 60% 이상 급등하면서 일본 정부는 금리 인상을 고려하였다. 당시 미국은 인플레이션이 심했고 국채금리가 높았다. 주식의 거품 논란도 있었다. 급기야 1987년 10월 19일 월요일 다우 존스Dow Jones 지수는 22.6% 하락하였다. 일본 정부는 미국의 블랙먼데이Black Monday로 경기가 위축될 것을 우려하여 끝내 금리를 올리지 못했다.

일본 사람들은 부동산 가격이 오르자 열심히 일하지 않았다. 은행에서 대출만 받으면 부동산으로 돈 복사가 가능하니 굳이 땀 흘릴 필요가 없었다. 회사가 높은 연봉을 제시해도 신입사원을 구하기가 하늘의 별 따기였다. 부동산 가격이 올라가면서 부익부富益富 빈익빈貧益貧은 심해졌고, 서민들의 분노는 날로 거세졌다. 그때 당시 일본 은행에는 100년 대출과 3세대 상환 대출상품이 있었다. 또한 부동산 가격이 오를 것을 예상하여 담보의 120%를 대출해 줬다고 하니 한마디로 광란의 시대였다.

1989년 5월 일본 정부는 부동산 거품이 우려되어 부랴부랴 금리를 올리기 시작했다. 1989년 12월 29일 닛케이225 지수는 38,915.87로 역사상 가장 높은 수치를 기록했다. 일본 정부는 1990년 8월까지 2.5%였던 금리를 6%까지 끌어올렸다. 그러나 너무 짧은 기간에 올린 금리는 거품 붕괴의 단초端初가 되었다. 무리하게 대출을 받은 직장인들은 높은 이자를 감당하지 못해 부동산을 팔기 시작했다. 이러한 현상은 기업도 마찬가지였다. 또한 대출로 다져진 닛케이 주식시장도 무려 40% 하락하였다. 도쿄의 아파트값은 3분의 1토막으로 하락하였다. 영끌족은 아무리 노력해도 갚을 수 없는 빚을 지게 되었다.

일본은 부동산 거품으로 주거비용이 높아지면서 출산율이 떨어졌고 고령화 속도가 빨라졌다. 어렸을 때 일본의 고령화 문제가 심각하다고 들었다. 이제 남의 나라를 걱정할 때가 아니다. 한국도 부동산 거품으로 인구변화가 찾아왔다. 2024년 기준으로 일본의 출산율은 1.1이다. 반해 우리나라는 0.75이다. 출산율이 1보다 작다는 것은 여성이 평생 아이 한 명도 낳지 않는다는 뜻이다. 또 다른 변화는 노동의 가치이다. 일본의 젊은이들은 선뜻 투자에 나서지 않는다. 그들은 그저 하루하루 노동을 통해 입에 풀칠만 하면 그것으로 만족한다. 그래서 그들은 돈과 출세에 관심이 없는 깨달음사토리, Satori의 세대로 불린다.

돈과 출세에 광기 어린 사람들이 더 나은지 아니면 하루하루 노동에 만족하며 돈과 출세를 포기한 사람들이 더 나은지 생각해 본다. 결론부터 말하면 그 절충점에 있는 사람들이 좋을 것이다. 최근 사건들을 보면 광란의 시대에 살고 있다는 느낌을 받는다. 사람들은 돈을 많이 번 사람들을 보며 좌절과 상실감을 느낀다. 열심히 노력하여 한 푼 두 푼 저축하는 사람은 이 시대에 뒤처진 사람으로 비친다. 잔머리로 버는 한탕이 땀 흘린 노동의 대가보다 더 설득력을 얻는 시대이다.

잃어버린 삼십 년을 겪은 일본이 오히려 노동의 가치를 깨닫고 다시 성장하는 것은 아닐까? 많은 일본 사람은 투자로 성공할 수 있다는 미련이 적은 것 같다. 본업의 노동으로만 돈을 벌 수 있고, 저축으로만 재산 증식이 가능하다고 생각하는 것이다. 주변에서 벼락부자 이야기를 잘 듣지 못하니 상대적 박탈감도 적을 것이다.

부富의 추월차선이 없어 땀으로만 부를 이룰 수 있다면 오히려 나만 뒤처진다는 조바심은 적을 것이다. 일본과 한국의 경제가 어디로 흘러갈지는 아무도 모른다. 그러나 분명한 것은 한국이 일본보다 출산율은 떨어지고 고령화 속도는 더 빠르다는 것이다. 또한 한국의 젊은이들은 열심히 땀 흘려 일해도 집 한 채 사기가 쉽지 않다. 부동산 가격의 상승은 누구를 위한 상승인지 궁금하다. 모든 일이 노력으로 가능한 세상이 되어야 노동의 가치가 존중받고 좌절과 상실감은 줄어들 것이다. 노력이 의미 없어져 버리면 희망도 사라질 수밖에 없다. 투자도 노력이라면 노력일 수 있다. 그러나 투자로 인해 노동의 가치가 너무 퇴색되지 않았으면 좋겠다.

7.
알면서도 흔들리는 판단

경험이라는 지도가 있어도 마음이 흔들리면 길을 잃는다. 경고의 종소리가 울려도 귀를 닫으면 폭풍은 소리 없이 다가온다. 준비와 겸손 그리고 현재에 집중하는 마음만이 세상을 읽어낼 수 있는 나침반이 된다. 흔들림 속에서도 중심을 잡는 선택만이 위기를 넘어서는 힘이 된다.

흔들리는 경험, 흔들리지 않는 판단

우리는 선택한 주식 종목이 오를 거라고 확신한다. 이러한 확신은 주식투자에 대한 경험과 지식을 바탕으로 한다. 그러나 경험과 지식은 의사결정에서 약藥이 될 수도 있고 독毒이 될 수도 있다.

경험과 지식이 투자 성공에 도움이 되려면 두 가지 조건이 충족되어야 한다. 첫째, 주식이 특정 상황이나 환경에 노출되면 경험과 지식에서 배운 대로 똑같이 움직여줘야 한다. 기술적 분석을 통해 주식을 예측하는 이유는 미래에도 같은 패턴이나 추세가 나오면 주가가 예상대로 움직일 것이라는 믿음 때문이다.

둘째, 현재 투자자들이 특정 상황이나 환경에 노출되면 경험과 지식을 만들어 준 그때 당시의 투자자들과 같은 행동을 해야 한다. 아무리 대단한 투자기법과 전략을 배웠다 해도 현재 투자자들이 그때 당시의 투자자들과 같은 행동을 하지 않으면 현재의 시장에 적용할 수 없다.

모든 투자자의 머릿속에 들어가 그들의 기대를 알 수 있다면 우리는 투자에서 실패할 일이 없다. 그러나 그것이 불가능하여 경험과 지식을 바탕으로 미래를 예측하는 것이다. 그러나 이러한 예측으로도 투자에서 성공하기 어려운 이유는 시장 환경이 매 순간 변하기 때문이다. 경험과 지식에 대한 믿음이 확고할수록 오히려 시장의 변화를 더 받아들이기가 어렵다. 결국 경험과 지식은 엄청난 실패와 좌절을 통해 그 한계를 깨닫게 만든다.

투자의 성공을 위해 필요한 것은 현재에 대한 집중이다. 경험과 지식은 과거의 상황에 의해 만들어진 우리의 기대이다. 그 기대에 현재의 변화를 읽을 수 있는 유연한 사고가 접목되어야 때늦은 후회를 하지 않는다.

과거와 현재를 조화롭게 이해하는 것은 말처럼 쉬운 일이 아니다. 그러나 경험과 지식을 무조건 진실로 받아들이는 오류는 저지르지 말아야 한다. 경험과 지식은 진실과 거짓이라는 양날의 칼 위에 서 있다. 경험과 지식을 중립적인 마음으로 바라보고 시장을 겸손하게 대할 때 성공은 *가까워진다.*

알면서도 당하는 위기

사람들은 알고 있는 위기는 진정한 위기가 아니라고 말한다. 다가올 것을 아는 위기는 대비하기 때문에 진짜 위기가 아니라는 것이다. 그러나 나는 이미 알고 있는 위기가 진짜 위기라고 생각한다. 왜냐하면 위기가 온다는 것을 알고 있기에 위기관리를 게을리하여 오히려 정말로 위기가 오기 때문이다.

나이 든 사람이 젊은 사람들에게 지적하면 꼰대로 불린다. 요즘은 젊은 사람끼리도 지적하여 젊은 꼰대가 있다. 그래서 꼰대에게는 남의 일에 간섭하는 부정적인 이미지가 있다. 그러나 꼰대가 항상 틀린 지적만 하는 것은 아니다. 꼰대는 자기가 겪은 경험을 바탕으로 그것이 문제가 될 것 같으니 지적하는 것이다.

우리는 청개구리 심보가 있나 보다. 그동안 각종 언론매체에 너무 속고 살아서인지 위기가 온다는 말을 믿으려 하지 않는다. 어쩌면 청개구리처럼 행동해야 돈을 벌 수 있다는 믿음이 가슴 깊은 곳에 탐욕과 함께 자리 잡고 있는지도 모른다. 위기의 경고는 기회로 포장된다.

나이 든 사람에게 인생에서 가장 후회하는 것이 무엇이냐고 물어본다면 대개 두 가지를 말할 것이다. 하나는 젊었을 때 공부 좀 더 할 걸이고, 다른 하나는 젊었을 때 돈 좀 더 모을 걸이다. 그러면 젊었을 때 "공부 좀 해라." 또는 "돈 좀 아껴 써라."라고 얘기한 사람이 아무도 없었단 말인가? 그럴 리는 없다. 부모님이 늘 입에 달고 사는 말이 "공부 좀 해라."와 "돈 좀 아껴 써라."이다.

지나간 경제 위기들을 살펴보면 예측하지 못했던 위기는 한 번도 없었다. 1990년대 일본의 부동산 붕괴에는 전조증상과 경고가 있었다. 일본은 1985년 플라자 합의 이후 내수 경기를 부양하기 위해 금리를 낮췄다. 시장에 풀린 유동성은 부동산으로 향했다. 부동산 가격은 끝없이 오를 것 같았다. 그러나 대출받을 사람이 더 이상 없게 되자 곤두박질쳤다. 당시 이를 예견한 전문가들이 물가를 잡기 위해 금리를 올려야 한다고 주장했다. 그러나 그 주장은 사람들의 탐욕에 묻혀 버렸다.

1997년 한국의 외환위기 때도 그 전조증상과 경고가 있었다. 정부는 경제성장에 꽂혀 기업 육성에만 전념하였다. 그래서 기업들은 채권을 마구 발행하여 돈을 끌어당겼고, 그 돈으로 외형 확장에 몰두하였다. 은행 역시 앞다투어 대출에 나섰다. 기업들은 자금 문제가 생겨도 국가가 책임질 거라는 안이한 생각을 하였다. 당시 많은 경제학자가 거품 붕괴를 경고하였다. 그러나 그 경고는 탐욕의 괴물을 이기지 못했다.

2007년 서브프라임 모기지Subprime Mortgage 사태에도 전조증상과 경고가 있었다. 미국 연방준비제도Fed가 경제 활성화를 위해 저금리 정책을 유지하자 돈이 주택 구매로 몰렸다. 주택 가격 상승률이 이자율 상승률보다 높아서 사람들은 겁 없이 대출받았다. 사람들의 마음속에는 대출을 못 갚으면 주택을 팔면 된다는 안이한 논리가 있었다. 당시 많은 전문가가 주택 거품 붕괴에 경종을 울렸다. 그러나 그 경종은 인간의 한계를 뛰어넘지 못했다.

그 외에도 많은 사례가 역사에 교훈으로 남아 있다. 그러나 사람들은 이번만은 다를 것이라며 진실을 회피할 핑곗거리만 찾는다. 그리고 사람들은 누군가가 위기를 대비할 것이라며 아무런 행동도 취하지 않는다. 그 누군가가 자기 자신인 줄도 모른 채 말이다. 달콤한 꿀은 자기가 빨면서 문제는 다른 사람이 해결해 주기를 바라는 못된 심보가 마음속에 자리 잡고 있다.

보고 싶은 것만 보고, 듣고 싶은 것만 듣고, 믿고 싶은 것만 믿는 편협한 생각은 이미 알고 있는 위기를 더 심각한 위기로 만들어 버린다. 인구 문제만 보더라도 우리는 이미 몇십 년 전부터 인구가 감소할 것을 알고 있었다. 그러나 서로 책임만 전가하는 사이에 인구감소는 우리의 손을 떠난 것 같다.

위기를 우려하는 목소리가 있다면 정말로 그 위기를 두려워하고 준비해야 한다. 그 위기를 통제할 수 있는 사람은 그 누구도 아닌 바로 자기 자신이기 때문이다. 자기만은 위기의 고통에서 예외가 될 거라는 믿음은 정말로 우리 모두에게 위기를 안겨준다. 서로 책임을 전가하는 사이에 돌이킬 수 없는 위기가 찾아온다. 위기는 예측의 문제가 아니라 태도의 문제이다.

믿음으로 비어가는 마음

굳은 믿음은 미래를 밝히는 등불이 아니라 현재를 가리는 안개가 될 수 있다. 믿음에 갇힌 사람은 폭풍을 예감하면서도 노를 놓치고 만다. 만족은 잠시 머물고 행복은 늘 다른 곳에 있다. 결국 진정한 행복은 돈이나 외부 조건이 아니라 흔들림 속에서도 원칙과 마음의 중심을 지키는 내면에서 우러난다.

믿음의 굴레가 주는 투자위험

투자에서 믿음이 강하면 안 되는 이유는 미래에 관해서만 판단하여 현재를 보지 못하기 때문이다. 즉 미래에 대한 믿음이 강하여 현재의 의사결정을 잘못 내릴 수 있다. 시장은 우리의 믿음대로 움직이지 않는다. 따라서 현재를 유연하게 받아들이고 매매 원칙을 지켜야 미래는 기회를 준다.

주식시장이 어디로 흘러갈지는 아무도 모른다. 다만 미래에 그렇게 될 거라고 믿는 사람들에 의해 현재 시장이 움직이는 것뿐이다. 미래에 주가가 상승할 것이라고 믿는 사람들이 많다면 주식의 매수세가 강하여 실제로 주가가 상승한다. 반면에 미래에 주가가 하락할 것이라고 믿는 사람들이 많다면 주식의 매도세가 강하여 실제로 주가가 하락한다.

현재의 주가가 높은지 낮은지는 아무도 단언할 수 없다. 물론 많은 시장 분석가가 다양한 기법을 통해 현재 주가를 평가하고 매매 의견을 낸다. 그러나 그러한 의견이 맞는다면 시장에서 돈을 잃는 사람도 돈을 버는 사람도 없을 것이다. 그러한 의견은 시장을 유연하게 받아들일 우리의 생각을 가로막고 있는지도 모른다.

시장에는 항상 세 가지 유형의 투자자가 있다. 첫 번째 투자자는 현재의 주가가 저평가되어 있다고 믿는 투자자이다. 이러한 투자자는 주식을 매수하려고 한다. 두 번째 투자자는 현재의 주가가 고평가되어 있다고 믿는 투자자이다. 이러한 투자자는 주식을 매도하려고 한다. 마지막 투자자는 주가에 대한 절대적 기준을 믿지 않고 시장의 흐름을 타는 투자자이다.

주식시장에서 성공보다 실패할 확률이 더 높은 이유는 위에서 설명한 세 가지 유형의 투자자 비중을 모르기 때문이다. 투자자들을 세 가지 유형으로 분류하였지만, 이들의 비중은 언제나 유동적이다. 만약 주식의 매수세와 매도세가 균형을 이룬다면 주가는 움직이지 않을 것이다. 물론 시장의 흐름을 타려는 투자자들도 매매를 멈출 것이다.

그렇다면 누가 기준도 없는 주식시장에서 성공할 것인가? 성공한 투자자는 유연한 원칙을 지키는 사람들이다. 매매는 분할매수와 분할매도로 하고 손절매損切賣와 익절매益切賣는 철저히 비율을 고수固守하는 그런 사람들 말이다.

첫 번째 투자자와 두 번째 투자자는 시장이 자기들의 믿음과 다르게 움직일 때 처음에는 의심하고 부정하다가 한참 후에 인정한다. 그들이 시장을 인정하는 시점에는 믿음과 현실의 차이가 엄청나게 벌어져 있을 것이다. 그러나 마지막 투자자는 시장이 움직이는 방향에 맞춰 유연하게 대응하며 손실을 줄이고 수익을 실현한다.

마지막 투자자는 어떠한 생각으로 시장에 투자하는가? 그들은 아마 미래에는 어떠한 일도 일어날 수 있다는 생각으로 투자할 것이다. 그래서 그들은 지금 시장에서 일어나는 현상을 편견 없이 받아들이고 이를 의사결정에 반영할 준비가 되어 있다. 우리를 투자 실패로 이끄는 것은 우리를 가둬둔 의심 없는 믿음일지도 모른다. 결국 시장에서 살아남으려면 유연한 사고와 원칙을 지키려는 굳은 의지가 필요하다.

채울수록 비어가는 마음

만족과 행복이 다른 이유는 감정을 일으키는 원천이 다르기 때문이다.

만족은 외부의 자극이나 반응에 대해 마음이 흡족한 상태이다. 그래서 외부의 자극이나 반응이 자기 마음과 맞지 않는다면 부정적인 감정이 생긴다. 그러나 행복은 외부의 자극이나 반응에 상관없이 자기 마음을 다스리고 통제하는 긍정적인 감정이다. 그래서 다른 사람의 기준이 아닌 자기 기준으로도 충분히 행복할 수 있다.

한 연예인의 말이 생각난다. 대학교 다닐 때 몇십억만 벌면 천국에 사는 느낌일 것 같다고 했다. 그래서 그는 천국으로 가기 위해 미친 듯이 일을 했다. 마침내 그렇게 원했던 금액의 수십 배를 벌었다. 그러나 그가 원했던 그곳에는 잠깐의 만족 뒤로 깊은 공허와 허무함만 남아 있었다. 그는 다시 행복해질 방법을 고민하였다. 고민 끝에 그는 명예가 행복을 가져다줄 거로 생각했다. 그래서 또 미친 듯이 일을 했다. 그리고 자기 이름으로 멋진 음악을 만들어 명예를 얻었다. 그러나 그곳 역시 잠깐의 만족 뒤로 공허와 허무함만 있었다.

도대체 어떻게 해야 행복해질 수 있을까? 사실 나를 포함하여 일반 사람들은 그가 가진 의문에 대해 이해하지 못할 수 있다. 그가 가진 부富와 명예만으로도 충분히 행복할 것 같은데 왜 그는 행복하지 못할까?

대부분 사람은 그가 가진 부와 명예의 근처에 가보지도 못하고 생生을 마감할 것이다. 그래서 그곳이 천국이라고 믿으며 산다. 미리 가본 자가 그곳이 천국이 아니라고 말해도 배부른 소리라며 아무도 그 말을 믿지 않을 것이다.

그는 또 고민하였다. 과연 행복해지려면 무엇을 해야 할까? 생각 끝에 그는 인생에서 의미 있고 가치 있는 일을 하면 행복해지지 않겠냐고 생각했다. 그러나 사람마다 인생에서 의미 있고 가치 있는 일은 다르다. 그래서 그런 일을 찾기는 정말 어렵다. 결국 우리의 질문은 왜 존재하느냐에 귀결하게 된다.

우주에서 우리를 바라본다면 어떻게 보일까? 그렇게 자기 자신을 소중히 여기고 대단한 존재로 포장하고 싶을 것이다. 그러나 우리는 그냥 눈에도 보이지 않는 작은 먼지에 불과하다.

부와 명예는 우리에게 잠깐의 만족은 주겠지만 영원한 행복은 주지 못한다. 그 이유는 행복은 우리의 외부가 아닌 내면에서 만들어지기 때문이다.

이제 우리는 어떻게 살아가야 하나? 만족은 밑 빠진 독에 물 붓는 것 같고 행복은 내 마음대로 되지 않으니 답답한 노릇이다. 그러나 우리가 잊은 것이 하나 있다. 그것은 누구나 다 죽는다는 사실이다. 신은 인간이 죽는다는 사실을 쉽게 잊히도록 하여 늘 불평만 달고 살게 했다. 신은 아마 지구에 살 수 있는 기회를 주었다며 제 할 일을 다 했다고 여길지도 모른다. 그러나 인간은 스스로 만들어 낸 욕심에 매몰되어 인생을 고통이라고 받아들인다. 신이 우리를 속이고 있다는 사실을 알아채는 사람만이 행복해질 수 있는 것이다.

9.
보이지 않는 계급의 비용

교육은 눈을 열어 무지를 깨뜨리고 욕망의 계급에서 탈출할 힘을 준다. 최소한의 비용으로 욕망과 거리를 두고 자신의 중심을 지키는 것이 생존의 지혜이다. 결국 욕망의 카스트 속에서 자신을 지키는 것은 교육과 함께 최소한의 비용으로 권력의 계급에서 멀어지는 것이다.

욕망의 카스트, 돈의 계급

몇 해 전에 갔다 왔던 인도가 생각난다. 인도는 아직도 카스트Caste 제도가 존재한다. 카스트 제도는 원래 출생 신분이 아니라 신에 관한 직무를 구분한 것이다. 그러나 카스트 제도에는 지배자와 피지배자의 슬픔이 그대로 남아 있다. 1300년대 아리아인이 인도에 침입하면서 아리아인을 브라만Brahmin, 크샤트리아Kshatriya 그리고 바이샤Vaishya로 구분하였다. 피지배자는 수드라Shudra와 불가촉천민으로 구분하였다. 특히 불가촉천민은 아리아인의 침입에 항거하였거나 카스트 제도를 반대했던 사람들로 수드라보다 더 낮은 계급에 있다.

브라만은 신에게 제사 지내는 일을 하며, 크샤트리아는 귀족과 무사로 정치와 군사를 담당한다. 바이샤는 농민과 상인으로 노동 계층이다. 수드라는 일반적으로 천민으로 불린다. 불가촉천민은 오염된 사람들로 가장 더럽고 지저분한 일을 운명으로 받아들이며 산다.

21세기에 아직도 계급이 있냐고 하겠지만 엄연히 존재하는 것이 사실이다. 불가촉천민도 좋은 직업을 갖고 싶고 부자로 살고 싶은 욕망이 있다. 그런데 왜 그들은 그들의 신분을 벗어나지 못할까? 그 이유는 종교로 인한 카르마Karma, 업보 때문이다. 그들은 자기의 신분을 정해준 힌두교를 믿는다. 그래서 자기의 신분을 벗어나려면 종교를 버려야 한다. 힌두교는 아리아인이 인도에 침입할 때 브라만 계급을 중심으로 만든 브라만교에 영향을 받았다. 브라만교는 신이라는 가상의 존재를 만들고 계급을 부여하여 계급에 맞게 살도록 정신적 지배를 하였다.

인도에는 불교도 전파되었다. 그러나 불가촉천민은 카르마에서 벗어나지 못했다. 그 이유는 그들이 제대로 된 교육을 받지 못했기 때문이다. 교육받지 못해 자신의 무지를 판단할 힘이 없었다. 브라만 계급은 불가촉천민이 평생 바닥에서만 살기를 바랐다. 불가촉천민이 그들에게 대항하려고 하면 일부 불가촉천민을 돈으로 매수하여 편 가르기를 하였다. 그리고 불가촉천민 자체에 내분이 일어나도록 하였다. 불가촉천민이 교육받았다면 돈이라는 욕망에서 벗어나 더 큰 숲을 보았을 것이다. 그러나 그들에게는 당장 입에 풀칠할 돈이 더 중요했다. 불가촉천민은 돈을 얻기 위해 자신들이 싸워야 할 상대가 누구인지도 모르고 자기끼리 싸웠다. 이러한 악순환은 카스트 제도에서 그들을 벗어나지 못하게 하는 굴레였다.

그렇다면 한국은 어떠한가? 교육은 사회적 굴레에서 벗어나게 하는 힘이 있다. 1953년 6·25 전쟁이 끝나고 부모들은 자식 교육에 인생을 바쳤다. 그 덕분에 아무것도 없는 대한민국이 불과 수십 년 만에 선진국 대열에 진입하였다. 결국 교육이 우리를 무지에서 벗어나 잘 살게 해 주었다. 전쟁이 끝난 직후 너도나도 가난했기에 서로 도와가며 가난에서 벗어나려고 하였다. 그래서 더 열심히 공부하였고 더 열심히 일했다. 그러나 그러한 공동체 의식은 지금 돈이라는 욕망 앞에 서서히 무너지고 있다.

얼마 전 은행은 50년 만기상환 대출상품을 판매하였다. 신혼부부를 대상으로 한 대출상품도 판매하였다. 이러한 대출은 모두 아파트 구매를 위해 사용된다. 아파트를 구매하는 목적은 크게 실거주와 투자로 나눌 수 있다. 필요한 사람은 당연히 아파트를 구매해야 한다. 그러나 돈 욕심에 눈이 멀어 무리하게 대출받는 사람들이 있다. 대출받은 사람들은 대출 만기 전에 아파트 가격이 오를 것이므로 아파트를 팔아 대출을 갚을 수 있다고 믿는다.

건설사는 은행으로부터 대출을 받아 아파트를 짓는다. 누군가는 은행으로부터 대출을 받아 아파트를 구매한다. 결국 누군가는 건설사의 대출을 대신 갚는다. 호객꾼은 아파트 가격이 계속 오른다고 바람을 넣는다. 아파트 분양가는 해가 갈수록 높아만 간다. 누군가를 몇십 년간 빚의 노예로 만들어 놓고 호의호식好衣好食하는 세력이 있는 것은 아닌지 우려된다. 교육이 돈의 욕망을 이겨야 하는 이유는 돈의 노예가 되지 않기 위해서이다.

아파트 구매를 두고 사람들 사이에 의견 대립이 심하다. 그러나 이런 논쟁이 다른 곳으로 향해야 하는 것은 아닐까. 정작 이런 논쟁의 당사자는 아무런 혜택도 누리지 못하는데 누군가는 이런 논쟁으로 웃고 있을지도 모른다. 대한민국 교육 수준은 어느 나라보다도 높다. 이러한 교육 수준이 욕망을 뛰어넘어 세상을 바로 볼 수 있는 통찰력이 되기를 바란다.

오만 원과 권력의 그림자

정승 집 개가 죽으면 문턱이 닳아 없어지지만, 정승이 죽으면 찾는 이가 없다. 한국의 조직에서 자리는 곧 권력이다. 누군가는 그 자리에 있는 사람 덕분에 승승장구乘勝長驅한다. 그러나 누군가는 그 자리에 있는 사람의 미움을 받아 조직에서 떠난다. 그래서 자리에 있는 사람을 무시할 수 없다.

회사 다닐 때 본부장의 딸이 결혼하였다. 평생 얼굴 한 번 본 적 없는 본부장의 딸을 축하하기 위해 황금 같은 주말을 포기하고 서울로 갔다. 솔직히 서울로 갈 수밖에 없었다. 직원들은 결혼식에 참석하기 위해 버스를 전

세하였다. 지점장들은 직원들에게 부담 갖지 말라며 참석하지 않아도 된다고 말했다. 그러나 자기들은 맨 앞줄을 차지하였다.

돈만 보내고 말까도 생각했지만, 목구멍이 포도청이라 본부장에게 얼굴 도장을 찍어야 했다. 모든 직원의 마음이 내 맘 같았을 것이다. 결혼식장에 도착하니 본부장이 흐뭇한 미소를 지으며 직원들의 출석을 확인하고 있었다. 그는 평상시 실적이 안 좋은 직원들을 그렇게 닦달하더니 그날은 천사의 미소를 머금고 있었다. 직원들의 수고는 곧 본부장의 재산 증식으로 이어졌다.

한편 누군가가 이번 한 번만 도와달라며 일을 같이하자고 한다. 마지못해 도와주면 자기 마음에 들지 않는다며 다른 곳에 가서 뒷담화한다. 자기 이해를 위해 사람을 끌어들여 놓고 조직에 대한 충성도가 없다며 조직을 팔고 다닌다. 끌려온 사람이 자기를 위해 열심히 일하면 조직에 꼭 필요한 사람이라며 추켜세운다. 그리고 자기가 필요할 때마다 그 사람을 가져다 쓴다. 순수한 마음으로 도와준 사람이 누군가의 똘마니가 되거나 가십거리가 된다면 차라리 도와주지 않는 것이 낫다.

회사를 떠나 대학교로 왔다. 친목 도모를 위해 동호회에 가입하였다. 사람과 운동이 좋아서 가입했는데 어느새 누군가의 이해를 위해 일하고 있었다. 순수한 마음으로 그를 도와줬다. 그러나 그는 일을 못 한다는 둥, 혼자만 놀고 있다는 둥 하며 뒷담화하고 다녔다. 그는 학교가 수평적인 조직이라고 말하면서도 자기가 필요할 때는 수직적인 조직이라고 강조한다. 내가 자기의 똘마니가 되기를 바랐나 보다. 그 일이 있고 난 뒤로 한동안 위장병이 생겨 고생했었다.

그러던 어느 날 교내 공지 사항에 그의 딸이 결혼한다는 소식이 올라왔다. 그리고 마음을 전할 사람은 이곳에 전하라며 큼지막하게 계좌번호를 띄워 놓았다. 딱히 관계를 유지하고 싶지 않아서 그냥 무시하였다. 그런데 희한하게도 한동안 보이지 않던 그를 이 건물 저 건물에서 자꾸 마주치게 되었다. 천사 같은 미소를 지으며 나를 향해 인사를 하였다. '나만 따라다니나?'

인사를 안 받을 수도 없어서 참 난감했다. 그는 은근히 이번 주에 자기 딸이 결혼한다며 축하해 달라고 하였다. '공지 사항에 한 번 띄웠으면 됐지. 굳이 이렇게 대놓고 얘기를 해야 하나!' 이런 사람은 처음 본다. 나는 결혼을 늦게 해서 우리 아이들이 결혼할 때쯤엔 그가 학교에 없을 것이다. 당연히 그의 축의금도 받지 못할 것이다. 그래서 축의금을 보내지 않기로 했다. 그런데 며칠 후 그는 카톡으로 청첩장과 함께 계좌번호를 보내왔다.

'아! 짜증 난다. 살면서 이렇게 끈질긴 사람은 처음이네!'

그는 내가 결혼식에 가지 않을 거라는 것을 알고 있다. 그런데 이렇게 청첩장을 보낸 것은 돈이라도 달라는 것 아닌가! 한참을 생각하다가 그냥 오만 원을 보냈다. 얼마 후 후배 교수에게 이 사실을 얘기했다. 자기도 카톡으로 청첩장을 받았지만, 돈은 보내지 않았다고 했다. '이런.' 답답함이 확 밀려온다.

그 일이 있고 난 뒤로 몇 년간 그를 마주칠 일이 없었다. 그런데 하필 오늘 식당에서 그를 마주쳤다. 인사는 했지만 가까이하기엔 너무 먼 당신이다. 내 축의금 받은 그와 본부장이 부자로 행복하게 살기를 바란다. 그리고 제발 내 돈 오만 원 받고 내 인생에서 떨어지길 바란다. 오만 원이면 싸게 먹혔다. 그들과 멀어질 수 있다면 내 돈 오만 원이 아깝지 않다. 조직에서 최소한의 비용으로 거리를 두는 것은 현명한 선택이다.

10.
돈의 무게에 짓눌리는 가족

돈은 인간이 만든 발명품에 불과하다. 그런데 돈을 인생의 목표로 삼으면 가족과의 관계가 파괴된다. 부모와 자식 간에 돈의 중력이 균형을 잃으면 천륜은 끊어지고 적대감만 남는다. 혈육이라는 굴레는 달콤하지만, 독이 든 사과와 같다. 결국 돈의 무게로 남는 것은 재산이 아니라 멀어져 버린 이름들뿐이다.

행복을 남기지 못한 돈

증권회사에 다닐 때 고객 중 노교수 한 분이 있었다. 그는 부산에서 이름만 대면 누구나 알만한 부잣집에서 태어났다. 요즘 말로 그는 금수저이다. 그는 삶의 목표가 다른 사람들처럼 돈에 있지 않았다. 명예와 행복을 중시하였다. 그러나 신은 공평해서 그에게 명예는 주었지만, 행복은 주지 않았다.

그는 교수로서 명예를 얻었고 자식들은 훌륭하게 자라 모두 전문직으로 살아가고 있었다. 그러나 안타깝게도 아내를 일찍 잃었다. 그의 불행은 여기서부터 시작되었다. 그는 가진 재산 일부를 자식들에게 분배하고 어렸을 때 알던 여자친구와 새 출발을 시작하려고 하였다. 그들은 둘만 행복하면 될 줄 알았다. 문제는 그놈의 돈이다. 그 여자친구도 결혼한 후 남편과 사별하여 자식이 있었다. 배다른 자식 간에 미묘한 감정이 싹트기 시작하였다. 그 미묘한 감정은 돈에서 시작되었다.

어느 날 그의 자식 중 하나가 영업점에 찾아왔다. 다짜고짜 내게 아버지가 거래하는 금액이 얼마냐고 물어보았다. 당연히 개인 정보이므로 알려줄 수 없었다. 그의 자식들은 그나마 남아 있던 아버지 재산을 다른 여자의 자식들에게 빼앗길까 봐 걱정하였다. 아버지가 가진 재산에는 돌아가신 엄마의 피와 땀도 섞여 있었다.

얼마 후 노교수는 한 젊은 남자를 대동하고 영업점에 나타났다. 내가 그 남자가 누구냐고 묻자 그는 자기의 경호원이라고 하였다. 그는 이제 누구도 믿을 수가 없다고 했다. 돈은 부자지간父子之間의 정에 금이 가게 했다. 돌아가신 그의 아내는 그 상황을 어떻게 받아들일지 너무 궁금하였다. 그리고 그의 자식들은 교수의 재혼을 엄마 때문에 반대하는지 아니면 돈 때문에 반대하는지 궁금하였다. 교수는 교수대로 자식은 자식대로 괴로운 삶을 살고 있었다.

세월이 많이 흘렀다. 노교수는 여자친구와 잘살고 있을까? 자식들과의 관계는 잘 정리되었을까?

세월이 흐르면 우리는 언젠가 죽을 테고 그 죽음 앞에 아무것도 가질 수 없다. 그런데도 그놈의 돈 때문에 우리는 힘겹게 살고 있다. 돈으로부터 해방되는 방법이 죽음밖에 없다면 인생은 참 보잘것없는 것이다.

천륜도 끊는 돈의 중력

부모와 자식 간에 돈거래 하면 안 되는 이유는 돈의 중력이 균형을 잃어 가족이 파탄 날 수 있기 때문이다. 자식은 품 안의 자식이다. 자식이 품 안에 있을 때는 돈의 중력이 생기지 않는다. 그래서 어린 자식은 부모가 주는 돈만 받는다. 그러나 성인이 되어 독립하면 자식에게도 돈의 중력이 생긴다.

돈은 인생의 허무를 달래줄 허상虛像에 불과하다. 그러나 돈이 없다면 인생이 허무해지므로 돈을 인생의 목표로 잡는다. 돈을 인생의 목표로 잡는 순간 돈의 중력이 생긴다. 돈의 중력을 통제하지 못하면 가지고 있는 모든 것을 잃게 된다.

태어나면서 당연히 가지게 되는 것이 부모이다. 부모가 없었다면 자기 존재가 없었을 것이며, 자기 존재가 단단하게 자랄 수 없었을 것이다. 그래서 부모와 자식 간을 떼려야 뗄 수 없는 천륜지간天倫之間이라고 말한다. 그러나 돈의 중력은 천륜지간도 끊어버릴 수 있다.

돈의 중력이 균형을 잃어버리면 부모는 성인이 된 자식의 돈을 빨아들이려고 한다. 자식은 성인이 되었는데도 부모의 돈을 빨아들이려고 한다. 부모의 중력은 인생의 목표인 돈을 위해 급기야 자식의 중력까지 파고든다. 자식의 중력은 인생의 욕심을 채우기 위해 부모의 중력까지 파고든다. 서로의 중력이 부딪치면서 부모와 자식 간의 관계는 적대관계가 되고 가지고 있던 가족마저 잃게 된다. 가족이라는 이름은 돈 앞에서 계약서로 바뀐다.

내 돈은 내 돈이고 남의 돈도 내 돈인 심보가 가족에게까지 적용되는 인지 오류를 일으킨다. 부모는 자식이 성인이 되었는데도 마음대로 할 수 있다고 믿는다. 자식은 성인이 되었는데도 부모가 자식을 위해 희생해야 한다고 믿는다.

자식이 성인이 되면 부모와 자식은 돈의 중력이 미치지 않는 거리에 있어야 한다. 가족의 정을 운운하며 돈거래가 시작되면 돈의 중력은 점점 가까워지고 서로를 빨아들이려고 한다. 결국 중력의 충돌은 돈과 가족 모두를 잃게 만든다.

돈은 인간이 인생의 의미를 찾다가 실수로 만든 발명품이다. 그런데 인간은 그 발명품을 인생의 의미로 착각하여 가지고 있던 가족마저 무너뜨리고 빨아들인다. 따라서 돈에 눈이 멀면 가족이 사라지고 인생의 의미도 사라진다.

혈육이라는 이름의 함정

자식이 부모를 속이는 이유는 돈 버는 방법 중 부모를 속여 버는 방법이 가장 쉽다는 것을 잘 알기 때문이다. 평생 누구 밑에서 제대로 일해 본 적도 없이 허황한 꿈만 꾸는 사람들이 있다. 그들은 항상 돈에 목말라 있지만, 돈을 벌 수 있는 능력과 정신 자세가 갖춰져 있지 않다.

자식은 부모를 버려도 부모는 자식을 버리지 못한다. 자식은 누구보다 부모가 행복한 여생餘生을 보내길 바라야 한다. 그런데 자식은 오히려 혈육의 정을 이용하여 부모에게 사기 친다.

자식은 사업을 위해 돈이 필요하다며 주말마다 아이들을 앞세워 부모를 찾는다. 돈을 빌려주면 원금의 몇 배를 갚겠다고 말한다. 그러나 돈을 빌려주면 이자는커녕 연락도 없다. 어떤 자식은 부모에게 아파트를 처분하고 자기 집에서 함께 살자고 유혹한다. 그리고 처분한 돈을 빌려주면 돌아가실 때까지 모시겠다고 말한다.

살아보니 부모를 속여 성공한 사람은 별로 없는 것 같다. 부모 돈이 공짜 돈으로 보이니 사업에 대해 신중함과 간절함이 떨어진다. 반면에 세상 의지할 곳 없는 사람은 가진 것이라고는 어렵게 모은 몇 푼이 전부다. 그 돈은 목숨과 같으니 사업에 대해 신중함과 간절함을 설명할 길이 없다. 자기의 피와 땀이 녹아 있는 돈은 절대로 허튼 곳에 사용되지 않는다. 그러나 쉽게 얻은 돈은 자기의 피와 땀이 녹아 있지 않기에 간절함도 없다.

부모에게 사기 치는 자식은 공짜로 편안하게 살고 싶은 욕망이 크다. 세상에 뛰쳐나가 보니 자기를 알아주는 사람도 없고 돈 벌기도 쉽지 않다. 결국 돈 벌기 제일 쉬운 방법이 부모를 속이는 것이라는 것을 깨닫는다.

언젠가 지인 소개로 땅을 보러 간 적이 있다. 땅 주인은 팔십 세가 훌쩍 넘어 보이는 할머니였다. 할머니에게 땅을 얼마에 파실 거냐고 물었더니 자기 딸에게 물어보라고 하셨다. 할머니는 이미 허리가 구부러져 있었고 눈은 잘 보이지 않았으며 말도 어눌하셨다. 할머니 뒤에는 욕심과 심술로 가득 차 보이는 딸이 있었다. 할머니는 판단력이 흐리셔서 모든 권한을 딸에게 위임한 것이다. 아마 딸은 할머니에게 돌아가실 때까지 자기가 돌보겠다고 한 것 같다. 물론 그 할머니의 땅을 살 생각은 없었다. 할머니가 돌아가실 때까지 평온하게 사셨으면 하는 바람이었다.

증권회사에 다닐 때 토지 보상금이 풀리는 지역에 간 적이 있었다. 동네 경로당에 찾아가 어르신들께 토지 보상금을 받으면 우리 회사에 맡겨 달라고 부탁했다. 얼마 지나지 않아 또 한 번 찾아갔다. 이번에는 토지주의 자식들이 자기 부모와의 접촉을 막아섰다. 그들은 부모가 땡볕에서 농사지을 때는 한 번도 찾아오지 않더니 토지 보상금이 나온다고 하니 하루가 멀다고 하고 들락거린다.

부모는 자식에게 속아 돈을 줄 수 있다. 단지 자식이라는 이유만으로 돈을 줄 수도 있다. 그러나 둘 다 부모의 약한 마음을 이용하는 것이다. 이런 자식은 다른 사람에게 사기 치는 놈보다 더 나쁜 놈이다. 그들에게 부모도 여생을 즐겁고 편안하게 살 권리가 있다고 말하고 싶다. 부모를 속인 자식은 형제자매간에 의義도 끊어 놓아 결국 가족을 파괴한다.

가족이 파괴되지 않으려면 부모는 힘든 자식 앞에서도 흔들리지 말아야 한다. 부모는 자식에게 물고기를 주기보다 물고기를 어떡해서든 잡을 정신 자세를 길러 주어야 한다. 열 손가락 깨물어 안 아픈 손가락이 없다면 모든 손가락을 평등하게 대해야 한다. 부모는 한 손가락 살리려다 열 손가락을 모두 잃을 수 있다. 자식은 공짜 인생을 살려고 해서는 안 된다. 이기심으로 부모를 속인다면 세상에서 유일하게 의지할 수 있는 곳마저 잃을 수 있다는 것을 명심해야 한다.

관계 :

연결과 단절의 절묘한 균형

1.
관계의 포식자가 남긴 흔적

사람의 얼굴을 쓴 위선자僞善者의 독은 조용히 다가와 나의 마음을 마비시킨다. 선함을 가장한 그들의 손은 가장 먼저 나의 신뢰를 훔쳐 간다. 선택한 고독은 마음의 자유를 주고 위선자의 거짓으로부터 나를 지켜준다. 결국 인생의 자유와 평온은 다른 사람에게 의지하지 않고 자기 자신을 믿을 때 가능하다.

인성 쓰레기의 독소

인성 쓰레기를 만나면 안 되는 이유는 판단할 수 있는 눈을 멀게 하고 인생을 황폐화하기 때문이다. 우리가 가만히 있어도 인성 쓰레기는 우리를 나락奈落으로 떨어뜨린다. 우리는 그들을 돋보이기 위한 먹잇감이 되는 것이다.

사회생활을 하면서 가장 어렵게 느껴지는 것은 인간관계이다. 그중에서도 제일 곤혹스러운 일은 관계의 포식자를 만나는 일이다. 그들은 우리의 생각을 제멋대로 입맛에 맞게 재단해버리고, 우리의 행동을 그들의 기준에 맞추도록 정신적 지배를 시도한다.

나는 가만히 있으면 온순하고 관대한 사람으로 평가받을 줄 알았다. 가만히 있으니 그들은 아무렇게나 대해도 되는 꿔다 놓은 보릿자루로 취급한다. 살면서 서로를 존중하고 귀하게 대하는 좋은 인연을 만나기는 쉽지 않다. 그래서 좋은 사람을 만날 수 없다면 차라리 인성 쓰레기라도 만나지 말아야 한다. 그런데 하필이면 인성 쓰레기는 항상 나만 따라다니는 것 같다.

폭풍 같던 회사생활에서 벗어나면서 제발 내 앞길에 더 이상 인성 쓰레기가 나타나지 않기를 기도하였다. 그러나 희한하게도 인성 쓰레기를 피하면 피할수록 마치 죽여도 끝없이 쏟아져 나오는 좀비처럼 내 앞에 나타난다. 인성 쓰레기 앞에 내가 이상한 놈인가 하며 수없이 스스로 묻던 질문에 내가 안쓰러워진다. 이상한 놈이 나를 이상한 놈으로 만들고, 잘못된 놈이 나를 잘못된 놈이라고 말하니 내가 안쓰러워진다.

반백 년을 살면 인생의 평온함이 찾아올 줄 알았다. 그러나 여전히 인성이 안 좋은 사람들을 마주한다. 바뀌지 않는 세상을 탓하느니 내 마음을 정돈하는 것이 더 낫다. 세상이 바뀌지 않으면 내가 바뀌는 것이 더 이로운 것이다.

눈치 없이 눈부신 가을날이 여전히 반복되는 일상을 서글프게 한다. 세상이 두려운 것은 아니다. 다만 반복되는 일상에 지쳐가고 있을 뿐이다. 인성 쓰레기는 자기를 정상인으로 만들 먹잇감을 찾아 끊임없이 헤맨다. 그래서 인성이 좋은 사람은 만나기가 어렵고, 인성 쓰레기는 발에 채는 것 같다. 스치면 인연이라고 하지만 너무 쉬운 인연은 끈질긴 악연이 될 수 있다. 가슴에 멍 자국을 남기지 않으려면 인연도 살펴 가며 만나야 한다. 나를 설명하게 만드는 관계는 이미 잘못된 관계이다.

위선자를 알아보는 눈

아직 내 마음은 노화를 인정하지 않고 있다. 그러나 다른 사람들은 나의 노화를 인정하는 분위기이다. 아무런 노력도 하지 않았는데 세월은 나에게 노화를 주었다. 그러나 세월이 나에게 노화만 준 것은 아니다. 세월은 나를 담금질하여 위선자僞善者를 알아볼 수 있는 혜안慧眼도 주었다. 위선자는 선함을 가장해 신뢰를 얻고, 그 신뢰를 이용해 등을 돌리는 사람이다. 인간관계에서는 배신의 아이콘일 수 있다.

직장 생활과 학교생활을 하면서 위선자로부터 마음의 상처를 받았다. 상처 준 사람은 기억하지 못하겠지만, 상처받은 사람은 잊을 수 없다. 상처 준 사람은 가슴속에서 배신을 뱉어냈지만, 상처받은 사람은 가슴속에 배신을 새겼기 때문이다. 위선자를 알아볼 수 있는 이유는 자기가 위선자라고 떠들고 다니기 때문이다. 나는 다음의 사람을 위선자로 이해하였다.

첫째, 목소리 톤tone에서 그가 위선자임을 짐작하였다. 그의 목소리는 많은 사람 앞에서 가늘고 높았다. 목소리 톤이 높다는 것은 당신에게 호의적인 마음이 있다는 뜻이기도 하다. 증권회사에 다닐 때 고객을 응대하는 효과적인 목소리 톤은 "솔"이라고 배웠다. 목소리 톤이 높을수록 상대방에게 밝은 느낌을 주며 기분을 좋게 만든다. 어느 날 그에게 개인적으로 물어볼 것이 있어서 전화하였다. 그런데 전화기 너머에 흘러나오는 목소리는 너무도 낯설고 굵은 권위적인 목소리였다. 내가 누구인지 밝히자 그의 목소리 톤은 다시 높아졌다. 그가 너무 이상하리만큼 다른 사람처럼 느껴졌다. 얼마 지나지 않아 그는 조직개편 때 아무런 인사도 없이 자기 이해에 맞는 곳으로 떠났다. 그날 목소리 톤에 거짓이 숨겨져 있다는 것을 알게 되었다.

둘째, 사람을 대하는 태도에서 그가 위선자임을 짐작하였다. 그는 항상 두 손 모으고 어깨를 움츠리며 다녔다. 그리고 선한 미소를 지으며 조심스럽게 말을 걸었다. 세상에 이렇게 겸손한 사람이 또 있을까 할 정도로 낮은 자세였다. 그러나 가끔 그는 자기가 예전에 어디에서 누구와 같이 일했다며 은근히 존재감을 과시했었다. 그래서인지 자기가 필요한 사람에게는 납작 엎드리지만 자기가 만만하다고 느끼는 사람에게는 고개를 숙이지 않았다. 강자强者에겐 약하고 약자弱者에겐 무심한 태도를 보였다. 아니나 다를까 결국 그는 조직개편 때 힘이 세다고 생각하는 사람에게 붙었다. 그러나 그런 사람은 권력자의 힘이 빠지면 다른 곳으로 떠날 사람이다.

셋째, 혼자 결정하지 않는 모습에서 그가 위선자임을 짐작하였다. 그는 언제나 자기 생각을 명확히 드러내지 않았다. 소신 있는 발언은 한마디도 하지 않고 다른 사람들의 의중意中만 떠보기 바빴다. 그래서 그와 대화하다 보면 안개 속을 걷는 느낌이었다. 좋은 사람 같긴 한데 줏대가 없는 사람처럼 보였다. 그는 주로 자기 의견을 다른 사람들을 앞세워 피력하였다. 다른 사람들이 이러한 결정을 내려서 자기도 이러한 결정을 내릴 수밖에 없다는 것이다. 사실 그는 다른 사람들을 정신적으로 지배하여 자기 생각대로 움직인 것이다. 인간적인 정을 주고 싶어도 배신감을 느끼게 하는 행동이다.

세월이 흐르니 사람들과 같이 있어도 좋지만, 혼자여도 나쁘지 않다. 많은 사람과 함께 하면 사람들로부터 위로를 받지만, 마음의 상처도 받는다. 혼자 있으면 외로움을 느끼겠지만 선택한 고독은 진정한 자유를 준다. 위선자에게 기대할 것이 없으니 더 이상 잃을 것도 없다. 세월이 준 혜안慧眼이 계속해서 위선자를 알아볼 수 있게 해 주면 좋겠다. 사람을 더 깊이 아는 것보다 더 멀리서 볼 수 있는 눈이 중요하다.

숟가락을 거부하는 법

내가 성공해야 하는 이유는 위선자가 내 밥상에 숟가락을 얹게 할지 말지를 결정할 수 있기 때문이다. 위선자는 자기의 부족한 능력을 숨기기 위해 남의 밥상에 숟가락을 얹는다. 그들은 자기를 돋보이려고 남의 밥상에 숟가락을 얹을 수밖에 없다. 그래서 성공한 사람들 앞에서는 숟가락을 얹기 위해 굽실거리고, 성공하지 못한 사람들 앞에서는 그들을 똘마니로 만들려고 노력한다. 놀랍지도 않지만, 위선자는 항상 위선자끼리 뭉쳐 다닌다. 결국 위선자의 똘마니가 되지 않으려면 그들보다 성공해야 한다.

얼마 전 전문자격사 시험에 합격한 졸업생이 신문 기사 때문에 마음고생이 심했던 것 같다. 그는 한때 다른 학과의 동아리에서 활동한 적이 있었다. 그가 전문자격사 시험에 합격하자 그 동아리에서 연락이 갔다. 그리고 얼마 지나지 않아 그는 신문 기사에 그 학과의 졸업생으로 둔갑하여 자랑스러운 동문이 되어 있었다. 원래 학과의 학생들은 이런 사실을 알게 된 후, 그에게 배신감을 느꼈다. 그는 이런 상황에 몹시 당황해하면서도 자기가 몸담았던 동아리의 추억 때문에 속앓이만 했다. 누군가가 그를 그 학과의 동문으로 내세워 학과를 돋보이게 하려고 했다. 그 졸업생은 자기가 가진 힘이 얼마나 큰지를 아직 모르는 것 같다. 그는 위선자가 그의 밥상에 숟가락을 놓게 할지 말지를 결정할 힘이 있다. 그는 이미 졸업생이고 더 이상 학교 일에 얽매일 필요가 없다. 그런데도 여전히 그는 학생이라고 착각하는 것이다. 아직 사회 초년생이라 그럴 수도 있다. 속앓이할 일이 전혀 아닌데 그는 자기가 가진 힘을 보지 못했다. 그러나 언젠가 그는 그 힘을 깨닫게 될 것이다.

얼마 후 또 한 명의 졸업생이 전문자격사 시험에 합격했다는 소식을 알려 왔다. 그는 학교 다닐 때 내가 만든 소모임에서 활동했던 친구이다. 그는 합격 소식도 알릴 겸 학교에 들르게 되었다. 그런데 한 직원으로부터 다른 학과 동아리에서 그 친구의 전화번호를 물어봤다는 얘기를 들었다. 지난번 졸업생처럼 이번에도 그에게 숟가락을 얹으려나 보다 하는 생각이 스쳤다. 얼른 그에게 전화를 걸었다. 그는 기차를 타고 오면서 모르는 사람으로부터 전화를 받았다고 했다. 그 사람은 친한 척하며 한번 만나자고 했다는 것이다. 동아리의 똘마니 하나가 그를 설득하여 동아리를 돋보이려고 했나 보다. 그는 그 동아리 근처에 간 적도 없다. 그는 학교 다닐 때부터 인생에 대한 소신이 있어서 치사한 일에 휘둘릴 성격이 아니다. 그는 이미 자기가 가진 힘이 얼마나 큰지를 잘 알고 있었다. 오랜만에 만난 그에게 후배들에게 동기부여의 말을 해달라고 부탁했다. 그는 대학교에 들어온 지 십년 만에 전문자격사 시험에 합격하였다. 그동안 인생의 깨달음을 터득한 것 같았다. 그 깨달음은 남이 자기 인생을 함부로 휘두르지 못하도록 성공해야 한다는 사실이다.

능력이 부족한 위선자는 능력을 키울 생각은 하지 않고 숟가락 얹을 곳만 찾아 헤맨다. 남의 밥상에 숟가락을 얹으려고 굽실거리는 것보다 숟가락을 얹을 만한 밥상을 차리는 것이 인생을 더 자유롭게 만든다. 그래서 남이 아닌 내가 성공해야 하는 이유이다.

2.
감정의 골을 건너는 의사소통

언어는 욕심의 거울이 되어 서로의 생각만 비추지만, 욕심을 내려놓으면 소통의 다리가 된다. 전하려던 뜻이 길을 잃어 오해를 낳으면 감정의 골만 싶어신다. 가족이라는 이름은 가까이 있지만, 감정의 골은 때로 그 거리를 더 넓힌다. 결국 소통과 관계는 욕심을 내려놓고 마음의 우주를 서로 이해하려고 할 때 진정으로 열린다.

욕심을 넘는 의사소통

의사소통이 어려운 이유는 언어가 욕심을 품은 인간의 모순矛盾으로 만들어졌기 때문이다. 언어는 인간의 욕심을 채우기 위한 표현 수단일지도 모른다. 그래서 언어는 인간의 욕심에 따라 다르게 사용되고 다르게 해석된다. 그러나 서로 욕심을 내려놓으면 언어는 본연의 임무인 의사소통을 가능하게 한다.

의사소통을 통해 내가 의도하는 바를 상대방에게 백 퍼센트 전달할 수 있을까?

세상 사람들은 의사소통을 손짓과 발짓으로도 하지만 일반적으로 언어로 한다. 그러나 언어도 사람이 만들었기에 표현에 한계가 있다. 한 단어에 누군가가 전달하고자 하는 모든 생각을 집어넣는 것은 불가능하다. 그래서 청자聽者는 같은 단어를 들어도 화자話者가 전달하고자 하는 의도와 다르게 해석할 수 있다. 그렇게 다른 해석은 오해를 낳는다. 화자와 청자는 의사소통을 위한 언어에 의해 오히려 소통이 단절된 채 멀어질 수 있다.

사실 우리는 언어의 한계를 잘 안다. 왜냐하면 인간이 욕심을 부리면 언어는 창과 방패가 될 수 있기 때문이다. 그래서 언어가 잘못되었다기보다는 화자가 청자를 어떤 욕심으로 말했는지 또는 청자가 화자를 어떤 욕심으로 들었는지에 따라 같은 언어도 다르게 해석된다.

세상이 더 밝아졌으면 하는 바람으로 블로그를 개설하였다. 그렇지만 누군가는 나의 이야기를 자랑질과 지적질로 오해할지도 모른다. 누구나 나와 같은 생각과 태도로 세상을 대하는 것은 아니니까 말이다.

사람들은 각자가 하나의 우주이다. 그 우주에 내가 들어가거나 다른 사람이 내 우주에 들어오는 것은 상당히 어렵고 불편한 일이다. 그런데도 내 우주에 들어오거나 다른 사람의 우주에 들어갈 수 있는 것은 서로가 욕심을 내려놓았기 때문이다. 그 욕심을 내려놓으면 서로를 공감할 수 있다. 그리고 언어는 자연스럽게 의사소통을 가능하게 한다.

감정의 골은 시간에 비례한다

감정의 골이 시간에 비례하는 이유는 뇌가 나쁜 감정을 일으킨 사건을 잊지 않으려고 끊임없이 되새기기 때문이다. 살아보니 좋은 기억은 잘 잊히는데 나쁜 기억은 나쁜 감정을 만들어 마음의 앙금으로 남는다.

인간은 본능적으로 나쁜 기억을 잊지 않으려고 한다. 그 이유는 좋은 기억보다 나쁜 기억이 살아남을 확률을 더 높이기 때문이다. 태초에 인간은 해로운 동물이 어떤 동물인지 몰랐을 것이다. 그래서 친구인 줄 알고 다가갔다가 그 친구의 먹잇감이 되었을 것이다. 생존을 위협하는 모든 경험은 살아남기 위해 간직해야 할 기억이 된다.

반면에 좋은 기억은 생각보다 빨리 잊힌다. 그 이유는 좋은 기억이 행복감은 주지만, 없다고 해서 생존에 지장이 있는 것은 아니기 때문이다. 기억의 용량에 한계가 있다면 인간은 생존에 필요한 기억을 더 많이 저장할 것이다.

이제 인간은 동물보다 인간에게 생존의 위협을 느낀다. 인간관계에서 좋은 기억을 심어 주는 사람과 나쁜 기억을 심어 주는 사람을 만나게 된다. 좋은 감정을 안겨준 사람은 만나고 싶고, 나쁜 감정을 안겨준 사람은 피하고 싶다.

문제는 나쁜 감정을 안겨준 사람이 가족일 때 매우 괴롭다. 서로를 끌어안으려고 노력할수록 나쁜 감정을 만든 나쁜 기억은 더 또렷해진다. 나쁜 기억은 고요했던 감정의 바다에 폭풍이 휘몰아치게 한다. 잊으려고 일찍 누운 잠자리는 밤새도록 감정의 폭풍에 시달린다. 어느덧 창가에 비친 아침햇살은 분노의 감정을 극에 달하게 만든다.

행복한 인간관계를 유지하려면 애초부터 나쁜 기억을 만들지 말아야 한다. 그러나 살다 보면 그것이 쉽지 않다. 그렇다면 감정의 골이 깊어지기 전에 복잡한 감정을 추슬러 좋은 기억으로 봉합해야 한다. 시간이 지날수록 인간은 나쁜 기억을 더 되뇌므로 감정의 골은 깊어져 간다. 때를 놓치면 상처받은 감정을 봉합하기 위해 엄청난 시간이 요구된다. 어쩌면 시간을 투입해도 아픈 상처가 치유되지 않을 수도 있다.

가족이라는 이유로 가까워져야 한다면 왜 지금 가까워지려고 하는가?

그때는 자존심이 허락하지 않아 틀어진 감정을 봉합할 시도조차 하지 않았다. 지금은 자존심보다 가족이 더 소중해 보이나 보다. 그러나 시간은 이미 흘렀고 그때의 감정은 그대로 남아 있다. 모든 일을 없던 일로 되돌리기는 쉽지 않다.

가슴에 박힌 가시로 서로에게 다가갈 수 없다면 마음은 아프지만, 거리를 두고 서로 잘살고 있음에 감사하면 좋겠다. 감정의 골은 지나온 시간을 되돌리지 않는 한 메울 수 없는 시간의 상처이다.

감정의 골이 깊어지면 다른 사람은 헤어지면 그만이지만 가족은 헤어지기가 쉽지 않다. 가족이라는 이름으로 자존심만 내세우며 상대방의 마음을 헤아리지 않았다. 그리고 마음의 상처를 치유하려고 노력하지도 않았다. 뇌리에 화석처럼 박힌 나쁜 감정을 걷어 내는 것은 해결하기 힘든 과제이다. 몇 마디의 말과 몇 푼의 돈으로 나쁜 감정을 지우려는 것은 상대방에 대해 오만함이다. 감정의 골을 되돌릴 수 없다면 먼발치에서 앞날의 행복을 빌며 서로를 놓아주는 것도 나쁘지 않다.

3.
서로 다른 별이 만나는 방식

사람의 마음은 작은 우주와 같아 서로 다른 별을 인정할 때 비로소 연결된다. 다름의 이해는 계산이지만 다름의 인정은 계산기를 내려놓는 것이다. 진정한 만남은 서로의 세상을 내려놓을 때 가능하다. 자기 세상을 움켜쥐면 외로워지지만 내려놓으면 인연이 앉을 자리가 생긴다.

다름을 사랑해야 같음을 사랑할 수 있다

다름을 사랑해야 하는 이유는 같음을 사랑하기 위해서이다. 우리는 서로 같은 점에 끌려 사랑을 한다. 그러나 다른 점을 사랑하지 못하면 같은 점은 더 이상 사랑의 유인이 될 수 없다. 그래서 누군가를 사랑하려면 그 모든 것을 사랑할 수 있어야 한다.

사람을 사랑한다는 것은 정말 어려운 일이다. 사람들은 각자의 경험과 생각으로 세월을 채우는 사이에 자기도 모르게 자아自我가 형성된다. 우리

 오십이 넘으면 세상이 보이는 이유

는 그 서로 다른 자아를 자기의 자아와 같아질 수 있다고 믿는다. 그래서 잘 맞는 사람이라고 생각하고 사랑을 시작한다. 그러나 진정 서로를 사랑한다면 서로의 다른 모습까지 사랑할 수 있어야 한다.

수학에서 A 집합과 B 집합이 있다면 그사이에는 A와 B 집합이 겹치는 교집합이 있다. A라는 사람과 B라는 사람이 서로 잘 맞는다고 느끼는 것은 서로의 생각에서 교집합이 차지하는 비중이 크기 때문일 것이다. 그렇다면 교집합이 각각의 집합에서 어느 정도를 차지해야 우리는 서로를 잘 안다고 말할까?

A 사람의 생각과 B 사람의 생각 사이에는 어느 정도 교집합이 생겨야 서로를 사랑할 수 있다. 그러나 그 어느 정도는 가늠하기가 어렵다. 설사 A와 B라는 사람이 서로를 사랑한다고 해도 그 둘은 같은 사람이 될 수 없다. 그 둘 간에는 교집합도 존재하지만, 여집합도 존재한다. 여집합에는 A와 B가 살아온 각각의 다른 개성이 포함되어 있다. 그래서 사랑은 언제나 이해와 포기의 경계에 서 있다.

우리가 서로를 사랑한다고 말할 수 있는 것은 교집합이 크기 때문이 아니라 서로의 개성인 여집합을 인정하기 때문이다. 그래서 사랑하려면 그 사람의 모든 생각을 받아들일 준비가 되어 있어야 한다. 다름을 바꾸려 들기보다 그대로 둘 수 있는 용기 말이다.

결국 한 사람이 다른 사람을 사랑한다는 것은 '그러므로'의 교집합뿐만 아니라 '그런데도'의 여집합도 인정하기 때문이다. 사랑하는 마음은 서로의 모든 것을 인정하는 자세가 뒷받침되어야 한다. 그래서 사랑은 이해의 결과가 아니라 인정의 선택이다.

세상을 내려놓는 만남

인연이 소중한 이유는 서로의 세상을 고집하지 않아 편안한 마음으로 만날 수 있기 때문이다. 서로에게 바라는 것이 없으니 서로가 더 소중하고 귀하게 된다.

우리는 늘 사람에 둘러싸여 있지만 늘 외로워한다. 아마 자기만의 세상을 내려놓지 못하는 욕심 때문일 것이다. 그 욕심에는 자기 세상이 언제나 옳다는 믿음이 깔려 있다. 자기 세상에서 다른 사람들은 자기 생각대로 움직여주지 않는다. 다른 사람들은 왜 틀린 길을 갈까 하고 생각할 것이다. 그러나 다른 사람들은 자기가 틀린 길을 간다고 생각하지 않을 것이다. 그래서 자기 세상과 다른 사람의 세상을 공유하기가 쉽지 않다.

우리는 다른 사람들을 우리만의 세상에 끌어들일 수 있다고 착각한다. 그래서 우리는 한 치의 양보도 없이 우리 세상을 고집하느라 괴롭다. 그러나 간혹 내가 신경 쓰지 않아도 자발적으로 연락이 오는 사람들이 있다. 그들은 나의 세상에 들어오면 불편할 걸 알면서도 나를 찾는다. 신기하게도 나는 그들에게 나의 세상이 옳다고 주장하지 않는다. 그저 나를 찾아와준 것이 고마워 굳이 내 세상이 옳다고 주장하고 싶지 않다.

외롭지 않으려면 자기 세상을 내려놔야 한다. 살짝 내려놓으면 외로움에 목말라할 필요가 없다. 시간이 지나면 내 세상을 내려놓은 것이 정말 잘한 일이라고 생각할 것이다. 그리고 누군가가 다른 사람의 세상에 들어가 불편함을 감수하는 일이 얼마나 힘든 일인지도 깨닫게 될 것이다.

언제 어디에 있든 나를 찾아온 사람을 소중히 대해야 한다. 나는 이런 사람들을 인연이라 부르고 싶다. 불현듯 찾아온 소중한 인연에 우리가 고집 피울 일이 뭐가 있겠는가? 인연은 붙잡는 것이 아니라 고집을 내려놓을 때 곁에 남는 것이다.

4.
나를 지키는 관계의 기술

좁지만 깊은 관계는 내 안에 머물고 얕지만 넓은 관계는 외부로 퍼진다. 나를 잃는 관계는 빛이 없는 어둠이고 나를 지키는 관계는 삶을 빛나게 한다. 약점을 흘린 자리는 언제나 무시의 그림자가 드리우고 싸움을 피한 평화는 오래가지 못한다. 나를 존중할 때 관계는 거울처럼 반응하고 인생은 나로 인해 온전히 충만해진다.

관계 속에서 나를 지키는 법

인간관계에서 내가 소중한 이유는 인간관계가 내 존재와 외부와의 관계이기 때문이다. 내 존재가 없거나 희박한 인간관계는 내가 다른 사람의 노예로 살아가고 있다는 것이다. 인간관계에서 내가 존재할 때 인생에 필요한 진정한 인간관계가 된다.

완벽을 지향하는 사람은 모든 일에 기준이 높고 엄격하다. 그래서 뜻대

 오십이 넘으면 세상이 보이는 이유

로 되지 않으면 우울증이나 자책에 빠지기 쉽다. 인간관계는 완벽을 추구
할지 완벽과 타협할지에 따라 그 범위와 깊이가 달라진다.

나는 일을 완벽하게 처리하고 싶은 욕심이 있어서 일 처리에 매우 민감
하다. 따라서 모든 일을 완벽하게 끝내기 위해 상대적으로 많은 에너지를
쏟아붓는다. 그래서인지 언제부턴가는 쏟아부어야 할 에너지가 부담스러
워 일을 벌이지 않으려고 한다. 그런가 하면 많은 목표와 성취를 통해 존재
감을 확인하려는 사람이 있다. 이런 사람은 많은 일을 처리하기 위해 다른
사람의 도움을 받는다. 처리 과정에서 일이 완벽하지 못해도 물 흘러가듯
이 넘기고 만다. 나처럼 하나부터 열까지 완벽해야 한다고 생각하는 사람
은 그런 사람을 열심히 일하지 않는 사람으로 생각할 수 있다.

세월이 흐르니 완벽을 추구하는 사람의 반대말이 열심히 일하지 않는 사
람이 아니라는 것을 깨닫는다. 완벽을 추구하든 완벽과 타협을 하든 일에
쏟아붓는 에너지의 총량은 같다. 다만 도전과 실천의 결정력에서 차이가
날 뿐이다. 완벽을 추구하는 사람은 생각이 너무 많아 도전과 실천의 결정
력이 상대적으로 약하다. 반면에 완벽과 타협하는 사람은 도전과 실천의
결정력이 상대적으로 높다.

완벽을 추구하는 사람은 일단 시작만 하면 그 일이 정교하고 깔끔하게
마무리된다. 반면에 완벽과 타협하는 사람은 모든 일이 정교하고 깔끔할
수는 없지만 많은 일을 수행한다. 일에 대한 성향은 좁지만 깊은 일을 할

것인지 아니면 얕지만 많은 일을 할 것인지의 선택일 뿐이다.

일에 대한 완벽 추구의 성향은 인간관계에서도 나타난다. 완벽을 추구하는 사람은 좁지만 깊은 인간관계를 원하는 것 같다. 반면에 완벽과 타협하는 사람은 얕지만 넓은 인간관계를 원하는 것 같다. 결국 인간이 인간과의 관계를 맺는 데 들어가는 에너지의 총량은 같고 그것을 어떻게 사용할지의 선택만 있다.

그런데 인간관계는 나 자신도 포함되어 있다. 따라서 인간관계에 쏟는 에너지는 일에 쏟는 에너지와 성격이 조금 다르다. 좁지만 깊은 인간관계를 원하는 사람은 자기 인생에도 집중한다. 반면에 얕지만 넓은 인간관계를 원하는 사람은 자기를 돌볼 시간이 상대적으로 적다. 외부와의 인간관계를 줄이면 나 자신과의 대화에 집중할 수 있다. 외부와의 인간관계에 너무 휘둘리면 나 자신을 잃어버린다. 인간관계에 나 자신이 얼마나 존재하는지는 매우 중요한 일이다.

일에 대한 성향은 선택일 수 있다. 그러나 하나뿐인 인생에서 자신을 잃어버리는 것은 타협할 수 없는 일이다. 자기가 어디로 흘러가는지 모를 때 자신에게 더 집중해 봐야 한다.

바쁘게 살든 느리게 살든 어차피 시간은 지나간다. 자신을 좀 더 소중히 여기고 돌보는 인간관계가 인생을 더 충만하게 한다. 아무리 화려해 보이는 인간관계라고 해도 그 속에 내가 없다면 내 인생도 없는 것이다. 관계가 삶을 채우는 것이 아니라 내가 있을 때 관계가 삶이 된다.

자기를 존중하는 연습

조직 생활을 하면서 한 번도 만만해 보이지 않은 적이 없었다. 그래서 마음에는 항상 아물지 못한 상처가 흉터로 남아 있다. 그 흉터를 볼 때마다 나 자신을 책망하였다. 그러나 세월은 그렇게 여물지 못했던 내 마음이 나의 잘못이 아니라 내가 몰랐던 사실 때문이라는 것을 알려 주었다.

언제나 세상의 중심에 서서 당당히 외치고 싶었다. 그러나 막상 기회가 되면 이 생각 저 생각으로 몸과 마음이 움츠러든다. 그 이유는 사람들이 나를 만만하게 본다는 생각과 내가 나를 정말로 만만하게 보기 때문이다. 다른 사람도 나도 모두 나를 만만하게 보는데 내가 어떻게 떳떳할 수 있겠는가? 돌아보면 내가 만만해 보이는 데에는 다 이유가 있다. 그래서 만만해 보이지 않는 이유도 있다.

첫째, 카리스마charisma 있는 외모이다. 일단 사람들은 카리스마 있는 굵은 선을 가진 얼굴을 함부로 대하지 못한다. 이러한 외모는 태어날 때부터 주어진 불변의 법칙이다. 물론 성형수술을 통해 얼굴을 바꿀 수 있다. 그러나 그것만으로 카리스마 있는 얼굴을 얻기는 쉽지 않다. 살면서 가장 부러운 것이 얼굴에 카리스마 또는 아우라aura가 있는 사람이다. 태어날 때부터 얼굴은 크고 몸은 작고 얼굴은 동그랗고 코는 파묻혀 있는 나의 외모로 카리스마를 얻기는 쉽지 않다. 그래서인지 나를 처음 만난 사람들은 만만히 보고 내 마음을 떠본다. 나를 겪어본 사람들은 나를 함부로 대하면 혼난다는 사실을 잘 안다. 그러나 나의 외모만으로는 나의 성정性情을 알기가 쉽지 않다. 여하간 타고난 얼굴만으로도 카리스마가 풍기는 사람들이 부럽다. 가끔 외모가 안 되는 사람들은 신보다 위에 있는 돈으로 해결하려고 한다. 좋은 자동차와 명품을 과시하며 다른 사람들의 부러움을 산다. 그러나 돈에 묻어 있는 독毒을 씻어내지 못하면 그나마 있던 인간으로서의 존중도 사라진다.

둘째, 다른 사람의 비위를 맞추지 않는다. 직장에 다닐 때는 무조건 상사의 비위를 맞춰야 한다고 생각했다. 상사의 비위를 맞추는 행동이 상사와 친해지기 위한 친절과 배려라고 생각했다. 그러나 상사는 그런 행동을 그저 약자임을 입증하는 증거로 받아들였다. 나를 볼 때마다 짜증 내며 지적질만 하였다. 그때마다 나는 그의 비위를 맞추려고 노력하였다. 그러나 시간이 갈수록 나의 친절과 배려는 그의 당연한 권리가 되었다. 내가 내린 결론은 그에게 당연해 보이는 것을 당연하지 않게 느끼도록 하는 것이다. 그래서 그 이후 사람들을 만나도 비위를 맞추려고 노력하지 않는다.

셋째, 말수를 줄이는 것이다. 외모로 카리스마를 얻지 못해도 말수를 줄이면 어느 정도 존중받는다. 말이 많으면 자기가 불안하다는 신호로 비쳐 만만해 보일 수 있다. 또한 말이 많으면 가볍게 보여 다른 사람에게 자기를 함부로 대해도 된다는 믿음을 심어 준다. 나는 사람들과의 어색한 분위기를 깨기 위해 말을 많이 했다. 그러나 어느 순간 나의 말은 무게를 잃고 대화의 중심에서 멀어졌다. 나의 말에 힘이 없으니 나 자신도 만만해 보이는 것이다.

넷째, 아무리 힘들어도 약점은 얘기하지 않는다. 사람들과 친해지려면 모든 생각을 공유해야 한다고 착각한다. 자기가 상대방에게 숨기는 것이 있다면 진실로 친해지기 어렵다는 것이다. 그러나 상대방이 자기가 될 수 없고 자기가 상대방이 될 수 없으니 인간관계는 언제나 변한다. 자기가 내뱉은 약점은 사람들의 입을 떠돌아다니며 자기 존중을 갉아 먹는다. 진심을 보이기 위해 입 밖으로 나온 약점이 비수匕首가 되어 자기 가슴에 꽂힌다. 그 약점은 다른 사람에게 자기를 만만하게 대해도 된다는 믿음을 준다. 그래서 될 수 있으면 힘든 얘기를 다른 사람에게 하지 않는 것이 좋다. 물론 힘든 얘기를 하지 않으면 잘 먹고 잘산다고 착각할 수도 있다. 그러나 만만해 보이는 것보다 차라리 그 착각이 더 낫다.

다섯째, 거절하는 사람이 되어야 한다. 한때 부탁을 잘 들어주는 사람이 인간관계도 좋다고 생각했었다. 그도 그럴 것이 그런 사람 주위에는 항상 사람이 끊이지 않았다. 그러나 막상 그런 사람은 부탁을 거절하지 못해 가슴에 화를 안고 산다. 위선자偽善者는 다른 사람의 약한 마음을 이용하여 남의 인생을 빼앗는 나쁜 사람이다. 그들은 부탁할 사람을 치켜세우며 부탁을 거절하지 못하게 만든다. 그러나 끝내 부탁을 들어주지 않으면 나쁜 사람이라고 욕한다. 위선자는 부탁할 사람을 호구로 취급할 수 있다. 거절은 만만해 보이지 않는 방법이다.

여섯째, 실력을 갖춰야 한다. 조직에서 실력 있는 사람은 시기와 질투는 받아도 무시는 당하지 않는다. 사마천司馬遷의 『사기史記』에 수록된 「화식열전貨殖列傳」의 사상에 근거하면 사람들은 자기보다 열 배 뛰어난 사람을 시기하며 백 배 뛰어난 사람을 두려워한다. 천 배 뛰어난 사람의 심부름을 하며 만 배 뛰어난 사람의 하인을 자청한다. 위선자는 실력 있는 사람을 함부로 대하지 못한다. 실력보다 인맥을 중시하는 사람들은 자기의 부족한 실력을 감추기 위해 누군가에게 무시당하며 지내고 있을 것이다.

마지막으로 싸움을 피해서는 안 된다. 사람들은 살면서 이해의 충돌로 갈등을 겪는다. 그때마다 싸움이 두려워 피한다면 만만한 사람이 된다. 비난받거나 상처를 입어도 눈 부릅뜨고 싸움에 마주해야 한다. 군대 시절 선임자 하나가 나를 탐탁지 않게 여겨 괴롭힌 적이 있었다. 한마디로 나를 자기 입맛에 맞게 길들이려고 하였다. 하루는 바른말로 대들었더니 선임자가 나를 때렸다. 선임자에게 맞으면서도 눈 부릅뜨고 그를 똑바로 바라봤다. 그 후로 선임자는 나를 피하기 시작했다. 직장에서 상사의 괴롭힘으로 자살하는 사람들을 본다. 언제부턴가 우리 마음에는 생계가 죽음보다 더 큰 두려움으로 자리 잡은 것 같다. 직장을 때려치우면 상사는 그냥 나랑 상관없는 동네 아저씨이다. 찰나의 틈으로 죽음을 선택하는 것은 너무도 안타까운 일이다. 오히려 싸움을 피하지 않는다면 생계는 더 단단해질 것이다.

만만해 보이는 이유가 무엇인지 잘 생각해 봐야 한다. 그래도 답을 찾지 못한다면 자기 자신을 더 소중히 여겨야 한다. 생계를 들먹이며 협박하는 인간들에게 약해지지 않으려면 자기 자신을 포기하지 않아야 한다. 우리는 세상에 단 하나밖에 없는 소중한 존재이다. 자기를 만만하게 보든 말든 그것은 그 사람들의 사정이다. 세상의 모든 것이 떠나가도 자기 자신은 그대로 남기 때문이다. 그래도 불안하다면 혹시 자기가 자신을 우습게 보고 있는 것은 아닌지 마음속을 들여다봐야 한다. 내가 나를 우습게 보지 않는다면 남도 나를 우습게 보지 못한다. 내가 나를 존중하는 순간 관계는 달라지기 시작한다.

5.
밥상으로 계산된 인간관계

관계의 밥상에는 마음이 차려지는데 어떤 사람은 숟가락만 들고 앉아 있다. 배려를 당연히 여기는 사람에게 마음은 무게를 잃고 관계는 허공으로 흩어진다. 그 사람은 밥상을 차릴 힘은 없으면서 자리는 꼭 차지하려고 한다. 결국 능력과 진심으로 밥상을 차리는 사람만이 관계의 주인이 될 수 있다.

밥을 얻어먹기만 하는 사람

밥을 얻어먹기만 하는 사람을 피해야 하는 이유는 세상을 자기 관점에서만 생각하는 거지 근성을 가진 사람이기 때문이다. 형편이 어렵지만 다른 사람을 배려하는 사람은 밥을 얻어먹는 것이 미안하여 아예 만남을 피할지도 모른다. 그러나 자기 생각에 사로잡힌 사람은 밥을 얻어먹는 일을 미안해하기는커녕 오히려 당연하게 여긴다.

밥을 얻어먹는 것을 당연하게 여기는 사람은 세상을 언제나 자기 기준으로만 재단한다. 이런 사람에게는 두 가지 특징이 있다. 첫째는 상대방의 입장은 아랑곳없이 자기 마음대로 상대방을 평가한다. 상대방도 다른 사람에게 밥을 사는 것이 결코 쉬운 일은 아니다. 그런데 상대방이 자기보다 형편이 좋다는 이유로 밥을 얻어먹는 것을 당연하게 생각한다. 둘째는 다른 사람의 이익에 빌붙어 자기 이익을 챙기려는 거지 근성을 갖고 있다. 이런 사람은 절대로 손해 보려 하지 않는다. 따라서 지갑을 여는 일도 거의 없다.

얼마 전 지인의 얘기를 듣고 우리가 너무 거지 근성을 갖고 사는 것은 아닌지 생각해봤다. 한 사업가는 수시로 주변 사람들에게 밥을 샀다. 그런데 밥을 얻어먹은 사람 중 하나가 돈도 많은데 고작 밥만 사냐며 요리도 같이 사라고 투정 부렸다. 사업가의 엄청난 부를 떠올리면 그럴 수도 있다. 그러나 밥을 얻어먹은 사람은 그 사업가가 부자 되는 데 도움을 준 적이 없다. 고마움을 모르는 사람은 관계의 무게도 가늠하지 못한다.

다른 사람의 성공이 자기 덕분인 것처럼 주인 행세하는 그 거지 같은 발상은 어디에서 나온 것인지 궁금하다. 다른 사람이 실패하기를 바라는 심보를 가졌으면서도 그 사람이 성공하니 옆에 착 달라붙어 조금이라도 빼먹고 싶은 마음인가 보다.

몇 해 전 우연히 연락이 닿아 만났던 후배가 있었다. 나는 반가운 마음에 만날 때마다 밥을 샀다. 그는 내가 선배이고 더 잘 산다고 생각했는지 내가 사는 밥을 당연하게 여겼다. 그는 내가 이 자리에 오는 데 도움을 준 적이 없다. 그저 후배가 반가웠고 그와 친해지고 싶은 마음에 밥을 산 것뿐이다. 그러나 시간이 갈수록 내가 사는 밥은 당연해졌고 후배는 밥 한 번 사겠다는 말이 없었다. 한참 후에 나는 왜 이런 만남을 유지하는지 나 자신에게 묻게 되었다.

나도 돈을 쓰는 것이 아까운데 후배는 그것이 당연해 보였나 보다. 나의 배려가 그에게 당연함으로 보인다면 더 이상 나의 배려는 배려가 아니다. 그리고 문득 후배는 밥 먹는 것만 그렇게 여기는 걸까 하는 생각이 들었다. 세상 모든 것을 자기 관점에서 생각하고 절대로 손해 보지 않으려는 친구일지도 모른다. 우리의 만남을 인간적인 정으로 포장하기에는 너무 가볍다. 물론 내가 밥을 사면 내게 밥을 사지 않아도 다른 방법으로 배려해주는 사람들이 있다. 이런 사람들까지 거지 근성이 있는 사람이라고 몰아세우는 것은 아니다.

밥을 당연하게 얻어먹는 사람은 다른 사람의 성공을 함부로 깎아내리고 자기가 가진 것만 귀하게 여기는 이기적인 사람이다. 이런 사람은 다른 사람에게 돈을 쓰지 않아 잃을 것도 없으니 언제든지 떠날 사람이다. 밥을 세 번 정도 사줘도 고마워하지 않는 사람은 곁에 둘 필요가 없다. 돈이 아까워서가 아니라 그런 사람과의 인간관계로 얻을 것이 별로 없기 때문이다. 이 기준이 완벽하다고 말할 수는 없지만 적어도 나를 지치게 하지는 않는다.

내가 너무 까칠한가 하는 생각을 하면서도 아직 밥을 사고 싶은 사람이 많다고 생각하니 그리 나쁜 생각도 아니다. 다른 사람의 작은 배려가 얼마나 큰 용기와 수고를 통해 나왔는지 깨닫는 사람만이 좋은 사람과 인생을 함께 할 자격이 있다. 자기 돈과 남의 돈을 서로 다른 저울에 올리는 사람은 곁에 둘 필요가 없다. 밥에 담긴 마음을 당연하게 여기는 태도가 사람을 멀어지게 한다.

숟가락만 들고 다니는 사람

위선자偽善者가 남의 밥상에 숟가락을 올려놓는 이유는 밥상을 차릴 능력은 안 되면서 존재감은 인정받고 싶기 때문이다. 위선자는 착한 척하면서 나쁜 짓을 하는 사람이다. 그들은 자기의 생각을 정당화하고 착한 사람으로 돋보이려고 잘나가는 사람들에게 붙는다. 위선자는 그런 인간관계를 통해 묻어가는 것이 살아남는 길이라고 생각한다. 따라서 위선자는 자기 혼자 할 수 있는 일이 별로 없다.

사회의 다양한 조직에서 위선자들을 본다. 그들은 좋은 사람이라는 가면을 쓰고 잘나가는 사람들에게 접근한다. 위선자의 가장 큰 능력은 나중에 잘될 사람을 발견하는 능력이다. 그래서 누군가가 자꾸 자기에게 붙으면 나중에 잘나가는 사람이 될지도 모른다. 물론 접근하는 모든 사람이 다 위선자라는 뜻은 아니다.

누군가가 성공하면 누군가는 위선자의 친한 선배, 후배 또는 위선자가 길러낸 제자가 된다. 그러나 누군가가 실패하면 누군가는 위선자와는 일면식一面識도 없는 모르는 사람이 된다. 직장에는 부하직원의 아이디어를 가로채 자기 아이디어로 포장하는 상사가 있다. 정치판에는 잘나가는 사람과 사진을 찍어 같은 부류에 속한다며 은근히 자랑하는 사람이 있다. 위선자는 성공한 사람을 등에 업고 자기 이익을 위해 정치질한다.

위선자는 특별한 능력이 없는데도 정치질로 분分에 넘치는 자리에 오르는 경우가 있다. 그러나 위선자는 자리를 지킬 능력이 없어서 그 자리에 오래 있지 못한다. 자리를 찾아 철새처럼 이 사람 저 사람에게 옮겨 다닌다. 따라서 그들은 강자의 가면을 쓰고 나타나지만, 사실은 나약한 겁쟁이일지도 모른다. 그래서 위선자를 두려워할 필요도 없고 가까이 둘 필요도 없다.

혹시 위선자에게 상처받았다면 능력을 키워 그들이 머리를 조아리게 만들면 된다. 위선자는 숟가락밖에 없어서 밥상을 차릴 수 있는 사람에게 언제나 친절하다. 위선자가 당신의 밥상에 숟가락을 올리려 한다면 당신은 이미 위선자를 지배한 것이다. 밥상을 차리며 살지 숟가락만 들고 다니며 살지는 자기 선택이다. 그러나 숟가락만 들고 다닌다면 자기를 속이는 슬픈 인생이 될 것이다.

6.
부모라는 이름의 무게

부모의 마음이 자식에게 투자한 본전에 갇히면 갚아야 한다는 착각으로 자식의 길을 막아선다. 자식은 태어난 순간부터 부모라는 항구를 떠날 채비를 해야 한다. 진정한 부모는 자식의 앞길을 막지 않고 언덕에서 그저 길을 밝혀 줄 등대가 되어야 한다.

본전에 갇힌 부모의 간섭

부모가 자식 간섭을 당연하게 생각하는 이유는 자식에게 투자한 본전本錢을 과대평가했기 때문이다. 부모가 자식의 삶에 간섭하여 갈등이 빚어지는 경우를 본다. 부모가 자식의 삶을 간섭해도 된다는 믿음은 자식에게 투자한 노력이 엄청난 희생이었다고 착각하기 때문이다.

부모는 자식을 키우는 과정에서 고통과 희생이 따른다. 그러나 부모는 자식을 키우는 과정에서 수많은 기쁨도 누렸다. 본전에 갇힌 부모는 자식

을 키우는 데 들어간 고통과 희생만 생각하여 자식의 삶을 간섭하고 보상
받으려고 한다.

본전에 갇힌 부모는 자식의 성공이 자기 덕분이라고 생각한다. 반면에
자식의 실패는 자식의 노력 부족 때문이라고 생각한다. 그래서 어리석은
부모는 자식에게 쏟아부은 본전을 정당화하고 높게 평가받으려고 성공한
자식에게만 집착한다. 성공한 자식의 삶에 간섭함으로써 본전의 가치가 높
다는 것을 입증하려는 것이다.

자식이 부모의 본전에 동의한다면 부모의 간섭도 마다하지 않을 것이다.
그러나 자식이 부모의 간섭을 거부한다면 부모의 본전은 확실히 과대평가
된 것이다. 자식은 부모의 도움으로 자랐지만, 성공은 부모의 본전이 아닌
자기 노력 때문이라고 생각하는 것이다. 결국 부모의 본전에 대한 엇갈린
평가는 서로를 의심하고 반목하며 멀어질 수밖에 없다.

그렇다면 실패한 자식에 대한 부모의 간섭은 정당한가! 자식이 부모에게
삶을 의지하고 있다면 부모의 간섭은 정당화될 수밖에 없다. 의존이 남아
있는 한 갈등은 반복된다. 자식이 부모의 간섭에서 벗어나고 싶다면 부모
의 도움을 받지 않으면 된다.

한편 부모가 자식 간섭을 당연하게 생각하지 않는다면 부모와 자식 간에
는 서로의 삶을 존중하는 겸손한 마음이 있다. 즉 본전의 계산보다 고마움

이 먼저 놓인다. 부모는 본전이 작다고 생각하여 지금의 자식 모습에 감사하고, 자식은 부모의 희생이 크다고 생각하여 자기 모습에 감사한다. 부모는 자식에게 잘 입히지도 못하고 잘 먹이지도 못했는데 이렇게 살아줘서 고맙다는 마음이다. 이러한 부모는 자식의 삶에 간섭하여 보상받으려 하지 않는다. 자식은 부모님이 잘 입지도 못하고 잘 먹지도 못하면서 자기를 키워줘서 감사한 마음이다. 이러한 자식은 부모의 간섭을 관심으로 받아들인다.

그러나 그동안 부풀려진 본전은 마음을 바꾼다고 갑자기 작아지지 않는다. 부모와 자식 간의 관계가 좋아지려면 서로의 욕심을 내려놓아야 한다. 이것이 쉽지 않다면 결론도 나지 않는 싸움에 감정만 소모할 뿐이다.

태어나서 자라는 과정은 부모의 도움이 필요하다. 그러나 성인이 되어 살아가는 과정은 혼자의 힘으로 해내야 한다. 인간은 미래를 향해 살아가는 존재이다. 과거의 본전에 얽매여 서로 괴롭다면 차라리 거리를 두고 각자의 삶에 집중하는 것이 낫다. 거리는 단절이 아니라 서로를 미워하지 않기 위한 최소한의 예의이다. 잦아들지 않는 욕심은 자기 생각만 공고히 하여 서로의 마음만 괴롭힐 것이다.

부모를 원망할 필요가 없는 이유

부모를 원망할 필요가 없는 이유는 원망의 마음이 든다면 은혜의 빛에서 벗어날 수 있기 때문이다. 세상을 살다 보면 힘들고 고통스러운 일을 겪게 된다. 그때마다 자신을 이렇게 만든 원망의 대상을 찾는다. 가장 쉽게 떠올리는 원망의 대상은 부모인지도 모른다. 자기의 노력 부족으로 능력도 없고 재산도 없는 것을 부모 탓으로 돌리는 것이다. 물론 노력했지만, 구조적으로 어려운 경우는 예외이다.

세상에 부모를 한 번도 원망하지 않은 사람은 없을 것이다. 누군가가 자기는 한 번도 부모를 원망해 본 적이 없다고 말한다면 나는 그저 그분이 부러울 따름이다. 그러나 쓰면 뱉고 달면 삼키는 인간의 본성상 잘되면 내 탓이고 안 되면 남 탓하기 마련이다.

힘들게 사는 이유가 부모가 좋은 교육 환경을 마련해주지 않아서, 훌륭한 외모를 물려주지 않아서, 충분한 경제적 지원을 해주지 않아서라고 핑계 댈 수 있다. 그 핑계가 맞을지도 모른다. 누구나 인생의 출발선은 같지 않기 때문이다. 그러나 중요한 것은 아무리 부모를 원망하고 핑계를 대도 인생에서 달라지는 것이 아무것도 없다는 사실이다.

누군가는 부모가 이 세상에 태어나게 해 준 것만으로도 감사하여 은혜의 빚을 져야 하냐고 반문할 수 있다. 그러면 나는 부모에 대한 은혜의 빚이 느껴지지 않는다면 자유로운 인생을 살면 된다고 말할 것이다. 그러나 부모에 대한 은혜의 빚이 느껴진다면 당연히 빚을 갚으며 살라고 말할 것이다.

부모가 자식에게 키워줬다며 보상을 바란다면 자식은 굳이 부모에게 은혜의 빚을 지지 않아도 된다. 자식은 부모에게 태어나게 해달라고 부탁한 적이 없기 때문이다. 그러나 지금 부모를 원망하고 있다면 책임 회피가 아닌지 생각해봐야 한다. 부모를 원망하는 마음 뒤에 아직 혼자 서는 것이 두려운 나 자신은 없는지 돌아봐야 한다. 세상을 살아갈 자신이 있다면 굳이 자기의 나약함을 드러내며 부모를 원망할 필요가 없다.

나도 한때 다른 사람의 교육 환경과 준수한 외모가 부러워 부모를 원망한 적이 있었다. 그러나 지금은 누구의 눈치도 안 보고 내가 번 돈으로 맛있는 음식도 사 먹고 여행도 다니며 행복하게 산다. 부모를 원망할 시간에 어떻게 하면 이 세상에서 살아남을지 고민하는 것이 더 건설적이다. 먹고 살 만한 자식은 부모를 원망할 일이 별로 없다.

부모로부터 좋은 교육을 받아 높은 지위에 올랐으며, 좋은 외모를 받아 먹고사는 데 도움이 되었고, 경제적 지원으로 다른 사람보다 더 쉽게 재산을 모았다면 더 이상 부모를 원망할 핑계를 찾지 말아야 한다. 부모를 원망할 핑계는 찾다 보면 끝이 없다.

가진 것이 정말로 자기 노력으로 얻은 것인지 아니면 부모덕에 얻은 것인지 돌아볼 필요가 있다. 자기 노력으로 얻은 것이라면 부모에 대한 은혜의 빚을 지지 않고 자유롭게 살면 그만이다. 그러나 부모덕에 얻은 것이라면 부모에 대한 은혜의 빚을 갚으며 살길 바란다. 누군가가 그렇게 부러워하는 대상이 지금 부모덕에 잘살고 있는 당신인지도 모른다. 부모를 원망하며 붙잡는 시간은 결국 '나'로 서는 시간을 미루고 있을 뿐이다. 결국 부모를 원망할 필요가 없다.

어머니에게 듣고 싶었던 그 한마디

내가 이 세상에 있다는 것은 나에게도 부모가 있다는 것이다. 내가 자식이 있다는 것은 나도 부모라는 것이다. 부모는 자식에게 어떤 사람이 되어야 하는가? 부모는 자식을 도와주지 못할망정 자식의 앞길을 막아서는 안 된다. 부모도 태어나 처음으로 부모를 해보는 것이므로 그 역할이 완벽하다고 할 수는 없다. 그러나 부모는 자식에게 최소한의 예의는 지켜야 한다.

얼마 전 공인중개사 사무실에 갔다가 TV를 보고 계시던 사모님과 얘기하게 되었다. 사모님은 한국에 참 훌륭한 사람들이 많다고 입을 여셨다. TV에는 한미 정상회담 때 국빈만찬에 독도새우를 올렸던 요리사에 관한 내용이 방송되고 있었다. 그 요리사는 성공적인 회담을 위해 음식을 고민하다가 한국의 상징이 되는 독도새우를 떠올렸다. 사모님의 이야기를 다 들어 보니 요리사가 여자였기 때문에 칭찬했던 것은 아닐까 하는 생각이 스쳤다.

사모님은 그 옛날 아들만 귀하게 여기는 집안에 태어나셨다. 어머니는 딸만 넷을 낳고 죄인 취급받으며 사셨다. 넷째로 태어난 사모님은 어렸을 때 집안의 염원을 담아 항상 머리를 짧게 깎고 다녔고 남자아이 옷만 입었다. 다행히도 사모님의 동생은 사내아이로 태어났다. 그제야 사모님의 어머님은 한숨을 놓고 살 수 있었다. 물론 밑으로 남동생이 생겼다고 사모님이 대접받았던 것은 아니었다. 집안은 대(代)를 이을 남동생에게 좋은 음식과 좋은 옷을 주었지만, 사모님에게는 초라한 밥상만 주었다.

당시 부모들은 아들에게는 교육을 많이 했지만, 딸에게는 초등학교를 나와 집안일만 돕기를 바랐다. 그러나 사모님은 생떼 쓰며 끝까지 고등학교에 다니셨다. 하루는 사모님이 학교에서 우등상을 받아 기쁜 마음으로 집에 왔다. 가족들이 우등상에 보고 기뻐할 줄 알았다. 그런데 할아버지, 할머니 그리고 부모님은 그 우등상을 멀뚱멀뚱 쳐다보며 아무 말도 하지 않았다. 사모님은 가족의 무덤덤한 반응에 마음의 상처를 받았다. 아직도 서운한 감정이 남아 있다고 했다.

세월이 흘러 형제자매는 모두 성인이 되었다. 나의 경험에 의하면 아들만 찾는 집안의 아들이 성공하는 경우는 잘 보지 못했다. 오냐오냐하며 컸던 아들이 뭐가 아쉽다고 스트레스받으며 열심히 살았겠는가? 부모가 때 되면 알아서 밥 먹여주고 옷 입혀줬을 텐데 말이다.

사모님은 아들을 낳기 위해 마음고생했던 어머니에게 같은 여자로서 연민의 정을 느꼈다. 그래서 시집오기 전에 번 돈을 모두 어머니에게 드리고 왔다. 어머니가 자기가 준 돈으로 고생했던 세월을 조금이나마 위로받았으면 하는 바람이었다.

결혼하고서도 사모님은 계속 일을 하셨다. 번 돈으로 어머니에게 집도 사주고 땅도 사주었다. 어머니가 돌아가실 때는 병시중까지 들었다. 그런데 어머니는 사모님이 준 재산을 사업하는 귀한 아들에게 모두 물려주었다. 그리고 어머니는 사모님에게 고맙다는 말 한마디 없었다. 사모님은 어머니가 돌아가시기 전에 자기에게 고맙다는 말 한마디 해주길 간절히 바랐다.

"집안 어른들이 아들만 바라셔서 너에게 소홀했다. 정말 미안하다. 그리고 고맙다." 그 말을 듣고 싶으셨다.

그러나 사모님의 어머니는 사모님에게 고맙다는 말도 없이 아들 걱정만 하다가 돌아가셨다. 그 이후 사모님은 어머니에 대해 서운함으로 화병이 나서 일주일간 병원에 입원하셨다. 사모님의 어머니는 아들만 자기 자식이고 딸은 남의 자식이라고 생각했었나 보다. 같이 있어도 서로 다른 곳만 바라보던 모녀의 관계는 죽음이라는 경계로 끝이 났다.

아쉬울 때는 딸을 찾지만, 행복할 때는 아들만 찾는 그런 부모가 아직도 있는지 궁금하다. 누구는 아들로 태어나고 싶어서 태어났고, 누구는 딸로 태어나고 싶어서 태어났나! 그냥 엄마의 뱃속에서 선택의 여지 없이 태어난 것뿐이다. 무슨 죄를 지었다고 고맙다는 말 한마디 듣지 못했을까!

세상이 많이 바뀌어 지금의 젊은 부모는 그렇지 않다. 그러나 여전히 아들만 찾는 옛날 부모도 존재한다. 그래서 부모는 부모일 뿐 부모라고 모두 성숙한 인격체는 아니다. 딸의 애정을 져버릴 만큼 어리석은 부모라면 그냥 양육자일 뿐이다. 딸의 애정은 당연하고, 아들의 애정은 고마운 선물이라고 생각하나 보다.

부모 재산 가져가는 자식이 따로 있고, 부모 걱정하는 자식이 따로 있단 말인가? 결국 부모가 중심을 잡고 자식들을 공평하게 대해야 한다. 어리석은 부모는 본전 생각과 이기심으로 자식 간에 분란紛亂만 일으킨다. 부모는 죽으면 끝이라지만 자식들은 서로 남보다도 못한 관계로 살아간다. 부모는 그것을 바란 것일까! 참! 어리석다.

자식을 단지 소유물로만 생각하는 부모는 마음에 드는 자식은 가슴에 품고, 그렇지 못한 자식은 가슴에서 지워버리려고 할 것이다. 그러나 모든 자식은 부모로부터 똑같은 사랑을 받고 싶어 한다. 그것도 모르고 부모가 되었다면 자식에게 아무것도 바라지 말아야 한다. 먹여주고 재워주고 입혀주어 부모에게 감사해야 한다고 말할 수도 있다. 그러나 자식은 태어나고 싶어서 태어난 것이 아니다. 부모가 낳았기 때문에 자식이 태어난 것이니 부모는 당연히 자식을 책임져야 한다.

태어난 것만으로 부모에게 감사하기에는 너무 살기 힘든 세상이다. 누군가는 고통의 세상에 태어나게 해 준 부모를 원망하고 있을지도 모른다. 부모가 자식을 낳고 키우는 과정에서 이미 자식은 부모에게 많은 기쁨을 주었다. 자식이 성장하는 것을 도와주지 못한다면 부모는 최소한 그들의 앞길을 막아서는 안 된다.

끝으로 사모님께 말씀드렸다.

"한 번 태어난 인생은 누구의 것도 아닌 오롯이 사모님 것입니다. 아무런 죄책감도 느끼지 말고 행복하게 사세요."

7.
가까이하기엔 너무 먼 당신

기분 나쁜 사람은 내 마음의 밭에 잠시 머문 바람일 뿐, 뿌리를 내리지 못한다. 바뀌지 않는 사람을 바꾸려 하는 것은 바람과 싸우는 것이다. 마음의 손해를 줄이는 방법은 바람을 붙잡지 않고 흘려보내는 것이다. 서로가 다른 세상에 산다는 사실을 인정하면 마음은 한결 자유로워지고 괴로움은 옅어진다.

기분 나쁘지만 미워할 필요 없는 사람

그 사람이 기분 나쁜 이유는 나의 선한 마음을 이용하여 자기 이익을 취했다는 생각이 들기 때문이다. 살다 보면 죽고 못 살 것 같아 붙어 다니다가도 어느 순간 멀어지는 사람들이 있다. 대부분은 멀어지면서 자연스럽게 잊힌다. 그러나 멀어졌는데도 생각만 하면 기분 나쁜 사람이 있다. 그때는 간도 쓸개도 다 내어 줄 것 같던 그 사람이 좋아 그에게 최선을 다했다.

다니던 회사가 무너지고 있을 때 갓 태어난 둘째 아이는 멀뚱멀뚱 나만 쳐다보고 있었다. 어떻게 해서든 대학교로 가야 하는 절박한 상황이었다. 그런데 이런 나의 절박함을 자기 이익을 위해 이용했던 사람이 있었다. 그 사람은 나에게 대학교로 갈 수 있다며 꿈과 희망을 심어 주었다. 그러나 세월이 지나고 보니 그는 간절한 소망이 담긴 나의 논문에 자기 이름을 얹고 싶었던 것은 아니었을까 하는 생각이 스친다.

학교에서는 외국 학회에 논문을 실어야 승진할 수 있었다. 회사원으로 삼십 대를 보낸 내가 영어를 잘할 리 만무했다. 우연히 알게 된 호주의 한 교수는 이런 나의 절박함을 자기 이익을 위해 이용하려고 했다. 그에게 논문을 같이 쓰자고 제안했더니 진행되는 상황을 보며 참여하겠다고 했다. 그러던 어느 날 내가 첫 번째 논문심사에서 '대폭 수정' 의견을 받아 연락했더니 그는 바쁘다고 말했다. 몇 달이 지나 두 번째 논문심사에서 '소폭 수정' 의견을 받아 연락했더니 그는 갑자기 적극적으로 도와주겠다고 했다. 다 된 밥에 숟가락만 얹으려는 그의 태도에 실망했다. 그때 처음 알았다. 기다리다 사라지는 사람보다 다 되어 갈 때 나타나는 사람이 내 마음을 더 다치게 한다는 것을.

학교에서 그 사람이 좋아 동아리에 가입했었다. 그 사람은 내가 낯선 환경에 적응할 수 있도록 도와주어 고맙다고 생각했다. 세월이 흘러보니 그 사람이 베푼 호의는 나를 그의 그늘에 가둬두려는 미끼였다는 생각이 든다. 지나고 보면 기분 나쁜 사람들이다.

그러나 다시 생각해 보면 그 사람이 꿈과 희망을 줘서 학교에 올 수 있었다. 그 사람이 외면했기에 혼자 힘으로 논문을 쓸 수 있었다. 그 사람이 호의를 베풀었기에 지금 잘살고 있다.

세월이 흐르면 환경도 변하고 생각도 변한다. 그때는 좋았던 것이 지금은 싫어질 수 있다. 그때는 싫었던 것이 지금은 좋아질 수도 있다. 그래서 지나간 것은 지나간 대로 그런 의미가 있다.

한때 그 사람이 내 마음을 사로잡을 수 있었던 것은 내가 그 사람을 좋아했기 때문이다. 그때는 그런대로 의미가 있었다. 내가 굳이 잘못한 것이 있다면 그때 그 사람을 좋아했다는 것이다. 그러니 인생이 송두리째 흔들릴 정도가 아니라면 마음이 상처받았다고 생각할 필요가 없다. 그때 그 사람을 만났기에 지금 내가 여기 있다고 생각하면 그 사람이 그렇게 기분 나쁜 것도 아니다.

손해 보지 않으려는 마음이 그 사람을 기분 나쁘게 생각한다. 그러나 나 역시 그 사람에게서 얻은 것이 있으니 그 사람을 미워할 필요가 없다. 자기가 잃은 것만 생각하면 세상 사람이 다 나쁜 사람으로 보인다. 그러나 자기가 얻은 것을 생각하면 세상 사람이 다 나쁜 것도 아니다. 그러니 굳이 기분을 나쁘게 해서 자기 마음만 손해 볼 필요는 없다. 기분 나쁜 사람은 나를 무너뜨린 사람이 아니라 나의 기대를 잠시 맡겼던 사람일 뿐이다.

각자의 세상에서 살아가기

사람들은 행동과 사고방식을 통해 자기만의 세상을 만든다. 그 사람이 바뀌기 어려운 이유는 자기 세상이 바뀌지 않아도 먹고살 만하기 때문이다. 사람은 자기 세상에 갇혀 살아도 문제가 없다면 절대로 바뀔 일이 없다. 거꾸로 말하면 사람은 죽음의 문턱까지 갔다 와야 비로소 바뀔 수 있다. 그래서 자기와 맞지 않는 누군가를 바꾸려 하는 것은 엄청난 시간 낭비이다.

바뀌지 않는 사람들에게는 또 하나의 특징이 있다. 그것은 주변에 공감충共感蟲이 많다는 사실이다. 자기 세상이 정당화되려면 자기의 행동과 사고방식을 인정해 줄 공감충이 필요한 것이다. 그래서 이런 사람들은 행동이나 사고방식이 다른 사람들을 철저히 배척하면서도 공감충에는 물심양면物心兩面으로 최선을 다한다.

살면서 예기치 않게 설득 불가의 사람들을 만난다. 그런 사람들은 친구가 없을 것 같지만 의외로 친구가 있다. 그들은 공감충이다. 사람이 바뀌려면 죽음의 문턱까지 갔다 와야 하며 공감충도 제거되어야 한다.

어떤 논쟁에서 이상한 누군가의 패거리에 의해 집단으로 부정당해 상처받은 일이 있다. 그 패거리는 분명 내가 맞고 정당한데도 내가 잘못했다고 몰아붙인다. 그러나 그런 패거리를 두려워할 필요는 없다. 이상한 누군가와 공감충은 이상한 세상에 갇혀 살 수밖에 없기 때문이다. 그들이 자기 세상 밖으로 나오면 다른 세상 사람들은 그들을 온전히 받아주지 않는다.

세상에는 좋은 놈, 나쁜 놈 그리고 이상한 놈이 있다. 나쁜 놈과 이상한 놈의 경계는 그들과 좋은 놈의 경계보다 희미하다. 나쁜 놈과 이상한 놈이 좋은 놈이 되려면 이상한 세상을 포기해야 한다. 그러나 그들이 먹고살 만하다면 이상한 세상을 포기하지 않을 것이다. 그래서 나쁜 놈과 이상한 놈을 만난다면 그냥 피하는 것이 상책上策이다. 세상에는 좋은 놈들도 많다. 그러나 좋은 놈들은 굳이 자기가 좋은 놈이라고 떠들지 않기에 세상에서 발견되기가 쉽지 않다. 반면에 나쁜 놈과 이상한 놈은 이상한 세상을 합리화하기 위해 계속 떠들어야 하니 세상에서 발견되기가 쉽다. 이것이 나쁜 놈과 이상한 놈을 더 자주 마주치는 이유이다.

바뀌지 않을 사람 때문에 괴로워할 필요가 없다. 서로 다른 세상에 사는 것뿐이니 그 괴로움의 칼끝이 자신을 향해서는 안 된다. 바뀌지 않을 사람은 그대로인데 자신만 망가진다면 그만큼 억울한 일도 없다. 세상은 넓고 나와 맞는 사람은 많다.

8.
사람을 만날 때는 마음에 백신

뜻밖의 호의도 세월이 지나면 권리로 둔갑하여 마음에 상처를 남긴다. 사람을 만날 때는 마음에 백신을 맞아 실망과 기대 사이의 충격을 줄여야 한다. 마음에 백신을 맞으면 세상 모든 얼굴이 꽃으로 보인다. 기대와 욕망을 내려놓은 만남이 진정한 자유와 평안을 선물할 것이다.

무늬만 친척인 사람들

몇 해 전부터 알게 된 무늬만 친척인 사람들이 있다. 더는 만나지 않기로 했다. 만나면 기분만 상하고 소중한 시간을 왜 그들과 함께해야 하는지 의문만 생긴다. 평상시 정말 연락할 일이 없는 모르는 사람들이다.

매년 추석이 다가오면 아버지를 따라 벌초伐草하러 다녔다. 산소가 이 산山 저 산에 흩어져 있어서 어느 산소가 조상의 산소인지 헷갈렸다. 그러나 아버지는 어렸을 때부터 할아버지와 벌초하러 다니셔서 풀숲을 헤치고 잘도 찾아내셨다.

아버지는 산소가 있는 여러 산 중 유독 그 산에 나를 꼭 데려가셨다. 그 산은 아버지 명의로 되어 있었다. 그 산은 금강 물줄기에 맞닿아 상수도보호를 위해 개발이 제한되어 있다. 또한 그 산은 대부분 무덤으로 덮여 있어서 금전적 가치가 별로 없다. 내가 서울에서 직장 생활할 때는 오기 힘들다며 아버지 혼자 벌초하러 다니셨다. 지방으로 내려오니 벌초하러 갈 때마다 나를 부르셨다. 벌초하러 가면 족보상으로만 친척인 사람들을 만난다. 아버지 명의로 된 그 산은 당연히 할아버지가 주셨다. 그 산에는 많은 무덤이 있는데 무덤 주인이 모두 직계直系 조상은 아니다.

시골은 같은 성씨姓氏들이 모여 사는 집성촌이어서 동네 사람들은 모두 먼 친척이었다. 할아버지는 종중宗中 일에 깊이 관여하셔서 무슨 일만 생기면 사람들이 달려왔다. 그래서 어렸을 때 할아버지 댁에 놀러 가보면 항상 방마다 사람들이 북적거렸다. 할머니는 찾아온 손님에게 음식을 대접하느라 바쁘셨다. 한쪽 방에는 마작麻雀을 즐기는 사람들이 있었고, 다른 방에는 음식을 먹는 사람들이 있었다. 또 다른 방에는 잠자는 사람들이 있었다. 할아버지는 언제나 사람들에게 넉넉하게 베푸셨다.

세월이 흘러 사람들은 그들의 부모님이 돌아가시자 다시 할아버지를 찾기 시작했다. 사람들은 부모님을 모실 묏자리가 없어 할아버지에게 도움을 청했다. 인심 좋은 할아버지는 선대先代로부터 물려받은 산에 동네 사람들이 묏자리를 쓸 수 있도록 허락하셨다. 그렇게 그 산은 동네 사람들의 묏자리로 채워졌다. 사람들은 할아버지의 호의好意에 보답하기 위해 명절만 되면 우리 조상의 산소까지 벌초해 주었다. 또한 농사지어 수확한 과일이나 쌀도 주었다.

또 세월이 흘러 그때의 동네 사람들은 사라졌고 이제 그 후손들만이 산소를 찾는다. 그 후손들은 여전히 아버지와 알음알음이 있다. 그러나 동네 사람들이 많이 돌아가셔서 그 후손들 간에는 잘 모르는 사이가 되었다. 그 후손들은 명절만 되면 벌초하기 위해 할아버지 아니 아버지의 산을 찾는다. 몇 대代 위에서 갈라진 후손들인지는 모르겠다. 그러나 한동안 같은 핏줄이라는 이유로 반갑게 인사했었다. 문제는 이 후손들이 더는 그들의 할아버지와 우리 할아버지와의 관계를 모른다는 사실이다. 할아버지가 살아계셨을 때는 사람들이 우리 조상의 산소도 벌초해 주었다. 그러나 그 후손들은 그것을 알 리 없다. 그 산에는 직계 조상의 산소가 하나밖에 없어서 우리가 직접 벌초해도 된다. 그들에게 서운한 것은 아버지 명의의 산을 종중산이라고 생각하여 그 산을 종중에 반환해야 한다고 주장하는 것이다.

어떤 만둣가게 이야기가 생각난다. 주인은 노숙자들이 배고파하는 것을 안타까워하여 그들에게 만두를 나눠주기 시작했다. 처음에는 노숙자들이 주인을 천사라고 칭하며 진심으로 고마워했다. 시간이 흐르자 그들은 무료로 나눠주는 만두를 너무나 당연한 그들의 권리로 착각하였다. 또한 주인에게 만두가 질리고 맛없다며 다른 것도 줄 것을 요구하였다. 그러던 어느

　　　　오십이 넘으면 세상이 보이는 이유

날 주인이 병이 나서 며칠간 가게 문을 닫게 되었다. 배가 고픈 노숙자들은 주인을 찾아와 만두를 줄 수 없으면 돈이라도 달라며 생떼를 부렸다. 인간의 욕심은 정말 끝이 없다.

반평생을 살면서 사람들의 마음이 내 맘 같지 않다는 것을 자주 느낀다. 좋은 뜻으로 시작한 일에 마음의 상처를 받는다면 다시는 그 일을 하지 않는다. 나이가 들수록 사람들로부터 받는 마음의 상처는 더 아물지 않는다. 아니, 아물 시간이 별로 없다. 처음부터 마음의 상처를 받지 않으려고 아예 문을 닫아버린다.

작년 명절부터 아버지는 부쩍 다른 문중의 태도에 화를 내셨다. 아버지는 간암 수술을 받으셨다. 무늬만 친척인 그들 중 누구도 병문안을 오지 않았다. 나는 그런 사람들은 친척도 아닌 전혀 모르는 남이라고 말씀드렸다. 그러나 그들은 아버지에게 어린 시절 추억을 더듬어 볼 수 있는 유일한 실마리이다. 그리고 할아버지의 배려가 묻어 있는 사람들이다. 아버지는 그들을 외면하지 못하고 끙끙 앓기만 하셨다. 그들이 아버지의 산을 종중산이라고 주장할 때마다 아버지는 읍사무소에 가서 증명 서류를 발급하셨다. 그 상황이 너무 답답해서 나는 그들을 만나지 않기로 했다.

살아보니 무늬만 친척인 사람들은 내 인생에 의미가 없다. 여전히 부모님은 그들이 같은 조상 아래 맺어진 형제라며 소중히 대하라고 하신다. 그러나 내가 살아가는 동안 그들과 교류할 일이 없을 것 같다. 내 아이들은 더욱

더 없을 것 같다. 오히려 이웃사촌이 인생의 고민과 행복을 공유하는 데 더 도움이 된다. 나이가 들수록 의미 없는 일에 인생을 허비하고 싶지 않다. 이런 생각이 맞는 걸까 의문을 가지면서도 세월은 내게 원하는 대로 살라고 말한다. 하기 싫고 귀찮은 일은 무조건 피하라는 뜻이 아니다. 남은 인생이 짧아질수록 황금 같은 시간을 공유할 사람들이 더 명확해질 뿐이다.

인생에서 친척은 세 가지 종류가 있다. 첫 번째 친척은 서류상으로만 친척인 사람들이다. 살면서 만난 적도 없고 만날 일도 없는 화석 같은 사람들이다. 그나마 이런 사람들은 화석처럼 내 인생에 그냥 박혀 있기만 하다. 두 번째 친척은 인생을 간섭만 할 뿐 도움을 주지 않는 친척이다. 친척이라는 이름으로 빼앗을 것만 호시탐탐虎視眈眈 노리는 사람들이다. 나에게 얻을 것이 없다고 느끼면 금방 등 돌릴 사람들이다. 세 번째 친척은 서류에 있든 없든 인생의 소중한 기억을 공유한 사람들이다. 인생의 유한한 본질을 깨닫고 서로를 위로하며 아껴주는 사람들이다. 잠시라도 시야에서 사라지면 서로를 걱정하는 사람들, 그 모두가 친척이 아니던가! 종족 번식으로 맺어진 친척보다 나를 소중히 여기는 사람들과 인생을 공유하고 싶다.

서류상 친척이라는 이유로 말을 함부로 내뱉어 마음에 생채기를 내놓는다. 다 잘되라고 하는 말이라며 그것을 아무렇지도 않게 덮어 버린다. 친척이니 그렇게 해도 될 거라며 남들보다 더 못한 대우를 한다. 인생에서 가슴에 품을 수 있는 사람만이 친척이라고 생각한다. 어리석은 사람들과 시간을 공유하는 것이 인생에서 가장 어리석은 짓이다. 인생이 방향을 잃고 헤맬 때 비로소 등대 같은 사람들을 만난다. 그 사람들이야말로 내 인생에서 품을 수 있는 진정한 가족 아닐까?

기대가 머문 자리

사람을 만날 때 힘을 빼야 하는 이유는 마음에 상처를 입지 않기 위해서이다. 사람들은 각자의 경험과 지식을 바탕으로 서로를 평가한다. 그래서 자기의 상대방에 대한 평가가 상대방의 자기에 대한 평가와 같지 않다. 사람들은 이렇게 서로 다른 평가를 확인할 때 사람에게 실망한다.

힘을 뺀다는 것은 경험과 지식을 바탕으로 만들어진 사람에 대한 선입견을 배제한다는 것이다. 즉 자기가 상대방을 만날 때 상대방이 자기에 대해 반응할 두 가지 가능성을 고려해야 한다. 자기는 상대방을 좋아하거나 싫어할 것이며, 상대방도 마찬가지일 것이다. 그 마음이 겉으로 드러나느냐 그렇지 않으냐의 문제일 뿐이다.

시간이 되어 오랜만에 친구에게 전화하였다. 친구는 나의 전화를 반기며 만나자고 하였다. 며칠 후 친구를 만나 식사하였다. 그런데 친구가 무언가에 쫓기는지 식사를 하는 둥 마는 둥 하여 내가 불편했다. 너무 바쁜 친구를 억지로 불러냈나 하는 생각이 들었다. 친구가 나의 전화에 마지못해 만나자고 한 것은 아닌지 걱정되었다. 순수한 마음으로 만났지만, 친구는 내가 먹고살 만하다며 자랑하러 왔다고 생각하는 것은 아닌지 걱정되었다.

'그래! 내가 싫었다면 처음부터 만나자고 안 했을 거야.'

이렇게 생각하면서도 바빠 보이는 친구를 괜히 불러낸 것 같아 미안했다. 나는 나의 경험과 지식으로 친구의 말투와 행동을 감시하고 있었다. 나를 환대하지 않을까 봐 조바심을 내고 있었나 보다. 그러나 설사 내 마음의 소리가 맞는다 해도 친구를 만나 기뻤다면 그만이라며 이상한 생각을 떨쳐 버렸다.

사람에게 너무 기대하면 실망할 수 있다. 딸은 순수한 마음으로 엄마를 만나 식사하였다. 그러나 한편으로 딸은 엄마가 재산 때문에 만나러 왔다고 생각할까 봐 불안하였다. 반대로 엄마는 순수한 마음으로 딸을 만나 식사하였다. 그러나 한편으로 엄마는 딸이 재산 때문에 만나러 온 것은 아닐까 걱정하였다. 이렇게 만남은 서로 다른 시각으로 해석되어 서로 다른 추측으로 끝날 수 있다. 그렇게 내린 추측이 맞는다는 합리적 근거에 도달하면 그때부터 마음에 상처받는다.

사람을 만날 때는 힘을 빼고 만나야 한다. 설사 상대방이 자기를 부정적으로 평가한다고 생각해도 상처받지 않으려면 상대방을 긍정적으로 평가해야 한다. 그리고 상대방의 부정적인 평가가 확인되었어도 미리 그럴 수도 있다는 백신을 맞았다면 그 충격은 덜할 것이다.

사실 사람을 만날 때 힘을 빼기는 쉽지 않다. 사람에 대한 기대와 편견은 무의식적으로 머릿속을 지배한다. 그러나 세월은 사람을 만날 때 힘을 빼는 방법을 알려주었다. 그것은 상대방이 '나를 마음대로 생각해도 돼.'라는 포기 아닌 자신감이다. 그 자신감은 기대와 욕망을 저버린 대가로 얻은 마음의 평안이다. 어쩌면 상대방의 시선에 휘둘리지 않고 나를 사랑하는 마음일지도 모른다. 상대방이 죽을 때까지 어리석음에 갇혀 살든지 말든지 내가 상대방을 편안하게 생각하면 된다. 그렇게 해야 사람을 마주하는 데 주저함이 줄어든다. 그리고 세상 모든 것이 아름답게 보일 것이다.

9.
혼자 있기로 한 결심

고요 속에 비친 외로움은 자유의 그림자를 품고 있다. 자유로운 고독은 다른 사람의 영역을 침범하지 않으면서 동시에 나를 지키는 울타리가 된다. 혼자 있는 시간은 세상을 닫아버린 것이 아니라 스스로 마음을 열어 새로운 세상을 보는 것이다. 결국 인생은 혼자 책임지는 법을 배울 때 외롭지 않고 자유롭게 된다.

외로움이 품은 자유의 희열

외로움이 착각인 이유는 외로움 뒤에 언제나 자유가 있기 때문이다. 우리는 외로움을 자유라고 불러도 되는데 외로움이라고만 외친다. 외로움은 외로운 감정뿐만 아니라 자유의 희열도 갖고 있다. 따라서 우리는 우리가 느끼고 싶은 대로 외로움을 다른 이름으로 부를 수 있다.

세월이 흐를수록 혼자면 좋고 함께 하면 더 좋은 것뿐이다. 혼자라고 외로워해야 한다는 연약한 생각은 버려야 한다. 외로움은 스스로 만들어낸 마음속의 허상이다. 외로움은 스스로 만든 기준으로 판단하는 사고의 착각이다. 외로움은 온전히 하나의 감정으로만 구성된 것이 아니다.

우리는 혼자여도 즐겁게 사는 사람들을 본다. 그러나 저 사람도 겉으로만 씩씩해 보이지 나처럼 외로울 거로 의심한다. 그러나 그 사람이 정말로 혼자여도 외롭지 않다면 우리는 당황스러울 것이다.

TV 프로그램 〈나는 자연인이다〉의 진행자 이승윤은 자연인들에게 혼자 살면 언제가 가장 불편하냐고 물었다. 그러자 자연인들은 불편하지 않은데 왜 자꾸 언제 불편하냐고 묻느냐고 반문했다. 그 이후 이승윤은 자연인에게 혼자 살면 언제가 가장 행복하냐고 물었다.

누구나 자기 경험으로 세상을 바라보려 하고 자기 경험이 맞는다고 생각한다. 회사생활을 하면서 누군가의 줄에 서지 않으면 조직에서 밀려나고 외로워질 거로 생각했다. 그래서 항상 누군가의 세상에서 불편함을 감수하며 머물렀었다. 세월이 흐르니 외로움을 이기기 위해 억지로 누군가의 줄에 서고 싶지 않다. 혼자일 때 마음은 잠깐 외롭다는 발작을 일으키지만 이내 자유의 희열로 가득해진다. 세월은 외로움의 뒤를 볼 수 있는 혜안慧眼을 주었다.

우리는 외롭지 않기 위해 인간관계를 형성한다. 그러나 외로움을 달래는 대가로 자기 자신을 잃는지도 모른다. 그래서 복잡한 인간관계에서 마음대로 살지 못하는 자기 자신을 보며 공허함에 빠질 수 있다.

외로움을 버려 공허함을 얻은 것은 자업자득自業自得이다. 나이가 들어도 외로움이 두려워 줄을 서는 사람들을 본다. 어쩌면 그것도 그 사람의 선택이다. 인간관계를 통해 외로움과 공허함을 모두 버리는 것은 욕심이다. 그러나 외로움을 달리 생각하면 자유를 얻고 공허함을 버릴 수 있다.

프랑스 철학자 몽테뉴는 『수상록』에서 "우리는 죽음 앞에 평등하다."라고 했다. 오래 살든 일찍 죽든 죽으면 다 똑같다. 행복도 불행도 먼지와 같은 순간일 뿐이다. 이런 짧은 인생에서 불행에 사로잡혀 시간을 허비하는 것은 정말 바보 같은 짓이다.

나는 혼자인 사람들에게 묻는다. "언제 가장 외롭냐?"가 아니라 "언제 가장 행복하나?"라고 말이다. 그러면 혼자인 사람은 "혼자여서 외롭다."가 아니라 "혼자여서 행복하다."라고 대답하기를 바란다. 세상은 바꿀 수 없어도 우리의 마음은 바꿀 수 있다. 외로움은 피해야 할 감정이 아니라 누려야 할 감정인지도 모른다.

혼자 있어도 외롭지 않은 이유

혼자가 좋은 이유는 인간관계에서 다른 사람이 그어 놓은 선을 넘을 필요가 없기 때문이다. 선을 넘는다는 것은 친해지고 싶어서가 아니라 혼자 설 힘이 없어 타인의 인생에 기대려는 태도다. 흔히 인생은 혼자라는 말이 있다. 그러나 정말로 인생을 고독하게 혼자 살라는 뜻은 아니다. 오롯이 인생을 혼자 책임질 수 있을 때 사람이 모이고 외롭지 않게 된다는 것이다.

인간은 어떤 것에도 구속되지 않고 자유롭게 살고 싶어 한다. 그러나 인간은 사회적 동물이라 사회적 관계를 맺지 않으면 외로워진다. 우리는 자유와 외로움 사이에서 절충점을 찾다가 인간관계의 어려움을 마주한다. 인간관계에서 너무 자유롭게 살면 사람들과 멀어져 외로워진다. 너무 의지해서 살면 다른 사람들에게 구속되어 자유가 사라진다.

마음의 자유를 얻으면서도 외롭지 않으려면 인생을 혼자 책임지는 자세가 필요하다. 나와 다른 사람은 삶의 영역이 서로 다르지만 인간관계를 위해 서로 배려해야 한다. 외롭지 않으려면 삶의 영역 일부를 다른 사람에게 내어주어야 한다. 자유로워지려면 다른 사람에게 넘어올 수 없는 삶의 영역을 알려주어야 한다. 노력을 통해 어느 정도는 자유로워질 수 있고, 어느 정도는 외롭지 않을 수 있는 것이다. 그러나 간혹 선을 넘어 인간관계를 불편하게 하는 사람을 본다. 그런 사람은 자기 인생을 다른 사람의 인생에 의지하려고 삶의 영역을 침범한다.

인생을 혼자 책임지지 않는 사람은 혼자 있을 힘이 없다. 그래서 항상 누군가와 함께 있어야 안정감을 느낀다. 이런 사람은 처음에 상대방의 호의를 얻기 위해 매우 친절하고 심지어 부담스러운 배려까지 한다. 만날 때마다 선물을 주고 지나친 안부로 카톡에 불을 낸다. 상대방은 처음에 이런 사람을 고마워하며 좋은 사람이라고 생각한다. 그러나 이런 사람은 어느 순간 상대방의 삶에 깊숙이 파고들어 불편하게 한다. 상대방은 서서히 거리를 두며 멀어지기로 결심한다. 상대방은 외로움을 해결하기 위해 인생의 자유를 포기할 생각이 없다. 그러나 혼자 있지 못하는 사람은 상대방에게 더 잘해주지 못해 자기를 피한다고 생각한다. 이런 생각이 깊어질수록 상대방에게 더 집착한다. 결국 인간관계가 끊어지면 혼자 있지 못하는 사람은 상대방을 배려했는데 자기를 밀어냈다며 나쁜 사람으로 몰아간다. 그렇게 해야 인생을 의지하고 싶은 욕심을 착한 사람의 심성으로 포장할 수 있다. 그리고 마음의 균형을 유지할 수 있다.

혼자 있을 수 있는 사람은 굳이 상대방이 그어 놓은 삶의 영역에 들어갈 이유가 없다. 이런 사람은 혼자 있어도 좋고 같이 있으면 더 좋은 것뿐이다. 따라서 오는 사람 막지 않고 가는 사람 잡지 않는다. 이런 사람이 설정해 놓은 인간관계는 서로의 영역을 침범하지 않으면서 사람들이 자유롭게 놀다 갈 수 있는 놀이터가 된다. 그래서 혼자 있을 수 있는 고독력孤獨力은 인생을 외롭지 않으면서 자유롭게 만든다.

어차피 인생은 혼자다. 무리 지어 다니는 사람들이 행복해 보인다면 혼자인 나를 불행하게 만드는 어리석은 생각이다. 시간이 지나면 사람들의 생각도 바뀌고 인간관계도 바뀐다. 세상에는 영원한 것이 없고 인간관계도 그러하다.

혼자 있을 수 있는 사람은 시간이 지나면서 오고 가는 사람들 속에서 인생의 자유를 만끽할 것이다. 그러나 혼자 있을 수 없는 사람은 시간이 지나면서 사람에 집착하고 떠나는 사람에게 상처받아 외로워진다. 인생을 혼자 책임질 자세로 살면 외롭지 않고 자유로울 수 있다. 혼자 있는 것이 외롭고 불안하다면 사람들이 편안하게 들락거릴 수 있는 관계의 놀이터를 만들어야 한다. 그러나 그 놀이터에는 집착이 없어야 한다. 집착이 들어오는 순간 놀이터는 감옥이 된다.

10.
슬기로운 직장 생활

직장에서 진정한 생존은 생계를 지키는 것이 아니라 존엄을 지키는 것이다. 직장은 친구를 찾는 곳이 아니라 길을 닦는 터전일 뿐이다. 남에게 엄격하고 자신에게 관대한 자는 권력의 허상에 불과하다. 결국 자신을 지키는 힘은 자신을 마주하며 존중하고 삶의 길을 스스로 개척하는 태도에서 나온다.

직장에서 주눅 들면 안 되는 이유

직장 생활에서 주눅 들면 안 되는 이유는 위선자僞善者의 호구虎口가 되지 않기 위해서이다. 위선자는 상사일 수도 있고 동료일 수도 있다. 심지어 부하직원일 수도 있다. 직장 생활을 하면서 생계가 볼모로 잡혀 호구가 되는 사람들을 본다. 직장에 얼마나 갑질이 만연하면 '직장 내 괴롭힘 금지법'이 생겼겠는가! 그러나 법이 있어도 여전히 호구로 살아가는 사람들이 있다. 위선자는 호구인 사람을 정신적으로 지배하여 그러한 법조차 무용지물無用

之物로 만든다. 몇몇 사람의 비열함으로 인해 우리의 하루가 쓰러져서는 안
될 것이다.

그렇다면 왜 사람들은 호구가 되는 것일까? 흔히 호구가 되는 사람들은
마음이 약하고 착하기 때문이라고 말한다. 그러나 그것이 호구가 될 수밖
에 없는 정당한 사유가 되지는 못한다. 오히려 패배자의 변명처럼 들린다.

상사의 은연중에 떠보는 기분 나쁜 말들 심지어 무례해 보이는 행동을
참고 지내는가! 상처가 되는 말들과 행동을 참아서 무엇을 얻었는가! 노력
해서 들어간 직장이다. 몇몇 쓰레기들 때문에 하루하루 인생이 고달파서야
하겠는가!

위선자는 아무나 호구로 만들지 못한다. 그들은 비겁하게도 자기보다 약
해 보이는 사람을 호구로 만든다. 먼저 체구가 작은 사람이다. 위선자는 그
런 사람을 함부로 대해도 문제없다는 믿음을 갖고 있다. 두 번째로 목소리
가 작은 사람이다. 위선자는 목소리에 자신감이 없는 사람을 호구의 먹잇
감으로 점찍는다. 세 번째로 배경이 좋지 못한 사람이다. 위선자는 도와주
는 척하며 접근하여 그 사람의 위세威勢가 어느 정도인지 간을 본다. 그 사
람이 별 볼 일 없다고 판단하면 호구로 길들이려고 큰소리로 협박한다. 넷
째로 어떤 분야에서도 존재감이 없는 사람이다. 어떤 사람이 특정 분야에
독보적인 존재감이 있다면 위선자는 그 사람을 함부로 대하지 못한다. 존
재감이 있다는 사실은 주변에 지지하는 사람들이 많다는 뜻이다. 위선자는

결국 '반격하지 않을 사람'을 냄새로 알아본다.

직장에서 위선자에게 주눅 드는 이유는 위선자의 행패로 생계유지에 문제가 생길까 봐 두려워서이다. 직장을 그만두었을 때 어떻게 생계를 이어갈지에 대한 막막함과 가족들이 겪게 될 고통을 생각하면 차라리 호구로 지내는 것이 낫다고 생각했을 것이다. 여전히 부조리不條理한 일들이 많지만, 한국의 조직문화는 엄청난 속도로 성숙했다. 예전에는 위선자들이 만만한 사람을 호구로 만들어 마음대로 이용하고 마음에 들지 않으면 해고할 수 있었는지도 모른다. 그러나 지금은 세상이 바뀌어 공식적인 절차가 아니면 함부로 다른 사람을 해코지할 수 없다.

호구가 되지 않으려면 일단 어깨를 펴고 눈을 부릅뜨며 말해야 한다. 어차피 위선자도 직장에서나 어려운 관계이지 직장을 떠나면 서로 남남이다. 그런 위선자의 말과 행동에 인생이 휘둘려서는 안 된다. 그리고 위선자도 자세히 살펴보면 강자에게 약하고 약자에게만 군림하는 겁쟁이이다. 생계가 걱정되어 주눅 든 모습은 위선자에게 호구의 먹잇감으로 보일 뿐이다. 위선자의 진짜 모습은 생각보다 강하지 않다는 것을 믿어야 한다. 위선자에게 지배되어 호구의 굴레를 벗어나지 못하면 끝없는 패배의 늪에 빠진다. 호구로 얻을 수 있는 것은 그저 생계를 유지할 수 있다는 나약한 안도뿐이다.

위선자가 당신을 함부로 대한다면 싸움도 마다하지 않아야 한다. 여기서 말하는 싸움은 주먹이 아니라 침묵하지 않는 태도이다. 그래야 위선자는 당신을 함부로 대하지 못한다. 그리고 당신을 정신적으로 지배할 수 없다는 사실을 깨닫게 된다. 더 나아가 위선자는 자기가 가는 길에 방해된다고 생각하여 어쩌면 당신을 존중하며 피할 것이다.

증권회사에 다닐 때 한없이 강해 보이던 임원이 한낱 동네 아저씨였다는 사실을 목격하였다. 그날 금융상품으로 손해 본 고객들이 본사 건물에 쳐들어왔다. 직원들이 막으려고 노력했지만, 속수무책으로 뚫렸다. 상무는 고객들의 손에 이끌려 회사 로비로 나왔다. 고객들은 상무에게 이 상황을 어떻게 해결할 것인지 물었다. 그는 멋진 구레나룻을 길렀고 비싼 양복을 입었으며 언제나 낮은 목소리로 엄하게 말했다. 그런 그가 고객들 앞에서는 그냥 모깃소리나 내는 초라한 동네 아저씨였다. 그 일이 있고 난 후 직장에서 생계를 걱정하며 주눅 드는 것보다 직장에서 당당히 벗어날 방법을 찾는 것이 인생에 더 이롭다는 것을 깨달았다.

어느 곳이든 위선자는 있게 마련이고 언제나 인생에는 위기가 닥친다. 어려운 현실에 주눅 들어도 해결되는 것은 아무것도 없다. 어차피 직장은 떠나면 그만이고 언젠가 떠날 수밖에 없다. 가끔 직장 생활의 고통에서 벗어나려고 삶을 놓는 사람들을 본다. 죽음만이 호구의 굴레에서 벗어날 수 있다면 차라리 살아 있을 때 두려움을 누르고 현실에 맞서 싸우는 것이 낫지 않았을까? 결국 인생의 위기는 삶의 선택으로 달라진다.

직장의 모든 일이 직장을 떠나면 나와는 상관없는 일이 된다. 기쁨도 슬픔도 그리고 고통도 무심히 흘려보낸 영화의 한 장면처럼 지나간다. 어차피 언젠가 떠나게 될 직장이 내가 주눅 들어 산다고 나를 봐주거나 붙잡지 않는다. 그러니 어깨 펴고 당당하게 말해도 아무런 일도 일어나지 않는다. 그래서 더욱더 직장 생활에서 주눅 들어 살면 안 된다. 그것이 직장으로부터 나를 보호하는 유일한 길이다. 월급을 받는 대가로 존엄까지 맡기는 것은 너무 어리석은 일이다.

직장에 친구가 없는 이유

직장에 친구가 없는 이유는 직장이 친구를 만드는 곳이 아니기 때문이다. 직장은 돈을 벌기 위해 경쟁하는 곳이다. 친구는 서로를 공감하고 배려하며 위로하는 사람이다. 따라서 직장 동료는 친구가 되기 어렵다. 그래서 직장에 친구가 없다고 걱정할 필요는 없다.

직장에서 따돌림당하는 경우는 대개 두 가지 경우라고 생각한다. 첫째는 자기 능력이 출중하여 다른 사람의 생존을 위협할 때이다. 직장 동료는 살아남기 위해 처절한 몸부림을 친다. 그들은 누군가가 자기 발밑에 밟혀서 자기를 돋보여주길 바란다. 그들은 누군가를 발밑에 둠으로써 꼴찌가 아니라는 안도를 느낀다. 그런데 능력이 출중한 사람이 나타나면 발밑에 두질 못하니 공공의 적으로 만들어 밀어내는 것이다. 둘째는 자기 생각과 행동

     오십이 넘으면 세상이 보이는 이유

이 사람들의 무리에 길들지 않을 때이다. 사람들은 부족한 능력에서 오는 불안감을 숨기려 무리 속으로 들어간다. 소신 발언이나 돌출행동을 하는 사람은 무리 속에 숨어 지내는 사람들에게 공공의 적이 된다. 따라서 무리에 길들지 않는 사람은 발밑에 둘 수 없으니 차라리 쓰레기로 만들어 버리는 것이다. 그러나 따돌림은 홀로서기의 기회인지도 모른다.

자기를 따돌리는 사람들을 대하는 방법은 두 가지가 있다. 하나는 그들과 맞서 싸우는 것이다. 즉 능력을 키워 그들이 시비 걸지 못하게 뛰어난 업적을 만들거나 더 좋은 회사로 이직하는 것이다. 또 다른 방법은 그들의 무리에서 자기를 속이고 숨죽이며 사는 것이다. 숨죽이며 산다는 것은 그들과 이해를 같이 한다는 것이지 친구가 된다는 뜻은 아니다.

시기와 질투로 연명하는 겁쟁이들은 위협이 되는 사람과 혼자 싸울 수 없으니 자꾸 무리를 만든다. 그리고 무리를 유지하기 위해 아부하며 거짓 인생을 산다. 따라서 직장에 친구가 없거나 따돌림을 당한다면 능력자이거나 조직이 감당하지 못하는 사람일 수 있다. 그러나 조직이 감당하지 못하는 사람보다는 능력자가 되길 바란다.

직장 생활에서 어려운 일이 닥치면 직장 동료를 동생, 형, 오빠, 삼촌 심지어 아버지라고 생각하며 의지하고 싶을 것이다. 운이 좋으면 정말로 친구 같은 동료를 만날 수 있다. 그러나 그들 대부분은 돈을 벌기 위해 만난 경쟁자이다. 그래서 그들에게 의지했다가 돌아오는 것은 배신감과 마음의 상처뿐이다.

직장은 그냥 정글이며 살아남는 임무만 주어진 곳이다. 그런데 친구가 없어 외롭다고 느끼면 직장을 잘못 이해한 것이다. 직장에서 외로움을 느낀다면 직장에서 번 돈으로 친구나 가족과 즐겁게 지내면 된다.

직장에서 누군가가 당신을 이상한 사람으로 몰아붙이고 누르려고 한다면 '겁쟁이가 자기 죽을까 봐 겁나 나를 두려워하는구나.'라고 생각하면 된다. 정말 뛰어난 사람은 다른 사람을 깎아내리거나 누르지 않아도 빛이 난다. 직장에는 당연히 친구가 없는 것이니 외로워하거나 슬퍼할 필요가 없다. 그건 관계의 실패가 아니라 기대의 착오이다. 그저 돈이나 많이 벌어 자기 행복을 찾으면 그만이다.

자기에게 관대하고 남에게 엄격한 이유

자기에게 관대하고 남에게 엄격한 이유는 부족한 내면을 당당히 마주할 자신이 없고 남에게 들키고 싶지 않기 때문이다. 그래서 남에게 엄격하여 못난 자기 내면을 회피하고 감추는 것이다.

어렸을 때는 나에게 엄격한 사람들이 나의 스승이라고 믿었다. 그래서 나는 그들이 원하는 기준에 맞추려고 노력했다. 그들이 나를 흡족하게 여기면 나는 한 단계 더 성장한 것이라고 믿었다. 그러나 세월이 갈수록 그들에게서 자신에게 관대하고 남에게 엄격한 이중 잣대의 모습을 발견한다. 그들이 그렇게 이중 잣대를 들이댈 수 있었던 것은 그들에게 작은 권력이 있었기 때문이다. 그 권력은 남에게만 엄격하고 자기에게는 관대할 수 있는 재량이다.

그들은 학생들에게 열심히 공부하라고 말한다. 흘린 땀은 반드시 보상을 가져올 거라고 말한다. 그러나 정작 그들은 자기 자식을 뒷구멍으로 대학교에 들여보낸다. 그들은 교육자는 연구보다 교육이 먼저라고 피를 토하며 외친다. 그러나 정작 그들은 변변한 논문 하나 없으면서 외유성外遊星 학회에는 반드시 참석한다. 그들은 다른 사람이 잠 못 자고 만들어 온 보고서가 형편없다며 지적질만 한다. 그러나 정작 그들은 제대로 된 보고서 하나 만들 능력이 없다.

똥 묻은 개가 겨 묻은 개를 보고 뭐라고 한다. 그런데 가끔 세상은 똥 묻은 개에게 눈먼 권력을 준다. 그러나 똥이 묻어 있는 권력은 그리 오래가지 못한다. 권력은 똥을 감춰주지 않는다. 오히려 냄새를 더 멀리 퍼뜨릴 뿐이다.

나는 사람은 변하지 않는다는 말에 동의한다. 자신에게 관대하고 남에게 엄격한 사람은 살면서 반드시 피해야 할 사람 중 하나이다. 다행히 세상에는 이런 사람들만 있는 것은 아니다. 그래서 세상이 잠시 정신을 잃어도 결국 제대로 갈 길을 간다.

11.
무너지지 않기로 한 선택

결혼을 한다는 것은 콩깍지가 씐 상태에서 감행하는 선택이다. 강해진다는 것은 무너뜨리는 선택이 아니라 무너지지 않을 선택이다. 자기 인생을 산다는 것은 유혹을 거부한 단단한 선택이다. 남의 인생을 대신 살아주는 대가로 얻는 것은 작은 안도일 뿐 진정한 행복은 아니다. 결국 삶을 지켜내는 선택은 시간이 지나도 후회의 그늘에 가려지지 않는다.

결혼은 능력이 아니라 성숙한 선택

결혼을 못 하는 이유를 능력으로 규정하는 순간 결혼을 선택할 다른 이유가 사라진다. 반면에 능력이 있어도 결혼을 못 하는 사람은 능력을 만든 본전本錢 생각에 저울질만 하다가 시기를 놓친다.

결혼할 수 있는 능력은 가정을 잘 꾸릴 수 있는 자질이다. 그러한 자질은 경제적인 자질일 수도 있고 정신적인 자질일 수도 있다. 경제적인 자질이라면 가족을 지탱할 수 있는 돈을 벌 수 있느냐의 문제이다. 반면에 정신적인 자질은 서로를 사랑하고 가정을 위해 희생할 마음가짐이다.

물질 만능시대에는 남녀의 만남이 정신적 교감보다 경제적 조건에 지배되는 것 같다. 다 그런 것은 아니지만 많은 사람은 결혼하기 힘든 이유를 경제적 어려움에서 찾고 있다. "사랑이 밥 먹여주냐?"라는 어른들의 말이 그대로 현실이 된 것이다. 원수지간怨讎之間에 이루어질 수 없는 사랑으로 비극적 죽음을 맞이한『로미오와 줄리엣』의 이야기가 시대에 맞지 않게 들린다.

지금 세대는 N포 세대이다. 연애, 출산, 결혼을 포기한 삼포 세대에서 더 나아가 오포 세대 그리고 칠포 세대로 계속 확장하고 있다. 적지 않은 청년들은 경제적 불안을 이유로 미래에 많은 것들을 포기하고 있다. 결혼은 해도 후회 안 해도 후회라는 말이 있다. 결혼은 자기 선택이다. 그래서 경제적 능력이 있어도 결혼을 안 하는 사람이 있다. 반면에 경제적 능력이 있어도 결혼을 못 하는 사람이 있다. 그들은 욕심에 눈이 멀어 자기가 가진 것이 항상 상대가 가진 것보다 크게 보인다. 그래서 아무리 눈을 씻고 찾아봐도 자기 마음에 드는 상대가 없다. 그들이 친구에게 "왜 나는 결혼을 못 할까?"라고 물어보면 친구는 아마 "너는 눈이 너무 높아!"라고 대답할 것이다. 친구는 진실을 말했다. 그러나 욕심으로 가득 찬 눈높이는 진실의 답을 받아들이지 않는다.

남녀 사이에 눈높이가 맞지 않을 때는 마법의 콩깍지인 "사랑"이 필요하다. 콩깍지는 반투명하여 눈에 대면 사물이 흐릿하게 보인다. 사랑은 본전 생각을 흐릿하게 만들어 사람만 보게 만든다. 그래서 사랑에 빠지면 "눈에 콩깍지가 씌었다."라고 말한다. 결혼하기 위해서는 사람들의 눈에 콩깍지가 씌어야 한다. 그런데 도무지 콩깍지가 씌지 않는다. 사랑이 돈을 뛰어넘지 못하고 돈이 있어야 사랑도 생기는 그런 세상이다.

2022년 혼인 건수는 19만 2,000건으로 1970년 통계를 시작한 이래로 최저이다. 숫자는 차갑지만, 그 안에는 수많은 망설임과 포기가 겹겹이 쌓여 있을 것이다. 혼인 건수가 줄어든 이유는 여러 가지가 있다. 그러나 그중에 경제적 어려움이 가장 설득력을 얻는다. 지금은 경제적 조건이 맞지 않으면 아예 만남조차 시도하지 않는 것 같다.

돌아보면 살림살이가 빠듯했어도 결혼을 후회하지는 않는다. 나이 들어 찾아올 외로움을 생각하면 결혼하길 잘했다는 생각도 든다. 가장의 무게로 힘겹지만, 결혼은 외로움으로부터 나를 지키려 했던 선택이 아니었을까! 물론 누군가는 결혼 지옥에 빠져 허우적거릴지도 모른다. 결혼은 서로 다른 배경에서 수십 년을 살아온 모르는 사람과의 만남이다. 모르는 사람끼리 같이 살려면 경제적 조건만으로는 한계가 있다. 경제적 조건은 언제 어떻게 바뀔지 모른다. 그래서 모르는 사람들을 붙여줄 사랑이 필요하다. 그 사랑은 퇴색될 수도 있지만, 다른 조건과 잘 섞이면 그 무엇보다 강력한 접착제가 될 것이다.

결혼도 인생에서 하나의 선택에 불과하다. 그러나 결혼을 고민하고 있다면 결혼하고 싶은 것이다. 지나간 시간은 되돌릴 수 없고 생각은 시간에 따라 바뀐다. 그래서 인생에서 후회 없는 결정은 없다. 혹 결혼하지 않는 이유가 편안함이라는 이름의 핑계 뒤에 숨어 있는 것은 아닌지 돌아봐야 한다. 결혼하고 싶다면 결혼해야 할 이유가 많아진다. 결혼하기 싫다면 결혼하지 말아야 할 이유가 많아진다. 결혼을 가로막는 것은 능력의 많고 적음이 아니라 잃을 것을 먼저 계산하는 마음인지도 모른다. 결국 모든 인생사의 결정은 마음속에 있으니 핑곗거리로 자신을 속이며 후회할 일을 만들면 안 될 것이다.

착함을 지키는 힘겨운 선택

착하게 살려면 강해져야 하는 이유는 나쁜 사람들로부터 착함을 지켜내기 위해서이다. 본질적으로 말하면 착하게 살기 위해 욕심의 유혹에 흔들리지 않을 평정심平靜心을 갖춰야 한다.

우리는 영화 속에서 항상 악당과 착한 사람이 싸우는 장면을 목격한다. 주목할 점은 착한 사람은 가만히 있는데 악당은 항상 무언가 일을 벌인다는 사실이다.

그렇다면 악당은 왜 항상 무언가 일을 벌이는 것일까? 악당은 자기가 가진 것에 만족하지 못하고 욕심을 부리기 때문이다. 그 욕심은 자기 노력으로 얻을 수 있는 것을 뛰어넘는 것들이다. 그래서 악당은 다른 사람의 영역을 침범해야 하고, 다른 사람을 괴롭혀야 욕심을 채울 수 있다.

나는 욕심 있는 사람이 다 악당이라고 말하는 것이 아니다. 다른 사람에게 피해 주지 않으면서 자기 노력으로 욕심을 채운다면 악당이라고 말할 수 없다. 오히려 그런 사람은 착한 사람이다. 악당은 분수를 모르고 날뛰는 욕심쟁이이므로 다른 사람과 마찰이 빚어질 수밖에 없다.

착한 사람이 악당과 싸워서 진다면 착한 사람은 악당의 욕심을 채우는 데 동원된다. 그러면 더 이상 착한 사람은 착한 사람으로 남지 못하고 악당의 그늘에 가린다. 그래서 착하게 살고 싶다면 악당에 맞서 싸울 수 있는 강한 힘이 필요하다.

그렇다면 강한 힘은 어디에서 나오는 것일까? 그것은 악당의 협박과 회유에도 평정심을 잃지 않으며 걸어오는 싸움을 마다치 않을 용기이다. 즉 강한 힘은 무너뜨리는 힘이 아니라 무너지지 않는 힘이다.

그렇다면 악당은 어디에 있을까? 그 악당은 어쩌면 자기 자신인지도 모른다. 가진 것에 만족하지 못하고 다른 사람의 것을 탐하는 자기 자신 말이다. 결국 다른 사람의 것을 탐하는 마음은 악당으로부터 착함을 지켜내지 못하는 나약함이다.

　오십이 넘으면 세상이 보이는 이유

악당이 될지 착한 사람이 될지는 오직 자기 선택에 달려 있다. 그러나 악당이 된다면 오롯이 자기 인생을 살지 못하고 다른 사람의 인생만 쫓는 실패자가 될 것이다. 반면에 착한 사람이 된다면 어떠한 유혹에도 흔들리지 않고 자기 인생을 살아갈 것이다. 악당으로 살든 착한 사람으로 살든 어차피 모두 죽고 없어진다. 그렇지만 살아 있는 동안 행복 충만한 인생을 살고 싶다면 어떤 삶을 선택해야 하는지 스스로 물어야 한다. 다행인 것은 대부분 영화에서 착한 사람이 악당을 이기며 끝난다. 대부분 사람은 착한 사람이 악당을 이기길 원하므로 영화도 그렇게 만들어지는 것이다.

욕심이 미덕으로 포장되는 시대일수록 착함을 지키는 일은 더 많은 힘이 요구된다. 물질만능주의가 심화하면서 예전보다 악당이 더 많아지는 것 같다. 착하게 살고 싶다면 자기 노력으로 욕심을 채워야 한다. 가진 것에 만족하고 다른 사람의 것에 마음을 빼앗기지 말아야 한다. 인간으로 태어나 착하게 살려는 지조志操를 굽히지 말아야 한다. 악함을 창피함으로 여기는 절개節槪를 지녀야 한다. 악당에게 인생을 빼앗기지 않도록 더 노력하고 강해져야 한다. 착함은 가만히 있으면 지켜지는 성품이 아니라 끝까지 유혹을 버텨내야 살아남는 선택이다.

유혹을 거부하는 단단한 선택

유혹에 흔들리면 안 되는 이유는 누군가의 똘마니로 살거나 심지어 목숨까지 내놓을 수 있기 때문이다. 세상에는 마음을 흔드는 유혹이 너무 많다. 그 유혹에 흔들리면 자기 인생을 살지 못하고 남의 인생을 위해 살아가게 된다.

세상의 유혹에 너무 쉽게 흔들리는 사람을 본다. 과연 그 사람의 본질은 무엇인지 의문이 든다. 세상의 유혹에 흔들리는 사람은 누군가의 이익을 위해 희생될 제물이다. 잊지 말아야 할 것은 세상에는 공짜가 없다는 사실이다.

한 지인은 항상 자기 자신의 얘기보다 자기가 잘 알고 있다는 권력 있는 사람의 얘기를 자주 한다. 그는 자기가 지금 무슨 얘기를 하고 있는지도 모르는 것 같다. 얘기를 가만히 들어 보면 그는 이미 권력자의 똘마니로 살아가고 있다.

누군가는 누군가를 똘마니로 만들기 위해 미끼를 던져야 한다. 미끼를 던진 사람은 미끼를 물 만한 사람을 평상시 유심히 관찰했을 것이다. 아무 데나 미끼를 던진다고 물고기를 잡을 수 있는 것은 아니다. 미끼를 물 만한 사람은 돈에 욕심이 많거나 남에게 보여주기 좋은 감투나 여자에 약하다는 약점이 있다. 미끼를 던진 사람은 이미 미끼를 물 사람을 어디까지 이용할지에 대한 계획까지 세워놨다. 미끼를 물 사람만 그것을 모르는 것이다.

미끼를 던진 사람은 미끼를 던진 후 상대방의 반응을 본다. 반응이 시큰

둥하면 다음부터 그 사람에게 미끼를 던지지 않는다. 그러나 그 사람이 미끼에 매우 호의적이고 관심을 보인다면 마음속으로 흐뭇해한다. 상대방이 미끼를 물면 미끼를 던진 사람은 그를 똘마니로 만들어, 이곳저곳 데리고 다니면서 자기 이해를 위해 부리기 시작한다. 똘마니는 미끼에 취해 점점 더 미끼를 던진 사람의 손아귀에서 벗어나지 못한다.

어느 날 미끼를 던진 사람이 똘마니가 더 이상 필요 없다고 생각하면 마지막 이익을 위해 희생시킨다. 누명陋名을 쓴 똘마니는 시키는 대로 했을 뿐이라며 항변한다. 그러나 모든 책임은 가장 약한 고리였던 그에게 돌아간다. 억울하다며 세상에 하소연도 해보지만 더러운 미끼를 문 그를 호응해주는 사람은 아무도 없다. 똘마니가 잘못한 일은 미끼에 취해 자기 인생을 살지 못한 것이다. 그래서 억울함은 누구에게도 원망하지 못한다. 유혹의 본질은 달콤함이 아니라 책임의 전가轉嫁이다.

부정 사건에 연루되어 억울함을 견디지 못하고 스스로 생을 놓는 사람을 본다. 그 사람은 정말로 억울한 사람일지도 모른다. 그러나 그 사람이 처음부터 그 사건에 연루되어 있지는 않았다. 무언가 그 사건에 관여하게 한 미끼가 있었을 것이다.

유혹에 흔들리지 않으려면 모든 일을 하나부터 열까지 자기 손으로 해결해야 한다. 그리고 자기의 결과물에 자족自足하여 지나친 욕심에 현혹되지 말아야 한다. 미끼를 아무리 던져도 반응하지 않으면 유혹은 사라지고 인생은 자유를 얻게 된다.

인생을 마음대로 살고 싶다면 유혹에 흔들리지 말아야 한다. 그러기 위해서는 자기 자신을 갈고닦아 안분지족安分知足의 마음으로 살아가야 한다. 지금도 이곳저곳에서 미끼를 물어 누군가의 똘마니로 살아가는 사람이 있다. 다른 사람을 위해 죽어가고 있는 자기 자신을 못 본 채 말이다. 그러나 그것도 자기 선택이다. 자기 인생을 살든 남의 인생을 살든 모든 인생은 끝이 난다. 그러나 어차피 사라질 인생을 자기 마음대로 누리지 못하고 사라지게 한다면 그것만큼 억울한 일도 없다. 유혹을 거절하는 삶은 초라해 보일 수 있다. 그러나 그것은 끝까지 자기 인생을 사는 유일한 방법이다.

인생 :
존재와 행복의 기록

1.
잘 존재하기 위한 삶의 태도

행복은 멀리 있는 행운이 아니라 지금 "잘 있음"의 깨달음에 대한 감사이다. 순간의 고통과 행복은 항상 같이 오지만 행복은 스쳐 가고 고통은 오래 머물러 있다. 고통은 삶의 태도에 따라 그 통증의 깊이가 달라진다. 결국 행복은 무언가를 이루게 하는 기술이 아니라 지금의 나를 잘 존재하게 하는 일상의 예술이다.

잘 있는 것이 행복

우리가 아무리 노력해도 행복하기 어려운 이유는 잘 있지 못하기 때문이다. 한 정신과 의사의 말이 너무 공감되어 한동안 생각에 잠겼다. 우리는 왜 행복하지 못할까 생각해 보니 행복이라는 단어의 정의가 잘못되었기 때문이다.

흔히 말하는 행복의 단어는 중국의 한자에서 기원한다. 행복幸福을 네이

버 한자 사전에서 찾아보면 행幸은 다행多幸, 요행僥倖·徼幸 또는 뜻하지 않은 좋은 운運이라고 정의되어 있다. 복福은 좋은 운수運數 또는 큰 행운幸運이라고 정의되어 있다. 따라서 행복의 정의대로 행복해지려면 뜻하지 않은 행운이 자주 따라주어야 한다. 그 행운은 로또복권에 당첨되는 정도의 일일 것이다. 평생 한 번도 어려운 로또복권 당첨을 여러 번 맞아야 하니 당연히 행복해질 수 없는 것이다.

사람들은 행복해지려고 무언가 한 방을 기대하는 것 같다. 그러나 사람들은 진정한 행복을 불안하지 않고 가진 것에 만족하는 편안한 마음 상태로 이해하고 있다. 그래서 우리가 바라는 행복은 우리가 말하는 진정한 행복과 다를 수 있다.

영어로 행복은 Happiness이다. 그런데 이 Happiness의 어원도 Happening이라는 단어에서 왔다. 그래서 한자에서 기원한 행복幸福과 영어에서 기원한 행복Happiness은 모두 무언가 좋은 일이 생겨야 가능하다. 그러나 우리가 말하는 행복은 웰빙Well-Being이라는 단어에 더 가깝다. 웰빙을 국어사전에서 찾아보면 몸과 마음의 편안함을 추구하는 태도나 행동이라고 정의되어 있다. 즉 웰빙은 "잘" 또는 "좋게"라는 뜻의 "Well"과 "존재한다." 또는 "실재하다."라는 뜻인 "Being"이 합쳐진 단어이다. 그러니 잘 존재하고 있으면 행복한 것이다.

다행히 한국에는 행복을 묻는 인사말이 있다. 사람을 만날 때는 "어떻게 지내? 잘 지내니?"라고 묻는다. 헤어질 때는 "잘 있어."라고 말을 건넨다. 우리는 이미 진정한 행복의 의미를 잘 알고 있고 그렇게 인사말을 주고받으며 살아왔다. 그런데도 우리는 가만히 있는 하루가 불안하다. 그 이유는 인사말과 달리 행복을 웰두잉Well-Doing으로 이해했기 때문이다.

압축적으로 성장한 한국은 치열한 경쟁 사회이다. 가만히 있으면 가만히 있는 것이 아니라 퇴보하는 것이다. 어떻게든 살아남기 위해 무언가를 해야 한다는 강박관념에 사로잡혀 있다. 그래서 무언가를 하고 있을 때 불안은 사라지고 안정감이 찾아온다. 이것을 우리는 행복이라고 착각한다.

우리는 끊임없이 목표를 만들어 어제와 다른 나로 성장해야 하는 숙명에 있다. 그러나 진정한 행복은 아무 일 없이 잘 있는 상태이다. 따라서 무언가를 해야 하는 사람들은 아무 일 없이 잘 있는 상태를 행복으로 받아들이지 못한다.

아무 일 없이 잘 있는 상태가 되려면 억지로 목표를 만들면 안 된다. 즉 진정한 행복을 위해 웰두잉Well-Doing하지 말고 웰빙Well-Being] 할 수 있어야 한다.

우리가 웰빙Well-Being이 아닌 웰두잉Well-Doing을 추구하는 이유는 욕심 때문이다. 짧은 인생에서 매일 정신없이 무언가에 쫓기니 자기 인생이 어디로 흘러가는지 모른다. 뜻하지 않게 얻은 행운이 인생 자체인 줄도 모르

 오십이 넘으면 세상이 보이는 이유

고 끊임없이 목표를 세워 끌려가거나 떠밀리며 산다. 인생의 행복이 무언가를 해야 행복해질 수 있다는 욕심에 가려 그 빛을 잃는다.

돈도 많으면 좋고 명예도 얻으면 좋다. 그러나 사라질 인생에서 가질 수 있는 것은 아무것도 없다. 인생에서 행복해질 수 있는 시간은 생각보다 많지 않다. 생각만 바꾸면 순간이지만 편안하고 안정적인 행복을 느낄 수 있다. 그 순간이 많아질수록 인생은 비로소 행복에 가까워진다. 어쩌면 우리는 이미 잘 존재하고 있으면서도 그것을 알아보지 못했을 뿐인지도 모른다. 우리는 매 순간 잘 존재한다는 사실을 깨달을 때 행복해지는 것이다.

삶의 태도가 만드는 행복

인생은 고통과 행복이라는 두 감정이 교차하는 유한한 시간이다. 그러나 두 감정의 체감 시간은 같지 않다. 고통은 오래 머물고 행복은 스쳐 간다. 그래서 인생을 한 발짝 물러나서 보면 순간의 행복은 거의 보이지 않고 고통만 보인다.

인간은 순간의 행복을 지속시키기 위해 끊임없이 욕망을 갈구한다. 문제는 하나의 욕망을 채워 얻게 된 행복이 다시 같은 수준의 욕망을 채워도 얻지 못한다는 사실이다. 결국 인간은 지속적인 행복을 위해 더 큰 욕망이라는 고통의 굴레를 자발적으로 쓴다.

　최근 마약을 하는 사람들이 늘고 있다. 세상의 어떤 방법으로도 순간의 행복을 얻지 못해 약물을 선택한 것이다. 그러나 약물의 힘도 순간이며 행복을 얻기 위해 더 많은 약물이 필요하다. 그리스 신화에 나오는 시시포스 Sisyphus는 신을 모독하여 뾰족한 언덕 위로 바위를 밀어 올리는 형벌을 받는다. 바위를 언덕 위로 밀어 올리면 다시 굴러 내려와 끝없이 바위를 밀어 올려야 했다. 인생도 행복이라는 언덕 위로 고통의 돌을 끝없이 밀어 올리는 굴레이다. 결국 인간은 고통 속에 살다가 죽어야 할 운명이다.

　이런 굴레 속에서 우리는 어떠한 삶의 태도가 필요할까? 누구나 같은 환경에 노출되지만, 삶에 대한 태도는 다를 수 있다. 누군가는 인생이 고통이라는 것을 알면서도 축복이라고 생각한다. 삶에 대한 태도가 다르면 고통에서 오는 통증도 다를 것이다.

　그렇다면 삶의 태도는 무엇이 결정하는가? 삶의 태도는 경험과 유전적 기질이 결정할 것이다. 먼저 사람들은 경험을 무형의 기억으로 간직한다. 경험은 책이나 영화 등을 통한 간접적인 경험과 몸으로 겪는 직접적인 경험이 있다. 또한 경험은 감정에 따라 좋은 경험과 나쁜 경험이 있다. 사람들은 살면서 수많은 세상사를 겪게 되지만 그 해석은 사람마다 다를 것이다. 아무리 힘든 일을 겪어도 좋은 경험을 가진 사람은 나쁜 경험을 가진 사람보다 고통의 통증이 덜 할 것이다. 한편 사람들은 긍정적인 성향이나 부정적인 성향의 유전적 기질을 갖고 태어난다. 유전적 기질은 세상사를 다른 가중치로 해석할 것이다.

그렇다면 삶의 태도를 긍정적으로 만들기 위해 무엇을 해야 할까? 기질은 태어날 때부터 정해져 있으니 좋은 기억을 많이 만드는 수밖에 없다. 그러나 살면서 좋은 기억만 저장하기는 쉽지 않다. 좋은 기억만 저장하며 사는 사람은 행운아이다. 나쁜 경험은 트라우마trauma로 남고 그 트라우마를 깨지 못하면 인생은 어둠에 지배된다. 우리는 본능적으로 나쁜 경험을 피하려고 한다. 그래서 오히려 좋은 경험을 쉽게 만들 수 있다. 그러나 좋은 경험은 가만히 있다고 만들어지지 않는다.

몇 해 전 가족과 행복한 시간을 보냈던 호주 생활을 책『넌 지금 잘 가고 있니?』로 남겼다. 연구의 기회가 주어져 방문했던 그곳에서 따뜻한 사람들을 마주하였다. 익숙했던 삶의 방식과 고민이 낯선 곳에서는 다르게 해석되었다. 인생이 고통스러울 때마다 그 책을 꺼내 든다. 나를 걱정해 주던 그 많은 사람은 이제 곁에 없다. 그러나 힘든 일이 있을 때마다 좋은 기억이 나를 지켜준다. 그런가 하면 트라우마를 없애기 위해 쓴 책『스무 살의 해방일지』도 있다. 증권회사에서 학교로 오면서 암울했던 시절을 고스란히 책으로 마주하였다. 내가 학교의 꿈을 품었다는 이유로 세상은 나를 무시하며 혹독한 시련을 주었다. 결국 인생의 고통은 좋은 기억으로 살아갈 이유를 만들어 넘기는 수밖에 없다. 세월은 좋은 기억을 찾아낼 힘과 나쁜 기억을 추억으로 만들어 낼 힘을 주었다.

순간의 행복을 얻기 위해 고통의 시간을 견뎌야 한다. 고통의 시간을 견디기 위해 긍정적인 삶의 태도를 보여야 한다. 긍정적인 삶의 태도는 고통의 시간에 통증을 줄여 행복을 위한 준비과정으로 만들어 버린다. 행복을 위한 준비과정은 행복의 희망을 품은 또 다른 행복일지도 모른다. 따라서 인생이 고통이라는 말은 삶의 태도에 따라 인생은 행복이라는 말로 바뀔 수도 있다.

2.
이미 손에 쥔 행복의 특권

삶은 끝없는 욕심의 굴레 속에서도 우리에게 이미 많은 것을 주었다. 비교와 집착 대신 내면의 작은 풍요를 보는 순간 우리에게도 자유가 찾아온다. 행복은 항상 우리의 욕심에 가려 잘 보이질 않는다. 결국 이미 많이 가진 우리는 더 많이 가지려다 길을 잃는다.

행복해질 특권 잊지 않기

자신을 사랑해야 하는 이유는 우리의 손에 행복해질 특권이 있다는 사실을 잊지 않기 위해서이다. 부족한 자신을 버리지 않을 때 비로소 행복할 권리가 보인다. 자신을 사랑하지 않으면 행복해질 특권이 있어도 자신을 미워하기만 한다. 그러면 인생은 불행으로 가득한 의미 없는 시간이 될 수 있다.

오늘은 비가 온다.
이대로 가을이 또 훌쩍 떠나려나 보다.

우리는 우리 자신을 사랑해야 한다.

뒤를 돌아보면 힘든 일도 즐거운 일도 기억 저편으로 사라졌다. 그러나 여전히 오늘의 우리는 존재한다. 가끔은 남들보다 잘 생기지도 예쁘지도 않은 내가 싫어진다. 가끔은 남들보다 뛰어나지도 똑똑하지도 못한 내가 미워진다.

그러나 우리가 태어난 것을 후회할 수 없는 이유는 우리가 선택한 일이 아니기 때문이다. 그런데도 우리는 늘 우리의 부족함만 탓하며 자신을 괴롭힌다. 우리는 늘 우리의 어리석음만 탓하며 시간을 후회로 채운다. 인생이라는 마라톤을 완주하려면 잘 생기지도 예쁘지도 뛰어나지도 똑똑하지도 않은 우리 자신을 일으켜 다시 뛰게 해야 한다. 그렇게 하려면 우리는 자신을 사랑해야 한다.

우리는 세상의 행복을 누릴 특권을 하나씩 쥐고 태어났다. 이 특권을 마음껏 누리지도 못한 채 어쩔 수 없이 주어진 인생의 허무에 매몰되어 시간을 허비한다면 먼 훗날 그 무엇과도 바꿀 수 없는 후회가 밀려올 것이다.

어느 날 눈을 떠보니 우리는 이 세상에 태어났다. 어느 날 눈을 감으면 우리는 이 세상에서 사라질 것이다. 그러니 아무리 세상이 우리를 속여도 인생이 얼마나 행복한 선물인지 한 번쯤은 돌아봐야 한다.

비가 오면 비가 오는 대로 눈이 오면 눈이 오는 대로 우리는 항상 행복해질 특권이 있다는 사실을 잊지 말자. 우리를 행복하게 할 수 있는 사람은 우리 자신이라는 사실을 잊지 말자. 그래서 우리는 오늘도 우리 자신을 사랑해야 한다.

생각보다 많이 가진 우리

생각보다 많이 가진 이유는 아름다운 세상을 바라볼 수 있는 눈, 좋아하는 노래를 듣고 따라 부를 수 있는 귀와 입, 느끼고 만질 수 있는 손 그리고 원하는 곳에 데려다줄 수 있는 다리가 있기 때문이다. 우리는 끝없이 욕심을 부리며 가진 것을 제대로 보지 못한다.

인생은 애초부터 우리의 욕심을 채울 수 없게 만들어져 있다. 가진 것은 당연해 보인다. 갖고 싶은 것은 과거, 현재 그리고 미래에 걸쳐 계속 만들어진다. 오늘도 지구 어딘가에서 내가 그렇게 갖고 싶어 할 무언가가 만들어지고 있다. 욕심을 부리는 사람은 나 하나이다. 그런데 내 욕심을 불러일으킬 사람은 지구에 팔십억 명이나 있다. 과거에 존재했거나 미래에 존재하게 될 사람들까지 합하면 그 수는 상상을 초월할 것이다.

유한한 인생에서 우리는 가진 것에 감사하지 못하고 갖지 못한 것에만 애증을 보인다. 그래서 항상 채워지지 않는 욕심에 자책하며 불행하다고 느낀다. 그러나 잘 생각해 보면 우리는 행복해지기 위해 생각보다 많은 것을 가지고 있다.

나는 매일 해거름 판에 동네 산책을 나선다. 집 앞에는 상가들이 즐비하여 어느 가게에 손님이 많은지 살펴본다. 하루를 마무리하는 사람들의 표정과 어둠 속에 묻혀가는 거리의 풍경을 보면서 오늘도 무사히 지나갔음에 안도한다.

거리를 지나 아파트 단지의 옆 길을 걷다 보면 언제부턴가 마주치는 사람이 있다. 세상은 이미 어둑해져 사람의 형체만 알아볼 수 있었다. 그 길을 걸으면 반대편에서 콧노래를 부르며 빠른 걸음으로 다가오는 중년 남성이 있었다. 며칠간은 그를 무심히 지나쳐 갔다. 그러던 어느 날 그를 자세히 보게 되었다. 그는 한 손에 쥔 지팡이로 옆에 풀숲을 두드리며 빠른 걸음으로 지나갔다. 그는 시각 장애인이다. 그가 시각 장애인인 것을 알아채지 못한 이유는 그가 정상인의 속도로 걸었고 항상 콧노래를 불렀기 때문이다.

그는 낮에 걷든 밤에 걷든 보이는 것이 항상 똑같았을 것이다. 그저 지팡이로 전해지는 감각으로 세상을 읽었을 것이다. 그런데도 무엇이 그리 즐거운지 항상 콧노래를 부른다. 아마 그는 오늘도 신선한 바람이 부는 그 길을 걸을 수 있어서 감사하다고 생각할 것이다.

몇 해 전 지하철에서 본 언어 장애인 부부가 생각난다. 처음에는 그들이

 오십이 넘으면 세상이 보이는 이유

말을 하지 못해 답답할 거로 생각했었다. 그러나 그들은 시끄러운 지하철에서 수화手話로 의사소통하며 즐거워하였다. 우리가 생각하는 행복은 밖에 있지 않고 내면에 있다.

다른 사람보다 더 많이 가져야 만족스럽고 비교를 통해 우위에 있어야 안정감을 느낀다면 혼자서 행복해질 수 없다. 우리는 행복을 느낄 수 있는 눈, 코, 입, 귀 그리고 마음대로 움직일 수 있는 두 팔과 두 다리를 가지고 있다. 그런데도 우리는 가진 것이 없다며 불행하다고 느낀다. 그러나 막상 가진 것이 많았었다는 것을 깨달을 때는 더 큰 좌절에 빠질 것이다.

매일 보는 시각 장애인과 지하철에서 봤던 언어 장애인은 다른 사람이 가진 그 하나가 없어서 오히려 나머지 가진 것들을 더 소중히 여기며 사는지도 모른다. 그 하나가 없기에 자기가 얼마나 많은 것을 가졌는지 깨닫는 행복을 누린다.

가진 것에 만족하지 못하고 가져야 할 것에만 집착하면 죽음에 더 빨리 다다를 것이다. 채워지지 않는 욕심의 끝에서 그동안 얼마나 많은 것을 가지고 살았는지 깨닫게 될 것이다. 그리고 만족하지 못했던 욕심을 뒤늦게 후회할 것이다. 뒤늦은 깨달음과 후회하지 않으려면 가진 것으로 얼마나 행복해질 수 있는지 생각해봐야 한다. 다시 말하지만 아무리 노력해도 과거, 현재 그리고 미래의 사람들이 만들어 낼 욕심을 다 가질 수 없다. 인생의 한계를 잘 이해하면 오늘 당장 행복해질 수 있다.

3.
공허와 불안 사이에 충분한 존재

인생은 목적지를 모른 채 흔적만 남기며 건너는 시간의 다리이다. 공허는 담지 못한 시간의 빈자리이고 불안은 빈자리에 무언가를 채우게 만드는 채찍이다. 우리는 욕심과 돈으로 불안의 아우성을 잠시 덮으려 한다. 그러나 죽음에 다다르면 불안은 사라지고 공허만 남을 것이다. 결국 인생은 공허와 불안 속에서도 오늘을 건너는 것만으로도 충분한 이유가 된다.

이유 없이도 충분한 존재

누구에게나 있는 존재 이유는 누구나 생각할 수 있기 때문이다. 존재하니 생각을 할 수 있고 생각을 하니 존재 이유를 찾는다. 그러나 존재가 생각보다 앞서니 생각은 존재 이유를 찾기가 어렵다. 우리는 존재 이유를 찾다가 지칠 때 즈음 시간을 얻은 행운이라는 것을 발견한다. 그리고 생각은 시간 속에서만 존재 이유를 찾을 수 있으니 존재 이유는 생각하기 나름이다.

누구나 존재 이유를 궁금해한다.

　누구나 세상에 태어난 이유가 있을 것이고 세월과 함께 존재의 흔적을 남긴다. 그 흔적은 찬란한 꽃길이었든 평범한 흙길이었든 아니면 가시밭길이었든 길 위에 남는다. 우리는 그 길을 기쁨이었든 슬픔이었든 아니면 뒤엉킨 기억나지 않는 감정이었든 여하간 무언가로 채우며 산다. 우리가 어디서 왔다가 어디로 가는지는 몰라도 그렇게 지나간 흔적을 남긴다. 우리는 왜 이 세상에 존재하는지 질문을 하면서도 찾을 수 없는 대답에 당황스러워한다. 우리는 지나간 길에서 대답을 찾으려고 매일매일 흔적을 뒤적인다.

　우리는 태어난 이유도 최종 목적지도 알 수 없으면서 매일 "넌 지금 잘 가고 있니?" 자신에게 묻는다. 이러한 질문에 불안감을 느끼면 자연스럽게 다른 사람들이 가는 길을 바라본다. 애초부터 사람마다 가는 길이 다르거늘 우리는 불안한 마음을 달래려고 남들이 부러워하는 길로만 가려고 한다. 그렇게 우리는 자신의 존재를 부정하고 다른 사람의 존재만 궁금해한다.

　누구나 존재 이유를 찾으려 한다.

　다른 사람들의 존재는 이유가 있다고 생각하면서도 정작 자기의 존재 이유를 찾지 못해 괴로워한다. 우리는 존재 이유를 찾으려는 본능을 갖고 태어났기에 해결하지 못한 과제로 항상 불안하다. 길가에 핀 이름 모를 꽃들도 들판에 솟은 이름 모를 풀들도 제각각 존재 이유가 있을 것이다. 다만 우리의 부족한 머리로 그 이유를 찾지 못했을 뿐이다.

얼마 전 TV에서 나이 든 노인의 일과를 보았다. 젊음과 패기는 세월에 닳아 없어졌지만, 여전히 존재 이유를 찾는 것을 포기하지 않았다. 그는 세상 사람들로부터 관심이 멀어졌지만, 존재 이유를 찾기 위해 밭으로 갔다. 그는 농작물에 물을 주면서 아직 자기가 세상에서 할 수 있는 일이 있다는 사실에 삶의 희망과 존재 이유를 발견한다. 우리의 내면은 자신을 소중히 여기면서도 다른 사람의 존재와 비교하여 상처받는다. 그냥 자기 색깔로 인생을 살면 된다. 다른 사람의 존재에 우리의 인생을 투영할 필요는 없다.

누구나 존재 이유가 있다.

남들이 뭐라고 해도 우리는 존재 이유가 있다. 비록 남들의 존재보다 초라하고 보잘것없어 보여도 우리의 존재는 소중한 의미를 지니고 있다. 다만 욕심에 가려 그 이유를 찾지 못했을 뿐이다. 우리는 지금 이 자리에 있는 것만으로도 충분한 존재 이유가 된다. 지레짐작으로 자기 존재를 하대하고 의미 없다고 생각하는 사람이 정작 다른 사람도 아닌 자기 자신은 아닌지 돌아봐야 한다. 존재 이유는 다른 사람에게서 찾는 것이 아니라 자기 마음속에서 찾아야 한다.

나이가 드니 인생의 저울은 돈보다 시간으로 기운다. 어차피 공짜로 얻은 인생이라 누가 뭐라고 하든 손해 볼 것이 없다. 자기의 존재 이유를

찾지 못하더라도 인생이 시간의 선물임을 잊지 말자. 시간을 건너고 있
다는 사실만으로 우리는 이미 충분한 이유가 있다.

인생은 공허와 불안의 연속

인생이 공허와 불안의 연속인 이유는 인생이 영원한 시간 속에 잠시 서
있다가 사라지기 때문이다. 언제 생겼다가 언제 없어질지 모를 인생이 지
나간 시간에 대한 후회로 공허해지고 다가올 시간에 대한 두려움으로 불안
해진다.

한때 누구보다 열심히 살았고 누구보다 후회 없는 삶이었다. 그러나 세
월이 지나면서 다양한 삶을 접하였고 그 다양함이 후회로 밀려온다. 그때
선택하지 못한 삶은 후회로 남고 그래서 그 삶은 지금 없다. 선택하지 않은
삶은 실패도 없지만 그렇기에 끝내 소유할 수도 없다. 그래서 인생은 선택
할 수 있는 한계에 부딪혀 공허해질 수밖에 없다.

공허는 지나간 인생을 온전히 자기 것으로 만들지 못했다는 자책일지도
모른다. 돌아보면 분명히 시간을 자기를 위해 사용한 것 같은데 이상하게
도 미련이 남는다. 그것은 아마 주어진 시간으로 모든 삶과 모든 것들을 누
리지 못한 아쉬움일 것이다. 이상과 현실 사이에는 언제나 커다란 구멍이
뚫려 있다. 그 구멍을 무엇으로도 메울 수 없다는 것이 인생의 한계이다.

그래서 인간은 아무리 열심히 살아도 어쩔 수 없이 공허해지나 보다. 지나간 시간을 되돌릴 수 없다는 사실은 인간을 더 공허하게 만든다.

어쨌든 폭풍 같던 시간이 지나갔으면 행복해져야 한다. 그러나 그렇지도 않다. 왜냐하면 또 다른 폭풍이 기다리고 있기 때문이다. 젊은 날의 폭풍이 삶의 방식에 관한 것이라면 그다음 밀려올 폭풍은 삶의 끝에 관한 것이다. 그것은 노후와 죽음에 대한 불안이다. 그래서 이미 알려진 노후와 죽음을 준비한다. 그러나 생각보다 준비할 것이 별로 없어서 다시 무기력해진다.

사람들은 노후 준비가 돈이라고 말한다. 그러나 노후가 끝나면 죽음이 찾아온다. 죽음은 돈으로도 해결할 수 없는 불가항력의 끝이다. 그래서 다가올 것이 무엇인지 알지만, 아무것도 할 수 없어서 두렵고 불안한 것이다.

한 정신전문가의 말이 생각난다. 사람들의 불안을 상담하면서도 그 역시 죽음에 대한 불안을 느낀다고 했다. 그 불안은 조금만 방심하면 머릿속으로 파고들어 온몸을 무기력하게 만든다. 그래서 불안을 줄이려면 집중할 수 있는 무언가를 찾아야 한다. 그는 불안을 없앨 수 없으니 뇌를 속여 멍청하게 만드는 방법밖에 없다고 했다. 그는 나이 드신 분들에게 그냥 집에서 쉬시라는 말을 절대로 하지 말라고 했다. 그분들도 죽음의 불안을 줄이기 위해 최선을 다하는 중이라는 것이다. 그 말은 불안과 함께 살아가야 한다는 조언으로 들린다.

인간은 본능적으로 끝없는 욕심을 부린다. 살 만큼 살았으니 죽어도 여한이 없다는 말은 인간의 본질상 거짓말일 가능성이 크다. 인간은 존재에 의미를 부여하기 위해 끊임없이 무언가를 한다. 그 무언가가 욕심일 수도 있지만, 불안을 줄이기 위한 대안일 수도 있다.

인간은 죽음의 불안을 잠재우기 위해 욕심을 부리고 그 욕심이 채워질 때마다 안정감을 느낀다. 인간은 그 불안을 속이기 위해 돈이라는 위대한 물건을 탄생시켰다. 한 치 앞도 모를 인생이지만 돈으로 인생의 많은 부분을 해결할 수 있다. 급기야 돈은 뇌를 속여 돈으로 죽음도 뛰어넘을 것처럼 착각하게 만든다. 그래서 사람이 죽으면 가족에게 위로의 뜻으로 전하는 것이 돈인가 보다.

뇌가 자꾸 돈에 속아 욕심을 부리는 것은 아직 삶에 대한 애착이 남아 있다는 것이다. 인생의 공허와 불안을 줄이는 방법이 돈을 좇는 거라고 착각하는 것이다. 그러나 죽음의 불안을 줄이려는 돈을 위해 죽음을 선택하는 것은 어리석은 일이다. 결국 죽음에 다다르면 불안은 없어지고 모든 시간은 지나갔으니 공허만 남는다. 어쩌면 인생은 공허와 불안에서 완전히 벗어나는 여정이 아니라 그 안에서 계속 살아가야 할 이유를 만드는 과정일지도 모른다.

4.
인생은 시간이 준 선물

우리는 시간을 의미 있게 쓰려고 노력하지만, 그 노력 자체가 허무를 부른다. 인간은 존재를 증명하려고 애쓰지만, 인생은 증명이 필요 없는 공짜 선물이다. 인생의 의미를 찾으려고 노력할수록 삶의 무게는 짐처럼 무거워진다. 결국 인생은 강물 위를 떠도는 부초처럼 애초에 목적도 없이 떠돌다 사라질 것이다.

남은 시간의 가성비

목표와 허무의 굴레에서 벗어나지 못하는 이유는 자기 존재를 과대평가하여 의미를 부여할 수 있다고 믿기 때문이다. 그 의미를 부여하기 위해 목표를 세우고 달성한다. 그러나 다시 허무가 찾아오면서 의미를 잃게 된다.

우리는 목표를 세운다. 목표를 세우지 않으면 시간을 허비하는 것 같아 불안하다. 누군가는 목표를 세우지 않아도 불안하지 않다고 말할지도 모른다. 그러나 하루를 자세히 들여다보면 우리는 시간을 가만두지 않았다. 시간을 무언가로 채우기 위해 애를 썼을 것이다.

술을 마시기 위해 친구를 만나는 것도 아무 생각 없이 유튜브를 보는 것도 모두 우리의 목표가 될 수 있다. 정말로 뇌를 비우고 아무것도 하지 않는 것이 얼마나 힘든 일인지 우리는 잘 안다. 그것이 얼마나 힘든 일이면 돈을 내고 명상하는 곳을 찾겠는가!

일반적으로 목표는 자의自意 반半 타의他意 반半에 의해 만들어진다. 목표는 시간을 옥죄고 닳아 없어지게 한다. 목표를 달성하기 위해 계획을 세우고 그 계획 속에 우리를 구겨 넣는다. 그리고 목표가 달성되면 달콤한 보상을 기대한다.

우리는 수많은 목표를 달성하며 살아왔다. 그것이 좋든 싫든 목표를 달성해야 시간이 지나간다. 그러나 목표 달성 뒤로 찾아오는 행복은 그리 길지 않다. 그래서 목표 달성 뒤에 끊임없이 허무라는 놈과 직면하게 된다. 그러나 황당하게도 허무라는 놈을 피하는 방법은 다시 목표를 세우는 일이다. 그래서 더 허무해지는 것 같다. 시간 속에 영혼을 갈아 넣어 목표를 달성하면 보상도 오지만 허무도 함께 온다.

이러한 무한 반복으로 피부는 늘어지고 머리숱은 줄어들고 성한 곳은 하나 없는 환자가 된다. 허무로 시작해서 허무로 끝나는 것이 인생이다. 우리는 이것을 반복하지 않으면 견딜 수 없는 어리석음의 굴레에 빠져 있다. 우리는 시간을 대하는 태도를 깨닫지 못했기에 여전히 그 일을 반복한다.

그 어리석음의 굴레를 빠져나오는 방법은 목표를 세우지 않고 생각을 비우는 것이다. 목표를 세우지 않는 삶은 굳이 증명하지 않아도 되는 삶이다. 그러나 그것이 쉽지 않다. 왜냐하면 어리석은 뇌는 우리를 대단한 존재로 착각하기 때문이다. 그래서 공짜로 얻은 인생에 자꾸 의미를 부여하려고 무언가를 한다.

우리의 인생이 의미 있다는 것은 누구에게 의미 있다는 것일까? 한 번도 만나본 적 없는 신, 하나님, 부처님 아니면 사진에도 없는 조상님일까? 우리는 의미를 인정해 줄 존재에 대한 확신도 없으면서 왜 그들에게 인정받으려 하는가? 우리의 존재가 보잘것없는데도 그것을 애써 부정하려고 존재를 인정해 줄 대상을 찾고 있는 것은 아닐까?

정리해 보자. 목표라는 것이 살아 있을 때 먹고사는 데 도움이 된다면 그 의미를 인정해 주자. 그러나 우리의 존재에 의미를 부여하기 위해 억지로 세우는 것이라면 하지 않았으면 좋겠다.

지구는 대충 오십억 년 전에 만들어졌다. 지구의 시간에 비하면 인간의 삶은 찰나에 가깝다. 그 찰나를 의미 있게 보이려고 우리는 과하게 자신을 소모하며 살아간다. 운이 좋아 얻어걸린 인생을 어떻게든 의미 있다고 증명하려고 애쓴다.

백세 중에 오감五感이 말짱하여 그 오감으로 우리가 행복해질 수 있는 시간이 얼마나 될까? 인생에서 잠자는 시간, 밥 먹는 시간 그리고 넋 놓는 시간을 빼고 나면 정말로 시간이 별로 없다. 나이 들수록 행복을 위한 시간의 가성비價性比를 생각해야 한다. 공짜로 얻은 인생이다. 존재 의미를 찾느라 자신을 괴롭히는 것은 시간 낭비이다. 자기 존재를 증명하려는 강박에서 벗어나야 한다.

의미를 찾을수록 무거워지는 인생

인생이 무엇인지 궁금한 이유는 공짜로 얻은 인생이 유독 소중하게 느껴지기 때문이다. 노력으로 얻지 않았기에 오히려 더 의미를 찾게 된다. 누구나 자기 것이 소중한 법이다. 자기의 노력으로 얻어진 것이 아닐지라도 자기 것이라면 소중한 것이다. 인생도 그러하다. 그러나 인생이라는 것을 얻기 위해 노력한 것이 없으니 인생이 무엇인지 모르는 것은 당연하다.

우리는 '인생이란 무엇인가?'를 끊임없이 질문하며 살고 있다. 즉 그 질문에 대한 대답을 아직 못 찾은 것이다. 그러나 먼저 살다 간 인생의 선배들은 이미 여러 방식으로 인생의 본질을 말해왔다. 그런데도 우리는 그것을 받아들이지 못해 또 다른 인생의 본질이 있다고 믿으며 헤매고 있다.

인생의 본질을 가장 잘 표현한 사람은 쇼펜하우어라고 생각한다. 그는 인생을 욕망과 권태 사이를 오가는 시계추라고 하였다. 인간은 마음속에 몽글몽글 피어오르는 욕망을 억제하지 못해 괴로워한다. 그러나 고통 속에 핀 욕망을 충족하여도 밀려오는 행복은 그리 오래가지 않는다. 권태가 시작되고 인간은 권태를 견디지 못해 다시 욕망을 키운다. 욕망은 우리를 살게 하지만, 동시에 우리를 지치게 만든다.

누군가는 이러한 반복이 인류人類의 발전에 이바지했다고 주장할지도 모른다. 그러나 정작 그러한 반복을 지속해야 하는 인간은 고통스럽기만 하다. 그렇다면 우리는 그 고통에서 벗어날 방법이 없을까?

나는 그 방법이 중용中庸을 고수固守하는 것으로 생각한다. 중용을 사전에서 찾아보면 지나치지도 모자라지도 않고 한쪽으로 치우침도 없는 상태라고 쓰여 있다. 그러나 중용은 고통에서 벗어나는 해답이라기보다는 고통을 키우지 않는 태도에 가깝다.

우리는 엄청난 업적을 이룬 사람을 위대한 인물이라고 말한다. 그러나 사실 그들은 단지 욕망을 채운 사람일지도 모른다. 욕망이 크면 클수록 더 큰 업적을 이루는 것이다. 그들은 욕망을 채우기 위해 고통과 좌절의 시간을 보냈을 것이다. 그리고 욕망이 이루어지는 순간 엄청난 희열을 맛보았을 것이다. 그러나 그 희열은 다시 권태로 이어지며 그들을 나락那落으로 떨어지게 했을지도 모른다.

그렇다면 욕망도 품지 말고 기쁨과 슬픔에도 초연超然한 삶을 살면 되는 것 아닐까! 그렇게 살면 쇼펜하우어가 말하는 고통에서 벗어날 수 있지 않을까! 그러나 그런 삶은 욕망의 기쁨과 권태의 슬픔은 없겠지만 재미도 없을 것이다. 결국 인간은 어떠한 상태에 있든 만족하지 못하는 삶을 산다.

그렇다면 인생은 어떻게 해도 불행한 것일까?

나는 아니라고 대답하고 싶다. 원래 인생은 의미가 없는데 인간이 자꾸 의미를 부여하려 하니 고통스러운 것이다. 인생을 무겁게 보지 말고 가볍게 보면 답이 보인다.

철학자가 문장으로 말한 인생의 본질을 어떤 예술가는 노래로 말해버렸다. 좋아하는 가수 중에 김광석이 있다. 그는 나보다 훨씬 어린 나이에 인생의 진실을 알아버렸다. 그래서 일찍 허무에 젖어버렸는지도 모른다.

그는 〈일어나〉라는 노래에서 "인생이란 강물 위를 뜻 없이 부초처럼 떠다니다가 어느 고요한 호숫가에 닿으면 물과 함께 썩어가겠지."라고 말했다.

인생은 강물처럼 세상사나 시간 속에 흘러갈 것이다. 또한 뜻 없는 부초처럼 목적도 의미도 없이 떠돌다 흙으로 돌아갈 것이다. 그런데도 우리는 답이 없는 인생의 의미를 찾아 아등바등 살고 있으니 괴로운 것이다.

나이가 들수록 세상에 초연한 자세로 살아가야 한다. 노화된 신경은 변덕스러운 욕망과 권태 사이의 움직임을 견디다 못해 끊어져 버릴 수 있다. 인생은 정답이 없는 것이 잘못된 것이 아니라 정답이 있다고 믿는 우리가 잘못된 것이다. 어쩌면 인생은 이해해야 할 문제가 아니라 누려야 할 시간인지도 모른다. 인생은 그냥 운이 좋아 얻은 시간의 선물이다.

5.
어제의 지도 위에 놓인 렌즈

나의 렌즈가 맑다고 믿는 순간 내 생각은 가장 깊이 흐려진다. 한때 나를 살게 했던 신념은 시간이 지나면서 나를 가두는 벽이 된다. 세상은 변했는데 여전히 어제의 지도만 들고 오늘을 걷고 있다. 열심히 달렸다는 이유만으로 목적지에 도착할 수 있는 것은 아니다. 확신은 나를 편안하게 하지만 의심만이 나를 현재로 데려온다. 꼰대란 나이를 먹은 사람이 아니라 질문을 멈춘 사람의 다른 이름이다.

믿을 수 없는 나의 렌즈

보이는 대로 믿으면 안 되는 이유는 나의 렌즈lens가 세상을 왜곡시킬 수 있기 때문이다. 렌즈가 흐려지면 세상도 흐려진다. 자기 렌즈에 대한 지나친 믿음은 눈먼 세상을 가져올 수 있다.

학생들과 과제를 수행하게 되었다. 사람들에게 제품이나 서비스에 대한 인식을 조사하는 설문 과제였다. 늦은 오후 살짝 어둑해지는 공원에서 잠깐 명상에 잠겼다. 그때 멀리서 학생 중 하나가 사람들에게 설문 조사하는 모습을 보았다. 내 눈에 그 학생이 누구인지는 정확히 보이지 않았다. 쌀쌀한 날씨에 과제를 수행하는 그 학생이 안쓰러워 다가갔다. 내가 관리하는 학생이었다. 고생한다는 말을 건네고 숙소로 돌아왔다.

저녁에 식사하면서 그 학생과 얘기하게 되었다. 그 학생은 내가 그 학생을 인지하기 전부터 내가 공원 의자에 앉아 있었던 것을 알고 있었다. 그리고 그 학생은 나를 보고 자기가 과제 수행을 열심히 하는지 감시하러 왔다고 생각했다. 또한 내가 그 학생을 바라보며 웃고 있었다고 했다.

나는 그 학생의 말을 듣고 두 가지를 깨달았다. 첫째는 내가 나이를 먹었다는 것이다. 내 눈은 그 학생이 누구인지도 분간을 못 했으나 그 학생은 내 표정까지 보고 있었다. 내가 가진 능력으로 세상을 바라보기에는 한계가 있는 것이다. 그동안 나는 내가 본 세상을 진실이라고 믿고 아무 의심 없이 받아들였던 것은 아닌지 돌아본다. 둘째는 내가 바라본 세상과 남이 바라본 세상이 다를 수 있다. 자기 세상에 갇혀 자기 생각만 옳다고 주장하는 우리의 모습은 모순矛盾이다. 누구나 각자의 눈으로 세상을 바라보고 나름의 기준으로 평가한다. 그 사실을 우리는 애써 외면하고 싶었는지도 모른다. 가장 위험한 렌즈는 흐린 렌즈가 아니라 깨끗하다고 굳게 믿는 렌즈이다.

내 생각이 항상 옳은 것은 아니며 내가 보는 세상이 항상 진실은 아니라는 겸손한 마음을 가져야 한다. 보이는 대로 믿으면 마음은 편하다. 그러나 거짓 세상에 갇혀 진실을 보지 못할 수 있다. 진실을 보고 싶다면 가끔은 자기를 의심할 용기가 필요하다.

꼰대가 되지 않을 용기

꼰대가 되지 말아야 하는 이유는 우리가 과거가 아닌 현재를 살아가기 때문이다. 과거에도 맞고 지금도 맞는 신념이 있을 것이다. 그러나 과거에는 맞고 지금은 잘 맞지 않는 신념이 더 많을 것이다. 과거의 신념만을 고수固守하면 자기만의 세상에 갇혀 현재에 필요한 지혜를 얻지 못한다.

어렸을 적 부모님은 아침에 무조건 일찍 일어나야 한다고 말씀하셨다. 열심히 무언가를 하지 않으면 험한 세상을 헤쳐 나갈 수 없다고 말씀하셨다. 근면과 성실만이 세상을 발전시킬 수 있는 유일한 원동력이라고 강조하셨다. 실제로 근면과 성실은 짧은 역사에도 불구하고 우리나라를 선진국으로 발전시켰다.

기성세대들은 발전된 우리나라를 보면서 자신의 땀이 헛되지 않았다는 자부심을 느꼈을 것이다. 또한 그것이 앞으로 계속 우리나라를 발전시켜 줄 것이라고 믿었을 것이다. 그러나 근면과 성실은 우리의 머릿속에 아무 일도 하지 않으면 죄책감에 시달리게 하는 주문을 걸어 놓았다.

그 주문은 한국에서 반백 년을 살아온 나의 머릿속에도 걸려 있다. 열심히 부지런히 살면 반드시 성공할 거라는 주문이 걸려 있다. 다른 사람들이 빈둥빈둥 놀 때 조금이라도 더 노력하면 그들보다 더 나은 삶을 살 것으로 생각했다.

영웅은 일찍 죽어야 영웅으로 남는다. 한 세대에서 통했던 영웅이 세상이 바뀌면 다른 세대에서는 악당으로 평가될 수 있다. 물론 진정한 영웅은 시대를 뛰어넘어 모든 세대에서 영웅으로 남는다. 그러나 진정한 영웅으로 남는 일이 쉬운 일은 아니다.

요즘도 부지런히 열심히 일해야 한다는 강박관념에 사로잡혀 가만히 있질 못하고 계속 무언가를 찾는다. 이런 내 모습이 안쓰러울 때가 있다. 그렇게 바라던 성공이 이루어지긴 한 건지 생각해 본다. 나보다 더 놀고 더 느긋하게 사는 사람들이 나보다 더 큰 성공을 이루었다고 느낄 때 가슴속에는 나를 지배했던 신념에 대해 배신감과 분노가 밀려온다.

'그럴 리 없어!'라며 신념을 옹호하고 싶지만, 현실은 신념도 바뀌어야 한다고 말한다. 부모님이 삶의 지혜라고 알려주신 근면과 성실은 더 이상 세상을 살아가는 데 가장 좋은 지혜는 아닌 것 같다.

유대인이 적은 인구에도 불구하고 세계적으로 성공한 비결은 창의력에 있다. 유대인에게는 육 일을 일하면 하루를 쉬는 안식일, 육 년을 일하면

일 년을 쉬는 안식년이 있다. 휴식의 시간은 창의력으로 이어진다.

이제는 근면과 성실도 중요하지만, 창의력이 더 중요한 시대이다. 내가 믿고 있는 가치와 생각을 젊은 세대에게 강요하면 꼰대가 되기에 십상이다. 어쩌면 젊은 세대들이 지금의 이 세상을 살아가는 데 더 좋은 지혜를 가졌는지도 모른다.

나만의 신념을 고집하고 그 세상에서 나오지 않는 것은 변화하는 세상을 따라잡을 자신이 없어서 애써 외면하는 처절함일지도 모른다. 자기의 존재가 부정당하는 것이 싫어서 꼰대라는 이름으로 과거에서 버틴다. 그러나 우리가 인생에서 붙잡을 수 있는 시간은 오직 현재뿐이다. 세월 속에 고이 간직한 나만의 신념이 이제는 바뀌어야 할 때가 온 것이다.

키보다 마음을 키우는 법

키가 작아진 이유는 세상의 흐름을 받아들였기 때문이다. 아무리 크다고 주장해봤자 세상이 받아들여 주지 않으면 나의 키는 작은 것이다.

세상이 참 많이 변했다. 나는 태어나서 키가 작다고 생각해 본 적이 한 번도 없었다. 그러나 가끔 내 키는 변하기도 한다. 기분이 좋은 날에는 175cm, 기분이 안 좋은 날에는 174cm가 된다. 지금은 나이가 들어 등이 굽었으니 어쩌면 더 작을지도 모른다.

아무리 그렇다고 해도 나는 키가 작다고 생각해 본 적이 없었다. 그런데 어느 날부터 쪼그마했던 딸아이가 내게 자꾸 묻는다.

"아빠는 왜 이렇게 키가 작아?"

태어나 한 번도 공격받지 않던 키에 대한 신념이 딸아이의 느닷없는 질문에 금이 간다. 내가 당황스러운 것은 키가 작다는 사실이 아니다. 그것은 누군가가 나에게 말해주지 않으면 나만의 세상에 갇혀 살 것이라는 어리석음의 깨달음이다.

사실 요즘 남자아이들은 중학생만 되어도 나만큼 키가 크는 것 같다. 그러니 딸아이가 볼 때 한참 어린 학생들도 나만큼 키가 되니 나보고 작다고 하는 것이다.

가끔 우리는 험한 세상을 헤쳐 나왔다는 자부심에 우리의 믿음을 세상의 진리로 받아들인다. 그리고 그 믿음이 변화하는 세상에 보잘것없이 깨질까 봐 더 지키려고 고집 피운다. 그러나 그 믿음을 지키려 하면 할수록 꼰대가 되고 마음이 늙어버린다.

인생은 짧아서 이왕 태어난 김에 즐겁게 살아야 한다. 물론 곳곳에 장애물이 도사리고 있다. 그래도 우리는 즐겁게 살아야 한다. 그렇게 하려면 우리의 믿음을 다시 한번 점검해 보고, 유연한 사고로 세상의 흐름과 타협할 필요가 있다. 쉽지 않은 일이지만 세상의 변화를 받아들여야 마음이 편해진다.

6.
허무를 덮고 무기력을 건너는 다리

무기력은 멈춘 마음이 아니라 갈 곳을 잃은 발걸음이다. 의미를 찾으려 멈추는 순간, 시간은 모래처럼 손가락 사이로 빠져나간다. 그래서 사람들은 목적 대신 움직임으로 다시 시간의 물살에 몸을 던진다. 좋은 기억은 흘러간 시간을 붙잡아 허무를 덮어 버린다. 나쁜 기억은 시간이 떠난 뒤에도 꺼지지 않는 불씨가 된다. 그래서 나쁜 기억 위에 좋은 기억으로 다리를 놓아야 한다. 결국 인생은 추억이라는 다리로 허무를 덮고 무기력을 건너는 여정이다.

무기력을 탈출하는 방법

정신없이 살다 가도 자유시간이 찾아오면 행복해야 한다. 그런데 오히려 무기력증에 빠진다. 심리학자들은 우울증과 무기력증에는 차이가 있다고 말한다. 우울증은 다시 일어설 에너지가 고갈된 상태이다. 반면에 무기력증은 에너지는 있지만 무엇을 해야 할지 방향을 못 찾는 상태이다. 우울증은 뇌에 이상이 생긴 것이므로 약물치료가 필요하다. 그러나 전문가가 아닌 이상 우울증과 무기력증을 구분하기는 힘들다. 그래서 우울증 치료가 어려운 것이다.

흔히 말하는 우울증이 아니라면 우리는 무기력증에서 어떻게 탈출할 수 있을까?

지나간 일을 생각해 본다. 증권회사에 다닐 때 주식시장의 변동으로 고객들로부터 엄청난 항의를 받았다. 나에게 항의한다고 해서 주식이 올라가는 것도 아니다. 그러나 고객들은 원망의 대상을 나로 정한 것이다. 그래서 우울증인지 무기력증인지 한때 마음은 갈피를 못 잡고 멈춰 서 있었다. 할 수 있는 일이 아무것도 없다는 좌절과 상실감이 내 마음을 무겁게 짓눌렀다. 그때 나는 뜬금없이 친한 형처럼 교수가 되겠다는 꿈을 꾸었다. 사실 교수가 될 수 있다는 생각은 하지 못했다. 그냥 그 형을 따라 하고 싶었다. 그래서 퇴근 후에 대학원을 다녔고 집에 와서는 논문을 쓰며 시간을 보냈다. 그것이 딱히 인생에 어떤 의미가 있는지는 잘 몰랐다. 그러나 그런 일에 집중하면 시간이 잘 가서 짜증 나고 힘든 일을 잊을 수 있었다.

그때부터 나에게는 특이한 습관이 생겼다. 어떤 일을 하고 무슨 일을 해야 인생에 의미가 있는지를 해결하는 습관이다. 어떤 일을 그리고 무슨 일을 해야 인생에 의미가 있는지는 먼 훗날에 가서야 알 수 있다. 그러나 나는 내가 보낸 시간에 의미의 이름표를 붙이기 시작했다. 작은 달력에 그날

했던 일을 적고 그 일을 했기에 오늘이 의미 있다고 자위自慰하는 것이다. 그래서 나에게 "너는 오늘도 의미 있게 하루를 보냈으니 죄책감을 가질 필요 없어."라고 말했다. 별것 아닌 그 습관은 시간이 지나면서 정말로 나를 교수로 만들어 놓았다.

학교에 와서는 승진이 목표였다. 복잡한 인간관계에서 받은 스트레스는 일기장에 인생의 의미를 채우며 극복하였다. 신기하게도 무언가에 쫓기며 스트레스를 받았지만, 나만이 알고 있는 비상구를 향해 달렸더니 무기력증은 찾아오지 않았다.

어느덧 세월이 흘러 예전보다 더 많은 시간이 자유의 이름으로 다가왔다. 그러나 나를 찾지 않던 무기력증도 나를 찾아왔다. 쓸데없이 유튜브를 뒤적거리며 인생의 의미나 무기력증 탈출 방법을 찾아봤다. 그러나 투입한 시간에 비해 만족할 만한 답은 얻지 못했다. 애초부터 답도 없는데 유튜버들의 미끼에 속아 계속 같은 얘기만 들었다.

이 상태가 우울증이 아니라면 내가 해야 할 일은 무엇일까? 이 질문은 자연스럽게 인생의 의미는 무엇인지와 연결되어 버렸다. 그러나 인생의 의미를 찾으며 무슨 일을 해야 할지 고민하는 사이에 자꾸 시간만 흘렀다. 아무것도 하지 않는 나 자신을 보며 무기력해졌다. 이러한 악순환의 굴레가 지속되면서 다시 무기력의 늪에 빠졌다.

기억을 되살려 보니 무기력증은 아무것도 하기 싫은 귀찮음과 게으름의 또 다른 변명이다. 의미 있는 일을 찾겠다고 거창한 계획을 세우는 순간 그 부질없는 계획으로 무기력의 늪에 빠진다. 그냥 몸과 마음이 편안한 것만 찾으려는 욕심을 무기력이라고 탓하며 그 상태에 안주하는 나 자신을 발견한다.

지금은 글쓰기를 하면서 시간에 의미를 부여하고 있다. 무엇을 해야 할지 모를 때는 차라리 아무거나 하면서 시간을 보내면 그 시간이 의미를 갖게 된다. 의미 있는 일을 찾기보다는 시간에 의미를 부여하는 것이 더 수월하고 정신 건강에도 좋다. 돌이켜보면 무기력은 아무것도 하기 싫은 마음을 정당화하는 가장 그럴듯한 포장이었다. 물론 내가 지금 어디로 가고 있는지 방향은 확인해야 한다. 생각이 꼬리에 꼬리를 물고 가면 결국 인생이라는 단어에 다다른다.

이런 깨달음은 쇼펜하우어의 말과 닿아 있다. 인생은 욕망과 권태를 왔다 갔다 하는 시계추이다. 욕망과 권태 사이에 가끔 무기력이 생기는 것이다. 인생이 꼭 의미 있어서 산다기보다는 그냥 주어진 인생이라 사는 것이다. 그래서 무기력증에 빠져 있다면 얼른 몸을 움직여 무언가를 하며 그곳을 탈출하면 된다. 그리고 그곳을 탈출해도 언젠가 다시 그곳에 파묻힐 수 있다는 사실을 받아들여야 한다.

걱정과 불안이 우리를 무기력의 늪에 밀어 넣을 때 가만히 있으면 시간은 정말로 의미를 잃어버린다. 그렇게 되지 않으려면 시간을 무언가로 채워야 한다. 그 무언가가 걱정과 불안을 줄일 수 있을지 없을지는 전혀 상관없다. 산책도 좋고 친구를 만나는 것도 좋고 책을 읽는 것도 좋다. 나의 의지로 할 수 있는 일이라면 무엇이든 좋다. 그렇게 무언가를 하면 무기력에서 탈출할 수 있다. 무기력에서 탈출하면 걱정과 불안도 눈앞에서 사라진다. 인생에서 의미 있는 일은 내가 의미를 부여하며 살아낸 시간일 것이다.

허무를 덮는 기억의 힘

문득 뒤를 돌아보면 저 멀리 사라지는 인생에 허무함을 느낀다. 젊었을 때는 인생이 길게 느껴졌는데 나이가 드니 생각보다 짧아 당황스럽다. 그러나 인생의 허무를 달랠 수 있는 이유는 인생을 의미 있게 만드는 좋은 기억들이 있기 때문이다.

세월이 갈수록 인생이 빠르게 느껴지는 이유는 그때의 그 기억은 그 자리에 있는데 인생은 그곳에서 점점 멀어지기 때문이다. 세월은 흘러가는데 그때 그 기억은 여전히 생생하니 인생이 빠를 수밖에 없다. 흘러가는 인생을 위로하기 위해서는 그때 그 자리에 좋은 기억을 많이 만들어놔야 한다.

한 지인이 가족의 모습을 찍어 두었던 비디오를 정리하였다. 예전에는 동영상을 비디오테이프에 저장하였지만, 지금은 파일에 저장한다. 그래서 그분은 비디오테이프에 담겨 있던 추억을 디지털 파일로 옮기는 작업을 하였다. 그분은 작업을 하면서 지나간 가족의 모습을 보았다. 인생이 너무 빨리 흘러 서글퍼진다고 했다. 그러나 가족의 밝은 모습에 인생이 그리 허무하지는 않다고 했다. 그때의 가족 모습은 세월 속에 사라졌지만, 그 파일 안에는 행복을 되살릴 추억이 담겨 있다. 그래서 그 추억을 시작점으로 현재까지의 인생은 모두 행복해 보이는 것이다. 그 추억 때문에 인생이 짧고 허무해 보일 수 있다. 그러나 그 추억이 행복했기에 인생의 허무를 달랠 수 있다. 그리고 그 추억을 다시 만들고 싶은 희망을 품고 살아갈 수 있다.

인생을 지옥으로 느끼게 한 나쁜 기억이 있었다면 그 기억에서 도망치려고 세월을 재촉했을 것이다. 그러나 문득 돌아보면 흘러간 인생이 허무해지고 여전히 또렷한 나쁜 기억에 한 번 더 허무해질 것이다. 나쁜 기억에서 아무리 도망치려 해도 소용없다고 느끼면 유일한 탈출구는 삶을 놓아야 한다는 좌절일 것이다. 그래서 노력하지 않으면 죽을 때까지 그 좌절 속에 살아가게 된다.

누군가가 나쁜 기억에 사로잡혀 좌절 속에 살아간다면 나쁜 기억을 상쇄할 만한 좋은 기억을 만들어야 한다. 인간은 망각의 동물이다. 그러나 잊히지 않는 기억이 있는 이유는 잊지 않게 그 기억을 되뇌기 때문이다. 따라서 나쁜 기억을 가진 사람도 잊지 못할 좋은 기억을 많이 만들면 머릿속에서 나쁜 기억을 몰아낼 수 있다. 나쁜 기억에서 현재까지는 불행한 인생이 되지만, 좋은 기억에서 현재까지는 행복한 인생이 될 것이다.

인생이 허무해지지 않으려면 좋은 기억을 많이 만들어야 한다. 어차피 죽음 앞에 가져갈 수 있는 것은 아무것도 없다. 그러나 살아 있는 동안 좋은 기억으로 행복을 느낀다면 인생은 의미 있고 허무해지지 않는다. 따라서 인생의 허무를 덮어 줄 오래도록 되새길 수 있는 좋은 추억을 많이 만들어야겠다.

7.
어제를 미워하지 않는 연습

인생은 되돌릴 수 없는 강물과 같아 지나간 선택은 물결 속에 흘러간다. 그러나 우리는 흘러간 선택을 현재로 끌어와 우리의 삶을 비춘다. 좋은 기억은 인생이 무너지지 않게 받쳐주는 기둥이 된다. 나쁜 기억은 잠긴 문을 계속 두드리는 미련으로 남는다. 그러나 결국 삶의 선택은 옳고 그름의 문제가 아니라 선택하며 지나온 시간을 품을 수 있는 용기의 문제이다.

후회는 되돌릴 수 없는 선택

후회하는 이유는 인간이 시간의 유한한 존재이기 때문이다. 인간이 죽지 않는다면 후회할 일이 없을 것이다. 남는 것이 시간이라 후회할 일을 다시 바로잡으면 그만이다. 그러나 인간에게는 그렇게 많은 시간이 주어져 있지 않다. 그래서 되돌릴 수 없는 선택을 하며 살아간다. 세상에 후회하지 않는 사람은 없을 것이다.

어떤 사람은 식당에 가기 전에 무엇을 먹을지 결정한다. 그리고 결정한 음식이 예상한 맛에 들어맞으면 만족하고 그렇지 못하면 실망한다. 미리 정한 음식은 실패할 확률을 줄일 수 있다. 그러나 우리에게 기대 이상의 새로움을 주지 못한다. 우리는 이미 결정한 음식의 기대치를 알고 있기 때문이다.

그런가 하면 어떤 사람은 음식을 정하지 않고 새로운 식당에 가려고 한다. 새로운 식당이기에 음식도 새롭고 맛도 가늠하기 어렵다. 모든 것이 새로워서 음식에 대해 실망할 수 있다. 그러나 기대 이상의 희열도 얻을 수 있다. 그 희열은 우리가 정한 음식으로는 아무리 노력해도 얻을 수 없는 새로운 감정이다.

인생도 그렇다. 우리가 정해진 길로만 가면 잠시 만족할 수 있다. 그러나 기대 이상의 무언가를 얻지는 못한다. 반면에 우리가 새로운 길에 도전하면 알 수 없는 불안감에 휩싸일 수 있다. 그러나 기대 이상의 희열을 얻을 수 있다.

나는 예전에 한 고깃집에 다닌 적이 있었다. 그 고깃집은 메뉴가 따로 없었다. 그저 그날 들어온 고기가 그날의 메뉴이다. 오늘은 돼지고기의 어느 부위가 들어왔을지 은근히 기대하며 다녔다. 신기하게도 한 번도 고기의 맛에 대해 실망한 적이 없었다. 아마도 그 고기에는 매일 새로움이라는 양념이 더해져 있었기 때문일 것이다.

어쩌면 후회는 새로운 길을 선택한 우리의 도전이었는지도 모른다. 선택한 길의 끝을 이미 알고 있다면 후회할 일도 없을 테니 말이다. 새로운 길이 우리에게 만족스러운 결과를 주지 못했어도 너무 실망할 필요는 없다. 그 새로운 길은 우리가 인생을 주도적으로 살고 있다는 증거이기 때문이다.

인간이 후회에 휘둘리지 않는 방법은 주어진 시간이 유한하다는 사실과 후회가 삶의 숙명宿命임을 인정하는 것이다. 그 숙명을 받아들이는 순간 후회는 삶을 뒤흔드는 감정이 아니라 스쳐 지나가는 그림자가 된다.

세월이 갈수록 지나온 길과 익숙한 길로만 가려는 내 모습을 본다. 비록 안락해졌을지는 몰라도 무기력해진 내 모습이 보인다. 나이가 자꾸 나를 재미없게 만들어 버린다. 새로운 것을 시도해야 재미를 얻을 텐데 자꾸 안락함과 귀찮음 사이에서 저울질만 한다.

인생은 길고 짧음만 있을 뿐 죽으면 끝이다. 끝을 향해 조심조심 가든 좌충우돌左衝右突로 가든 우리는 결국 끝에 다다른다. 새로운 도전이 후회될지 재미없는 인생이 후회될지는 아무도 모른다. 어쩌면 인생의 끝자락에서는 무엇을 선택했는지가 아니라 스스로 선택하며 살았는지만 남을 것이다.

지나간 것과의 화해

후회하지 말아야 하는 이유는 후회가 과거의 결정에서도 올 수 있지만, 과거를 돌아본 현재에서도 올 수 있기 때문이다. 우리는 시간 속의 모든 결정을 최고의 선택이라고 받아들여야 인생의 유한함을 달랠 수 있다. 지나간 것은 지나간 대로 두어야 후회가 없다.

몇 년 전 호주에서 살았던 기억이 새록새록 그립다. 누군가가 다시 호주로 돌아가 살고 싶냐고 물어본다면 나는 그에게 첫사랑을 다시 만나 사랑하고 싶냐고 물어보고 싶다. 첫사랑의 아름답고 설렜던 감정을 다시 느낄 수도 있다. 그러나 그녀에게 묻어 있는 세월의 흔적에 실망할 수도 있다. 지금의 나는 그때의 나로 돌아갈 수 없다. 가슴 깊이 묻어 둔 보물 상자를 열어보고 후회하지 않을 자신이 있는지 내게 물어본다.

인생은 애초에 후회를 전제로 설계되었다. 과거로 돌아간다고 올바른 결정을 할 수 있을지도 미지수이다. 할 수 있는 모든 결정을 해보고 모든 결과를 확인할 수 있다면 후회는 없을 것이다. 그러나 그러기에는 인생이 너무 짧다. 그래서 유한한 인생은 어쩔 수 없이 후회라는 그림자를 발밑에 두고 걷는다.

차라리 보물 상자를 열어보지 않는다면 가슴속에는 그때의 설렘과 기대로 충만할 것이다. 그 설렘과 기대가 권태와 실망으로 바뀔까 봐 호주로 돌아가 살 자신이 없나 보다. 그때의 아름다웠던 감정을 지금도 느낄 수 있을지는 의문이다.

이렇게 해도 저렇게 해도 어차피 인생은 후회로 가득하다. 그러나 후회가 두려워 나아가지 못하면 시간만 줄어들어 그것이 또 후회된다. 인생이 축복되려면 지나간 것은 지나간 대로 묻어두고 앞만 보고 가야 한다. 행복했든 불행했든 과거를 바로잡을 방법은 없다. 우리에게는 선택할 수 있는 미래만 남아 있다. 그러나 그 미래의 끝도 어느 날 갑자기 찾아온다. 몸과 마음이 평온할 때 이 세상을 즐겨야 한다.

과거에 묶여 남은 시간을 후회로 보내는 과오過誤는 범하지 말아야 한다. 그래서 인생은 후회하며 흘러간다는 당연한 이치를 받아들일 때 우리는 비로소 다음 선택 앞에 조금 더 자유로워질 수 있다.

그리운 것은 그리운 대로

오후에 아내로부터 전화가 왔다.

"지금 메시지 보낼 테니까 읽어봐!"

메시지 내용은 다음과 같았다.

“안녕하세요. 호주 골드코스트에서 헬렌 친구가 연락해달라고 부탁하네요. 페이스북으로 연락하고 싶어 하네요. 저는 골드코스트에서 지내다가 지난주에 한국으로 들어와 문자 드려요.”

우리 가족이 헬렌에게 너무도 무심했다. 호주에 갔다 온 지 벌써 일 년이 지나가고 있다. 그러나 아직 헬렌에게 아무런 연락도 하지 못했다. 헬렌이 싫어서가 아니다. 한국에 돌아오니 호주의 기억을 붙잡을 겨를이 없었다. 그렇다고 기억에 붙들려 사는 것도 사치스럽게 느껴졌다. 헬렌은 아직도 우리 가족을 잊지 못하나 보다. 헬렌은 연락이 안 되는 아내가 궁금하여 다른 한국 사람을 통해 한국 전화번호로 연락한 것이다.

어떻게 해야 할까? 우리 가족이 다시 호주로 돌아갈 수도 없는 노릇이다. 헬렌의 마음을 편안하게 하려면 우리 가족이 잊혀야 하는 것은 아닐까? 아니면 만나지도 못할 사람을 그리워하며 기다려야 하는 것일까? 한국의 바쁜 일상은 우리 가족을 호주의 기억으로부터 차단하였다.

이 이야기도 벌써 육 년 전의 일이 되었다. 헬렌은 우리 가족이 호주를 떠나올 때 벌써 칠십 대 중반이었다. 온몸이 성한 곳 없는 할머니였다. 콜롬비아에서 어렵게 호주에 이민하여 아이들을 훌륭하게 키워낸 강한 엄마였다. 어쩌면 그녀는 지금 이 세상에 없을지도 모른다. 모든 연락처를 잃어버려 그녀에게 연락할 방법이 없다. 우리 가족에게 살가웠던 고마운 헬렌을 그때의 모습으로만 기억하고 싶었는지도 모른다. 헬렌의 늙고 아픈 모습을 똑바로 마주할 자신이 없다. 다시 만난다 해도 그때로 돌아갈 수 없는 슬픈 현실이 안타깝다.

수많은 사람이 인생을 스쳐 가며 좋은 기억과 나쁜 기억을 남겨 놓는다. 좋은 기억은 남기고 나쁜 기억은 지우고 싶다. 그러나 모든 기억은 그때 당시의 잔상일 뿐 지금은 다시 가질 수 없는 신기루이다. 굳이 좋았던 기억을 현재로 소환하여 망가뜨리고 싶지 않다. 그냥 그리운 것은 그리운 대로 내버려 두는 것이 살아가는 데 더 좋을지도 모른다. 흘러가는 시간 속에 우리가 잡을 수 있는 것은 아무것도 없다. 그저 현재의 시간을 충만하게 보내려고 노력할 뿐이다.

"헬렌! 우리는 당신의 따뜻한 마음을 잊지 않았어요. 다만 살아가는 일에 충실하여 잠시 잊고 지낼 뿐입니다. 당신은 항상 우리 마음속에 있어요. 당신이 행복한 세상에서 잘살고 있기를 간절히 바랍니다. 어디에 있든 아프지 말고 오래오래 사세요."

준비 없는 이별이 남기고 간 자리

이별은 준비할 틈 없이 찾아와 남은 사람의 시간을 멈춰 세운다. 고통으로 가득했던 생生의 무게는 마지막 순간에 아무 말 없이 내려진다. 말하지 못한 인사는 빈자리가 되어 마음속에 오래도록 남는다. 그녀와의 기억은 시간과 함께 그 모든 상실 위를 무심히 흘러간다.

준비 없는 이별

삼 일간 하늘에 구멍이 뚫린 듯 물 폭탄이 쏟아졌다. 이백 년 만에 내리는 엄청난 폭우라고 한다. 세상이 모두 물난리를 걱정하는 동안 그녀는 영영 돌아오지 못할 곳으로 떠났다. 그녀가 떠나가고 나니 하늘은 거짓말처럼 짙은 여름 색을 띠고 있다. 얄밉게도 삼 일 내내 잔뜩 찌푸린 얼굴을 하더니 오늘은 생뚱맞게 웃기만 한다. 그녀는 나를 백년손님으로 맞이한 장모님이다. 우리의 인연은 벌써 이십 년이 되어 가고 있다. 세상을 떠나시기 전까지 장모님은 사위를 어려워하셨다. 사위는 장모님을 살갑게 대하지 못했다.

장모님은 오래전 갑상샘암을 수술하시고 완치 판정을 받으셨다. 그러나 다시 몇 년 후에 암이 재발하였다. 재발한 암은 끈질기게 장모님을 괴롭히며 폐로 전이되었다. 급기야 온몸으로 퍼져 나아갔다. 몇 해 전만 해도 장모님은 항암제를 드시고 암이 커지지 않아 안심하고 계셨다. 병원에서는 그저 추적 관찰만 하면 될 것 같다고 했었다. 그러나 올해 들어 갑자기 온몸에 통증이 급증하면서 한두 차례 병원에 입원하신 적이 있었다. 6월 말에는 통증을 이기지 못하고 다시 병원에 입원하셨고, 그 후로 병원을 나오지 못하셨다.

올해 시간적 여유가 되어 사위 노릇 한번 하겠다며 장모님이 입원하신 병원을 매일매일 드나들었다. 사실 매일 병문안을 갈 수밖에 없었다. 올해 4월 장모님은 폐에 물이 차서 청주에 있는 ○○ 병원에 갔었다. 병원은 할 수 있는 것이 아무것도 없다며 입원을 거부하였다. 아마 폐에 있던 암이 말썽을 일으키며 폐에 물이 차 통증이 심해진 것 같았다. 이 병원 저 병원 전화하며 장모님을 받아 줄 병원을 찾던 아내는 급기야 울음을 터뜨리고 말았다. 전화기 너머 아내의 울부짖음은 나의 가슴을 찢어 놓았다. 나 역시 해 줄 수 있는 것이 아무것도 없다는 자괴감에 한없이 초라해졌다. 그러나 다행히도 장모님은 갑상샘암을 수술했던 ○○○○ 병원에서 받아준다고 하여 급히 서울로 올라가셨다.

머칠 후 찾아뵈니 거동은 불편하셨지만, 장모님은 회복하고 계셨다. 병원은 폐에 찼던 물을 빼면 괜찮을 거라고 하였다. 그때는 폐에 있던 물만 빼면 다시 일상으로 돌아가실 줄 알았다. 그 후 청주로 내려오셨지만, 통증은 여전했고 심해질 때마다 가까운 병원을 방문하셨다. 장모님은 가족들을 볼 때마다 태연한 척하셨지만 엄청난 고통에 시달리고 계셨다. 그것도 모른 나는 끝을 향해 성큼성큼 달려가시는 장모님을 영원히 곁에 계실 것만 같이 대했다. 웬만하면 아파도 아프다고 안 하시고 힘들어도 힘들다고 안 하시는 분이다. 그런 장모님이 스스로 병원을 가시는 날이 잦아졌다. 나는 병원에만 가시면 완치되지는 않아도 현재 상태를 유지할 수 있다고 생각했다.

통증이 잦아져 올해 4월 장모님을 받아주었던 ○○○○ 병원에 문의하였다. 돌아온 것은 더 이상 할 수 있는 것이 아무것도 없다는 대답뿐이었다. 환자의 존엄을 위해 통증을 줄이는 약만 처방해 줄 수 있다고 하였다. 그러던 6월 말 청주의 한 병원에 입원하시더니 건강이 하루가 다르게 악화했다. 7월 초가 되어서는 말씀도 못 하시고 서서히 의식을 잃어가기 시작하셨다. 가족들은 가슴을 졸이며 매일매일 병원에 갈 수밖에 없었다. 장모님이 무슨 말씀이라도 하실까 봐 축 처진 팔다리를 흔들며 감은 눈이 떠지기를 고대하였다. 장모님의 병세는 하루가 다르게 악화하였다. 아무런 말씀도 못 하시고 눈만 감은 채 산소호흡기에 생명을 의지하셨다. 7월 7일 아내와 나는 원장님과 면담을 하였다. 원장님은 장모님의 상태를 얘기하셨다. 우리는 의사가 아무것도 할 수 없다는 낯선 상황을 마주하게 되었다. 뇌경색과 뇌출혈이 동시에 발생하였고 암은 간과 가슴막까지 전이되었다고 했다. 하나님만이 장모님의 남은 시간을 알 수 있다는 말에 아내와 나는 그 자리에서 굳어 버렸다.

원장님은 애써 흔들어 장모님을 깨우려는 우리의 노력이 안타까웠는지 사실대로 얘기해 주었다. 나는 7월 8일 학회에 참석하기 위해 중국으로 떠나야 했다. 갈 수 있을지 조마조마했다. 아내는 6개월간 준비한 것인데 어떻게 포기할 수 있겠냐며 나보고 갔다 오라고 하였다. 내가 갔다 올 동안 장모님은 아무 문제 없을 것이라고 말하면서도 아내의 흐느끼는 어깨와 흐르는 눈물이 내 마음을 아프게 하였다.

불편한 마음을 안고 떠나온 중국에서 하루도 온전히 내 정신으로 보낸 날이 없었다. 불안했던 육 일이 지나 귀국하였다. 여전히 장모님은 살아계셨다. 안도의 한숨과 함께 눈이 통통 부은 장인어른과 그렇게 삼 일을 보냈다. 사 일째 되는 날 아침, 병원에서 전화가 왔다. 오늘 가족들이 모두 오는 것이 좋을 것 같다고 했다. 부랴부랴 아침에 병원으로 향했다. 전날 밤부터 무섭게 내리는 비는 그칠 줄 모르고 콩닥콩닥 뛰는 가슴을 더욱더 방망이질하였다.

의사는 환자가 언제 회복될지는 몰라도 언제 죽을지는 맞힌다더니 오전부터 갑자기 장모님의 혈압과 산소포화도가 춤을 추었다. 장모님의 피부는 점점 혈색을 잃어갔다. 점심 식사한 후 모든 가족은 장모님을 흔들어 깨웠다. 그러나 기계에서 들리는 경고음은 더욱더 거세져만 갔다. 오후 2시 심장박동이 날뛰더니 갑자기 쭉쭉 떨어졌다. 이내 병실은 가족들의 울음바다가 되었다. 정말로 영영 다시는 못 돌아오시는 건가! 그렇게 장모님은 유언다운 유언도 없이 그대로 떠나가셨다.

믿기지 않았다. 준비 없는 이별이었다. 가장 가까이에서 떠나가시는 장모님을 보고도 아무것도 하지 못했다. 실감이 나지 않았다. 정말로 이대로 가시는 건지 말이다. 침묵으로 일관했던 원장님은 확인하시더니 사망하셨다는 짧은 한마디만 남기고 자리를 뜨셨다. 창밖에는 빗방울이 미치도록 유리창에 부딪히더니 이내 흩어져 버렸다. 그 빗속에서 어딘가로 떠나시는 장모님이 보이는 것 같았다. 정말로 뒤도 돌아보지 않고 멀어지는 장모님이 보였다.

찰나의 순간이 생生과 사死를 갈랐다. 그러나 시간은 아무런 미동도 없이 태연하게 흘러가고 있었다. 잠시 정적과 침묵이 흐른 후 가족들은 예상했던 일처럼 다음 순서를 진행하였다. 그렇게 힘들고 고통스럽던 인생이 끝날 때는 아무런 기척도 하지 않고 순식간에 사라졌다. 아니! 생과 사를 가르는 시간도 생의 시간과 별반 다르지 않게 흘러갔다. 우리가 살아 있는 이 시간이 수많은 생명의 생과 사를 가르는 심판의 시간이었다.

이제 장모님이 볼 수 없는 세상이 창밖 너머에는 아무렇지도 않게 우두커니 서 있다. 그렇구나! 세상은 그대로 있는데 우리의 인생만 나타났다 사라지는구나!

세상을 지배할 수 있다는 생각은 살아 있는 시간 속에서의 착각이며 자만自滿이고 오만傲慢이다. 여전히 채워지지 않는 마음속의 결핍은 미완성의 작품으로 남은 채 시간은 속절없이 흐를 것이다. 그리고 우리는 결국 시간의 끝에 다다랐다가 사라질 것이다.

장모님은 인생을 완성하셨다고 생각하시고 가셨을지 궁금하다. 그러나 세상의 모든 번뇌를 내려놓은 편안한 마음이었기를 간절히 바라본다. 아직 실감이 나지 않지만 정말로 이제는 장모님을 이 세상에서 뵐 수 없다. 인생을 돌아보게 된다.

빈자리에 남은 당신의 사랑

장모님이 떠나신 후 유품을 정리하러 처가에 갔다. 가라앉은 마음이 다시 동요될까 봐 아내를 살폈다. 나는 아직도 아내의 슬픔을 이해하지 못할 것이다. 장모님이 떠나시던 날 아내가 흘린 눈물은 내가 흘린 눈물보다 몇 배는 더 진하고 고통스러웠을 것이다.

장모님의 흔적을 정리하면서 다시 한번 눈물이 쏟아졌다. 책상 서랍에서 발견한 예쁜 편지 봉투에는 빳빳한 만 원짜리 지폐가 여러 장 들어 있었다. 그 돈의 주인은 아마 이번 추석에 활짝 웃으며 찾아올 손자와 손녀일 것이다. 통장 뭉치 사이에는 꼬깃꼬깃 접힌 오만 원 지폐들이 있었다. 이곳저곳에 숨겨진 돈을 합하니 꽤 많았다. 돈의 액수가 늘어날수록 가족들의 눈에는 더 많은 눈물이 흐르고 있었다. 그렇게 한평생을 반찬값에 전기세와 수도세를 아끼며 돈돈하시던 장모님이 그 아까운 돈을 써보지도 못하고 그냥 가셨다. 이렇게 아무 말 없이 가실 거면 돈이라도 다 쓰고 돌아가시지, 그 돈이 뭐라고 그렇게 소중히 간직하셨는지 안타깝다.

서랍 한쪽에서 한 뭉치의 장신구가 발견되었다. 장신구는 화려한 빛깔의 보석과 진주 목걸이들이었다. 항상 수수하셨던 장모님이 사실은 누구보다 예쁘고 화려하게 살고 싶었다는 것을 이제야 알게 되었다. 늘 한발 물러나 다른 사람들을 먼저 배려하셨지만, 사실은 누구보다 돋보이는 삶을 꿈꾸셨다는 것을 뒤늦게 깨달았다. 그러나 그 많은 장신구 중에 값어치 나가는 것은 별로 없었다.

마음 한편이 무겁고 안타깝게 느껴진다. 살아계실 때 좀 더 살갑게 대하지 못했던 나 자신이 미워지고 싫어진다. 서랍 한 칸에는 이름 모를 약봉지가 빛바랜 봉투 속에 한가득하였다. 그동안 병마와 싸우며 얼마나 고통스러우셨을지 가늠이 잘되지 않는다. 언젠가 화려한 부활을 꿈꾸며 희망의 끈을 놓지 않으셨을 장모님을 생각하니 눈물이 흐른다.

책상을 정리하다가 한 무더기의 노트를 발견하였다. 장인어른은 장모님이 돌아가시기 전까지 일기를 쓰셨다고 했다. 그 일기장은 2025년 6월 29일에 멈춰 있었다. 아마 그날이 병원에 입원하셨던 날인 것 같다. 6월의 일기를 몇 개 읽어보다가 가슴이 먹먹해졌다.

어느 날은 몸이 너무 아파 병원에 종일 누워 계셨다고 했다. 어느 날은

　　오십이 넘으면 세상이 보이는 이유

밥 한 술갈 뜨지 못해 힘없이 집에 누워계셨다고 했다. 그리고 점점 변해가는 자기 몸 상태를 보고 죽음을 직감하셨는지 하나님을 향한 기대와 원망의 글이 일기장을 뒤덮었다. 살고 싶다는 애원의 그 한 줄에 눈물이 폭발하였다. 그렇게 장모님은 이미 죽음을 예견하셨다. 한시도 가만히 있질 못하고 돌아다니는 것을 좋아하시던 분이 그 고통 속에 움직이질 못했으니 얼마나 답답하셨을까?

누구도 자기 죽음을 대신할 수 없다는 그 절망감에 사로잡혀 계실 때도 가족들에게는 아무런 내색도 하지 않으셨다. 얼마나 참기 힘든 고통과 두려움 속에서 숨죽이며 계셨을지 전혀 가늠되질 않는다. 다시 한번 일어설 날이 올 거라고 믿으셨을 장모님의 그 희망이 무참히 부서진 것에 대해 분노와 한없는 무기력을 느낀다. 인생은 생로병사生老病死라는 것을 잘 안다. 그러나 그 고통을 혼자 감내하신 장모님을 생각하면 마음이 너무 아프다.

죽음 앞에 누가 행복하고 편안하겠냐는 생각을 해본다. 그러나 그 많은 번뇌가 사라지는 것을 행복이라고 느끼며 떠나셨기를 기대해 본다. 하루가 다르게 흔들리는 손으로 한 줄 한 줄 써 내려간 고통의 일기 속에서도 행복의 날갯짓을 연습하셨다고 믿어본다. 못다 이룬 많은 것들에 미련을 털어버리고 새로운 세상을 준비하셨다고 믿어본다.

어제 그제는 영원히 떠나는 장모님의 손을 잡고 내게 주신 예쁜 딸을 아끼고 지키겠다고 다짐했다. 그리고 아내를 내 곁에 오래오래 머물게 해달라고 부탁드렸다. 너무 걱정하지 마시고 편한 곳으로 가시라고 말씀드렸다. 내 얘기가 들렸는지 장모님의 눈가에는 눈물이 흘렀다. 장례식장에서 수많은 사람이 장모님을 애도하였다. 살아계실 때는 몰랐던 장모님의 존재를 돌아가신 후에야 알게 되었다. 그저 소박한 삶이었다고 생각했는데 장모님은 많은 사람의 사랑이었다. 그 빈자리는 슬픔과 공허로 뒤덮였다.

장모님을 가까운 봉안당에 모셨다. 단지 말씀만 하지 않으실 뿐 우리 곁에 계신다. 괴롭거나 보고 싶을 때 아내와 함께 오겠다고 인사드렸다. 가족과 너무 멀지 않은 곳에 계시니 외로워하실 필요 없다고 말씀드렸다. 그리고 우리가 살아가다 힘들 때면 응원을 해달라고 부탁드렸다.

9.
나이가 건네는 담담한 조언

젊음은 깃털을 달아 하늘로 날아오르려고 하지만 나이는 그 깃털을 하나씩 내려놓게 한다. 마흔은 아직 달릴 수 있는 시간의 들판에 서 있다. 오십은 중심에서 멀어지고 힘을 빼야만 숨을 쉴 수 있다. 인생은 잡고 싶은 것과 비워야 할 것 사이에서 균형을 배우는 긴 달리기이다.

마흔, 아직 달릴 수 있는 나이

마흔이 늦지 않은 이유는 아직 어른 대접을 받을 나이가 되지 않았기 때문이다. 따라서 마음만 먹으면 얼마든지 달릴 수 있는 나이이다. 흔히 마흔이 되면 주저앉을지 뻗어나갈지 고민하는 시기라고 말한다. 그러나 지금은 그 고민의 시기가 좀 더 늦춰졌다.

한국인의 중위연령은 1998년에 30.7세였지만 2025년에는 46.7세이다. 그래서 지금의 마흔은 아직도 생애 주기의 절반에도 미치지 못한다. 1998

년은 외환위기 시기였고 내가 대학교를 졸업하던 해였다. 취업은 안 되었고 나이는 서른에 가까웠다. 생애 주기의 절반에 가까워졌는데도 아무것도 이룬 것이 없어서 정말로 불안했었다. 서른 살이 넘어가면 금세 늙어버리는 줄 알았다. 인생이 완전히 꺾이는 줄 알았다. 그래서 그때의 서른은 인생의 큰 의미로 다가왔다.

오십이 넘어 돌아본 서른은 아기 같고 마흔은 철부지 아이처럼 느껴진다. 서른을 넘긴 지 이십 년도 더 지났는데 이제 나는 겨우 인생의 절반을 지나고 있다. 이런 것을 회춘回春이라고 하나 보다. 겨우 인생의 절반밖에 오지 않았으니 아직도 더 달려야 할 것 같다. 그러나 몸은 생각만큼 따라주지 않는다.

예전에 마흔은 인생의 반환점이라며 생애 주기에 큰 변곡점으로 인식되었다. 그래서 세상은 마흔에 호의적이지 않았다. 이삼십 대에는 청운靑雲의 꿈을 품고 누구보다 세상을 앞서가지만 마흔이 되면 고인 물로 취급받기 시작했다. 그러나 지금의 마흔은 생애 주기에 절반도 오지 못했다.

마흔은 꿈을 꾸며 달려갈 수 있는 나이이다. 세상은 아직 마흔에 바라는 것이 많다. 마흔에 결혼할 수 있고 아이도 낳을 수 있다. 직장을 그만둬도 이직할 수 있고 새로운 일을 시작할 수도 있다. 잘나가는 친구를 보며 상대적 박탈감과 열등감을 느끼지만, 아직 포기하고 싶지 않은 열정이 있다.

 오십이 넘으면 세상이 보이는 이유

오십이 되면 아이는커녕 결혼도 조심스러워진다. 직장을 그만두면 갈 곳은 집밖에 없고 새로운 일은 엄두가 나지 않는다. 잘나가는 친구를 봐도 시기와 질투할 힘이 줄어들어 그냥 생긴 대로 살려고 한다. 백 세 시대라고 하지만 사라지는 사람들을 보며 인생의 본질을 생각한다. 주저앉을 생각은 없지만 뻗어나가려고 해도 어디로 가야 할지 방향을 잘 모른다.

세상은 여전히 마흔에 가능성을 열어 두었지만 오십에는 스스로 세상을 만들라며 관심을 보이지 않는다. 마흔에는 몸이 삐거덕거려도 달릴 수 있고 공부할 수 있다. 그러나 오십에는 몸이 삐거덕거려 달리기도 힘들고 공부하기도 힘들어진다. 마흔에는 여전히 성공하는 사람이 있지만 오십에는 성공하는 사람이 가물에 콩 나듯 난다. 어른이 되면 가능성이 소진된다. 물론 오십이 되면 마흔보다 좋은 점이 있다. 그것은 몸과 마음이 느려져 욕심이 잦아든다는 점이다. 그러나 마흔에는 꿈을 좇아 달릴 수 있어서 여전히 욕심에 괴로울 수 있다.

지나온 시간을 돌아보면 마흔은 삼십 대의 꿈을 먹고 살았으며, 꿈을 실현하느라 바빴다. 앞만 보고 달렸으며 주저앉을 생각도 없었다. 마흔을 나이 들었다고 생각한다면 더 나이 들었을 때 마흔을 돌아볼 자신의 마음을 떠올려봐야 한다. 아마 다시 돌아갈 수 있다면 무엇이든 할 수 있는 나이가 마흔이었다는 것을 깨닫게 될 것이다. 후회하지 않으려면 세상이 속일지라도 최선을 다해 살아가야 한다. 오늘의 나이는 세상의 어떤 시선으로도 구속될 수 없는 가장 젊은 날이기 때문이다.

오십, 비워야 채워지는 나이

오십에는 만만한 사람이 되어야 한다. 오십에는 비어 있는 사람이 되어야 한다. 그것은 나를 잃는 비어 있음이 아니라 힘을 빼서 남겨둔 자리이다.

문득 다가온 오십과 문득 멀어지는 사람들이 느껴진다. 세상 문을 열고 나온 때가 엊그제 같은데 벌써 인생의 반이 지나가고 있다. 나는 거칠고 냉정한 세상에서 눈에 잔뜩 힘을 주고 목은 뻣뻣이 치켜들며 싸울 준비만 하였다.

누군가에게 나약하고 불안한 마음을 들키지 않으려고 언제나 밝고 강한 모습의 가면만 쓰고 살아왔다. 누군가가 나를 함부로 대하지 못하도록 가슴에는 잔뜩 바람을 넣어 부풀렸다. 머리에는 화려한 깃털로 장식하였다. 누군가가 오라 가라 해도 똥고집 같은 자존심으로 흔들림 없는 모습을 보였다. 사람들은 그런 내 모습에 언제나 내가 필요하다며 불러주었고 내 얘기에 관심을 기울였다. 사람들은 나약하고 불안한 '진짜'의 나보다 밝고 당당한 '가짜'의 나를 더 좋아했다. 다른 사람들에게 무언가 있어 보이는 내 모습이 나를 찾는 이유라고 생각했다.

오십을 넘어서니 세상의 중심에서 멀어지는 것을 느낀다. 알게 모르게 멀어지는 사람들을 보면서 거짓된 가면과 화려한 깃털로는 더 이상 쓸데없는 자존심을 지킬 수 없다는 것을 깨닫는다. 이제 외롭지 않으려면 만만하고 비어 보여야 한다. 사람들이 나에게 다가오게 하려면 세월의 무게에 짓눌려 단단해진 자존심을 버려야 한다. 자존심으로 빈틈없이 메워진 내 젊은 날의 옹이를 이제는 아무것도 없이 텅텅 비워놔야 한다. 사람들이 오라면 오라는 대로 가라면 가라는 대로 해야 다시 또 그들이 나를 찾을 것이다.

이제는 점점 세상이 나에게 바라는 기대가 줄어들고 있다. 그래서 점점 나를 찾는 사람들이 사라지고 있다. 그들이 나에게 세상의 틈을 내어주면 나는 얼른 감사하며 그 틈을 기쁘게 채워야 한다. 그렇게 해야 나도 여전히 세상 속에 존재할 수 있다. 오십에는 마음에 힘을 빼야 외롭지 않다. 오십에는 자존심을 비워내야 세상의 틈에 들어갈 수 있다. 받기보다는 주려고 해야 외롭지 않다. 오십의 외로움은 싸워서 이기는 것이 아니라 비워서 채우는 것이다.

강아지가 필요한 이유

나이 들면 강아지를 키워야 하는 이유는 가족과 헤어지지 않기 위해서이다.

한때 동네에서 강아지 키우는 것이 유행한 적 있었다. 우리 집도 아이들이 강아지 한 마리 키우자고 졸라댔다. 나는 강아지를 키우는 것이 얼마나 손이 많이 가고 귀찮은 일인지 아냐며 아이들에게 면박을 주었다.

요즘 시간이 날 때면 노후에 관한 생각에 잠기곤 한다. 노후가 되면 나는 어떤 모습으로 살아갈까? 그동안 상사의 비위를 맞추기 위해 마음에도 없는 소리를 하며 영혼 없이 살아왔다. 돈이 없으면 금방이라도 가정이 무너질 것 같아 살얼음 걷듯 걸어왔다. 어쩌다 한 번 우연한 기회로 투자에 성공하면 돈을 벌었다고 우쭐대며 가장의 자리가 굳건하다고 믿었다. 그러나 끝없이 올라가는 물가와 끝없이 곤두박질치는 주식에 내 마음 갈 곳을 잃은 지 오래다.

이젠 낙엽이 될 준비를 해야 한다. 일본에서 노후에 가장 인기 있는 남편은 집에 없는 남편이라고 한다. 일본 남자들은 은퇴하고 마땅히 할 일을 찾지 못해 아내 옆에 꼭 붙어서 아내를 귀찮게 한다고 한다. 한국도 다르지 않을 것이다. 그래서 일본에서는 은퇴한 남자를 "젖은 낙엽"이라고 부른다. 마른 낙엽은 잘 쓸리고 불이라도 붙지만 젖은 낙엽은 바닥에 딱 달라붙어서 불도 붙지 않는다. 아내가 쓸모없는 젖은 낙엽을 좋아할 리 없다. 나에게 남은 것은 바닥에서 떨어질 줄 모르는 젖은 부동산과 젖은 주식뿐이다.

가장이 가족에서 서열이 가장 높다는 착각은 세월이 지나면서 나뭇잎처럼 떨어진다. 떨어지다 못해 강아지가 있는 집에서는 강아지 밑으로 떨어진다. 남자가 이사 갈 때 끝까지 놓지 말아야 할 것은 강아지이다. 아내는 이사 갈 때 남편은 버려도 강아지는 버리지 않을 것이다. 그래서 남자는 끝까지 강아지를 안고 있어야 한다.

우리 집에는 강아지가 없다. 노후 준비를 위해 강아지라도 한 마리 키워야 하나!

"무엇을 끌어안고 있어야 아내가 날 데려갈까!"

10.
증명이 필요 없는 오십

오십은 홀로 서는 시작점이다. 홀로 선다는 것은 버려지는 것이 아니라 가벼워지는 것이다. 남들에게 인정받기보다는 자신을 소중히 여기는 법을 배우는 시간이다. 한때 박수로 존재를 증명했던 손은 이제는 자기 자신을 어루만질 때이다. 젊은 날의 기대와 현실의 괴리 속에서 자기 자신을 다독이는 법을 배워야 한다.

오십, 나를 괴롭히지 않는 시간

오십에 나를 찾는 이유는 태어나자마자 세상에 떠밀려 살다가 오십에 자기 의지대로 살고 싶은 욕망이 생겼기 때문이다. 우리는 이 세상에 태어나려고 노력한 적이 한 번도 없었다. 얼떨결에 태어나 세상이 원하는 대로 살았을 뿐이다. 그러나 오십이 되면 인생의 끝이 보이기 시작한다. 그래서 남은 인생은 자기 의지대로 존재 의미를 찾으며 살고 싶은 것이다.

우리는 태어나자마자 옹알이로 인정받으려고 하였다. 초등학교, 중학교 그리고 고등학교 때는 수많은 평가로 인정받으려고 하였다. 대학교에 가서는 좋은 직장으로 인정받으려고 하였다. 직장에서는 승진과 연봉으로 인정받으려고 하였다. 결혼하고 아이도 키우며 세월에 인정받으려고 하였다. 그러나 무엇을 위해 살아야 하는지는 몰랐다. 그저 남들에게 뒤처지면 안 된다는 경쟁의식에 사로잡혀 자신을 괴롭히며 살아왔다.

오십이 되자 그동안 아무 말도 없던 자아自我가 내게 왜 사냐고 묻는다. "나"라는 놈이 자꾸 나 자신에게 의미를 부여하려고 질문을 던진다. 태어나기 전에는 아무런 의식이 없다가 태어나면서 의식이 생겼다. 그 의식은 "나"를 인식하였지만, 존재 의미는 알지 못한다. 그래서 "나"라는 의식이 이 세상에 있는 나에게 "너는 왜 존재하고 있니?"라고 묻는다.

"나"라는 인식은 태어나고 난 후 다른 사람들의 인정으로 생긴 것이다. 따라서 "나"라는 존재가 의미 있으려면 다른 사람들로부터 끊임없이 존재의 인정을 받아야 한다. 그래서 사람들은 목적도 없는 목표를 향해 끊임없이 경쟁하며 다른 사람들로부터 인정받으려고 하나 보다.

오십에 마음이 불안한 이유는 그동안 존재 의미를 찾아 헤맸지만 결국 제자리에 있기 때문이다. 사람들은 인생이 헛되지 않았다는 근거를 만들려고 돈을 만들었나 보다. 열심히 살면 그에 상응하는 의미가 있다는 것을 보여주고 싶었나 보다. 그래서 대부분 사람은 모아놓은 재산이 별로 없으면 그동안 뭐 하며 살았나 하며 한심스러워한다.

사람은 애초부터 어떠한 의미도 없이 무無에서 태어났다. 그리고 언젠가 아무런 의미도 없이 무無로 돌아갈 운명에 있다. 그래서 지금 내가 왜 여기에 존재하는지 물어본다면 아무런 의미가 없다. 그러나 사람들은 다른 사람들의 인정으로 존재 의미를 찾으려고 한다. 지금 이 세상에서 사라져도 남은 사람들이 자기 존재를 기억할 것이라고 기대한다. 사람들의 기억 속에서 사라지는 허상虛像을 자기 존재라고 믿는 것이다. 그러나 살아 있는 사람들이 자기를 기억할지 확신할 수 없다. 설사 기억한다고 해도 그것을 보고 기뻐할 자기 존재가 없으니 의미가 없다. 존재 의미는 자기가 살아 있을 때 인식할 수 있어야 한다.

나 역시 이러한 허무의 굴레에서 벗어나지 못하고 있다. 언제부턴가 나의 존재감은 사람들의 중심에서 밀려나고 있다. 그리고 밀려나는 존재감을 외로움으로 인식하기 시작했다. 세상은 아직 늦지 않았다며 마지막 불꽃을 태워 존재감을 살리라고 재촉한다. 그래서 존재감을 살리려고 나를 몰아세우며 괴로워한다.

세상은 젊고 새로운 것들에 더 관심을 보인다. 그런데도 늙어가는 나를 돋보이려고 발버둥 친다. 세상의 순리에 순응하는 것은 나 자신을 소중히 여기는 것이다. 어차피 내가 이 세상에서 사라지면 다른 사람의 인정과 기억도 나에겐 아무런 의미가 없다. 내가 나를 소중히 여길 때 존재 의미가 생기는 것은 아닐까!

세상에 아무런 의미 없이 태어났다. 그런데 존재 이유를 찾으려고 자기를 괴롭히면 앞뒤가 맞지 않는다. 다른 사람들에게 피해 주지 않으면서 주어진 삶을 살다 가면 그만이다. 오십은 그냥 새로운 시작일 뿐이다. 시간이 흘러가는 대로 "나"를 편안히 두면 될 일이다. 오십은 남들에게 인정받으려는 삶에서 나를 괴롭히지 않는 삶으로 넘어가는 나이이다. 그리고 굳이 증명하지 않아도 되는 나이이다. 아무리 존재 의미와 이유에 몰입해도 답을 얻을 수 없는 것이 인생이다.

오십, 홀로 서는 시작점

오십에 흔들리는 이유는 아직 홀로 설 준비가 되어 있지 않기 때문이다. 그동안 직장 생활을 하며 그 나이대에 맞게 잘 살아왔다고 생각했다. 그리고 나름 사회인으로서 독립된 생활을 하였다고 생각했다. 그러나 오십이 되어 보니 지나온 세월은 온전히 나로 살아오지 못한 세월이었다. 회사를 위해 헌신하고 가족을 위해 희생하는 것이 당연해 보였다. 그렇게 살다 보면 먼 훗날 좋은 날이 올 거라는 희망을 품고 살았다. 그런데 어느 날 찾아온 오십에 더 이상 세상의 중심에 서지 못하고 가장자리로 밀려나는 내 모습을 본다. 그동안 홀로 섰던 것 같지만 사실은 회사에 의지하였고 가족에 의지하며 살아왔다. 이제는 정말로 홀로 서야 한다. 그런데 아무것도 할 줄 모르는 바보가 되어 외면하는 세상 앞에 우두커니 서 있다. 답답한 마음에 모든 것이 원망스럽지만 변하는 것은 아무것도 없다.

운이 좋은 사람들은 여전히 세상의 틈바구니에서 자리 하나 차지하며 안도의 한숨을 쉬고 있다. 그러나 그렇지 못한 사람들은 그렇게 열심히 벌었던 돈도 어디 가고 없고 몸은 이곳저곳 쑤시고 아프기만 하다. 몸도 늙고 마음도 늙어버린 현실 앞에 자꾸 무기력해진다.

서점에 깔린 책들은 오십이 새로운 시작이고 겨우 인생의 절반에 와 있다고 말한다. 시간상으로는 인생의 절반이 맞을지도 모른다. 그러나 지나간 인생 절반은 젊은 패기가 있었고, 세상은 젊다는 이유로 호의적이었다. 그러나 남은 인생 절반은 쓸데없는 자존심만 내세우며 세상이 알아주지 않는다고 원망만 할지도 모른다.

오십이 넘어가도 여전히 책임이 큰 사람이 있을 것이다. 그러나 많은 사람은 서서히 책임에서 벗어나기 시작한다. 그리고 온전히 자기만을 위한 시간도 갖게 될 것이다. 돈을 벌어야 한다, 가족을 책임져야 한다며 이 핑계 저 핑계로 여전히 고통스럽다고 말할 수 있다. 그러나 어느 정도 욕심을 내려놓으면 청춘보다는 덜 아프다.

달리 말하면 오십은 정말로 홀로 서야 한다. 그동안 자기에게 기대는 사람이 많았던 것은 책임이었고 고통이었지만 그래서 외롭지 않았다. 이제

 　　　　오십이 넘으면 세상이 보이는 이유

회사도 떠나고 자식도 떠나버리면 온전히 혼자만 남게 된다. 혼자 남은 삶을 어떻게 끌고 갈 것인지는 지금까지 살아온 삶보다 더 어려운 과제일 것이다. 어차피 흘러갈 시간이지만 무엇을 채우며 살아야 할지가 인생 절반에 큰 고민이다. 그러나 누구나 겪는 고민이라고 생각하면 정답은 없지만, 마음 편히 받아들여야 한다.

청춘은 아프지만 오십은 흔들린다. 아픈 것보다 흔들리는 것이 낫다면 괴로워하지 말고 마음을 잡아보자. 뭘 해도 재미없다면 새로운 것을 찾아 도전해 보자. 지금까지 다른 사람을 위한 책임을 졌다면 이제는 나를 위한 책임도 져보자. 나를 즐겁고 행복하게 만들어야 한다는 그 책임 말이다. 오십의 흔들림은 실패의 신호가 아니라 비로소 홀로 설 시간의 알림인 것이다.

쓸모 앞에 흔들리는 오십

오십 중반을 향하는 나는 불안에 휩싸여 흔들리고 있다. 다른 사람들은 나를 전혀 흔들리지 않는 모습으로 설명할 것이다. 그러나 내 마음의 호수는 끊임없이 일렁인다. 여전히 나의 존재가 쓸모 있다고 믿고 있다. 그러나 거울 앞에만 서면 변해가는 나의 모습에 자신감이 조용히 뒷걸음질 친다.

내가 이 자리에 있는 것이 맞는 것일까? 유튜브를 뒤적이며 나의 존재가 인생의 어디쯤 와 있는지 가늠해본다. 1차 베이비붐 세대가 은퇴했다. 이제 2차 베이비붐 세대가 은퇴하기 시작했다. 2차 베이비붐 세대에 속한 나는 예전에 남 일 같던 은퇴에 슬금슬금 불안이 커진다.

나의 쓸모가 수명을 다했을까? 아니면 쓸모가 더 있을까? 그러나 이러한 질문은 너무도 사치스러운 질문이다. 경기 침체와 아직도 어린 딸들을 생각하면 나의 쓸모가 있든 없든 그냥 조직에 붙어 있어야 한다. 아내는 시무룩한 나를 이 세상에서 가장 쓸모 있다고 치켜세운다.

얼마 전 아내와 시장에 갔었다. 가는 길에는 기타를 파는 가게가 있다. 가게 앞에는 줄이 끊어진 채 덩그러니 방치된 기타들이 있었다. 가게로 들어가 주인에게 저 기타들이 무엇이냐고 물었다. 그러자 주인은 수명을 다했거나 수리를 해도 고칠 수 없는 것들이라고 하였다. 내 눈에는 아직도 쓸모 있어 보이는데, 주인은 더 이상 쓸모가 없다고 말했다. 이곳저곳 상처는 있지만 잘 다듬으면 여전히 소리를 낼 수 있을 것 같았다. 주인은 고쳐 쓰려면 그냥 가져가도 된다고 말했다. 주인은 버려진 기타에 대해 더 이상의 기대가 없었다. 주인은 기타가 원하는 수준의 소리를 낼 수 없어서 그 쓸모를 다했다고 판단한 것이다.

갑자기 은퇴를 앞둔 오십 대를 보는 것 같았다. 그래서 내가 한번 고쳐보겠다며 기타 두 대를 들고 집으로 왔다. 한 대는 넥neck이 휘었는데 트러스로드truss rod를 조정하니 어느 정도 펴졌다. 그러나 조정했어도 확실히 젊은

 오십이 넘으면 세상이 보이는 이유

사람의 목처럼 반듯하지는 않았다. 그래도 새 기타 줄로 갈아 끼우니 음이 맞아 연주하는 데 아무런 문제가 없었다. 이곳저곳 상처가 안쓰러워 왁스를 발라 깨끗하게 닦아 주었다. 다른 한 대는 브리지가 떨어져 나갈 것처럼 벌어져 있었다. 그래서 브리지를 떼어 내고 사포로 간 다음 다시 목공 접착제로 붙여주었다.

한 대는 나무 무늬의 합판으로 만들어진 저가低價 기타이다. 브리지가 벌어진 기타도 검은색으로 도장 된 합판 기타이다. 이들은 몸값 높은 원목의 기타처럼 주인의 극진한 대접을 받아본 적이 한 번도 없었을 것이다. 습도나 온도로 변형될까 봐 걱정되어 주인의 애간장을 녹이는 그런 귀한 존재가 아니다. 그냥 축축한 창고에 방치되어 있거나 뜨거운 자동차 안에 아무렇게나 던져져 있어도 제 할 몫을 다 하려고 노력했던 그런 기타이다. 그래서 그들을 다시 한번 살려 주고 싶었다.

어제는 연수를 갔었는데 나무 무늬 합판 기타를 사람들 앞에 데뷔시켜 주었다. 사람들에게 기타의 사연을 설명하고 소리가 괜찮냐고 물었다. 모두 소리가 너무 좋고 외모도 고급스럽다고 말했다. 나를 칭찬하는 것 같아 마음이 기뻤다.

누군가에게는 쓸모없어 보여도 누군가에게는 여전히 쓸모 있는 것이다. 오십의 중반을 넘어서는 많은 이들이 여전히 쓸모 있음을 느끼며 남은 인생을 살아가길 바란다. 비록 예전만큼의 쓸모와 매력은 없겠지만 누군가에게는 여전히 귀하고 소중하게 느낄 쓸모가 있다고 믿고 싶다.

누구나 쓸모의 역할이 각기 다를 것이다. 그러나 세월 앞에 장사 없다. 지금 쓸모가 있다고 거만할 필요가 없다. 지금은 쓸모가 사라졌다고 괴로워할 필요도 없다. 그저 내게 주어진 속도대로 그 속도에 맞게 쓸모가 있으면 된다. 젊은 날의 쓸모를 너무 그리워하지 말자며 불안한 나를 다독인다. 젊은 날의 기대에 못 미치는 현실의 괴리로 나를 너무 괴롭히지 말자. 이제는 누군가를 위한 쓸모보다 나를 다독이는 쓸모가 더 필요한 때이다.

11.
존재로도 충분한 감사

사람들은 존재의 의미를 다른 이들에게서 찾으려고 노력한다. 그러나 진정한 의미는 자기 안에서 발견해야 한다. 길가에 핀 꽃들은 너무도 당연해 보여 존재를 위한 그들의 고통과 수고는 쉽게 간과된다. 인생에서 진정으로 중요한 것은 남이 아닌 나 자신을 소중히 여기는 것이다. 결국 자기 자신을 귀하게 여길 때 길가에 핀 작은 꽃들의 가치도 비로소 깨닫게 된다.

이국땅을 떠나지 못하는 이유

호주에서 한 교민을 알게 되었다. 그는 젊은 시절 호주에 이민을 와서 벌써 삼십 년째 살고 있다. 그가 왜 호주로 이민을 왔는지는 자세히 알지 못한다. 다만 호주에서 만난 사람들 대부분은 저마다 사연을 갖고 있었다. 한국에서 마음의 상처를 안고 온 사람도 있고, 먹고살 방법이 없어서 온 사람도 있다. 인생에 대한 새로운 관점을 갖고 온 사람도 있다.

그가 호주를 떠날 수 없는 이유는 그의 존재 이유가 호주에 있기 때문이다. 존재 이유는 자기를 필요로 하는 자리에서 느끼는 감각일 것이다. 누구나 세상에서 존재감을 느끼며 살고 싶어 한다. 그 존재감은 살아가야 할 이유가 된다. 따라서 살아가기 위해서는 스스로 존재감을 만들어야 한다.

그는 지역에서 한인회장도 하고 봉사활동도 많이 해서 비록 이국땅이지만 호주 사회에 영향력이 크다. 그는 호주로 공연을 오는 한국 연예인이나 산업 시찰차 오는 정치인들이 자기를 통하지 않으면 제대로 일을 보지 못한다며 자부심이 대단했다. 그가 한국에 살았다면 한 계단 한 계단 밟고 올라가야 겨우 만날 수 있는 사람들을 호주에서는 쉽게 만나는 것이다. 그 유명한 사람들은 낯선 호주에서 그들의 목적을 달성하기 위해 그에게 도움을 청하는 것이다. 그는 수많은 한국 사람들이 자기를 찾는 것에 대해 매우 기뻐하고 있었다. 그러나 그의 자부심에는 이국땅의 외로움도 묻어 있는 듯했다.

사람들은 저마다 인생을 살아가야 할 존재 이유를 찾는다. 존재 이유는 자기가 만들 수도 있고 다른 사람들에 의해 만들어질 수도 있다. 스스로 인생을 살아갈 이유를 찾았다면 그 사람은 세상으로부터 자유를 얻은 사람이다. 그러나 대부분 사람은 자기가 살아갈 이유를 다른 사람들로부터 찾는다. 다른 사람들이 자기를 찾아주는 것에서 존재의 행복을 느끼기 때문이다.

이제 그는 한국에 돌아갈 생각이 없는 듯하다. 육십 세가 넘은 그가 한국에 돌아간다면 사람들은 더 이상 그를 찾지 않을 것이다. 그는 한국에서는 생길 수 없는 존재감을 지키기 위해 이국땅을 떠나지 못하는 것이다.

우리는 세상에 속고 세상에 무시당할 때 살아갈 힘을 잃는다. 자신이 쓸모없다고 느끼는 자괴감은 살아가야 할 이유를 막아선다. 그러나 그 이유는 다른 사람들이 아닌 우리 스스로 만들어야 한다. 물론 그것이 쉬운 일은 아니다.

우리에게는 뜨거운 태양으로 말라 죽어가는 풀 한 포기를 살릴 힘이 있다. 바람에 굴러다니는 쓰레기를 주워 세상을 아름답게 할 힘이 있다. 처지가 힘든 사람들을 동정하고 배려할 힘이 있다. 사계절의 변화 속에서 아름다움을 느낄 힘이 있다. 그래서 우리는 충분히 세상에 존재할 이유를 찾을 수 있다.

살아가야 할 존재 이유는 각자의 방식으로 찾으면 그만이다. 다른 사람에게 거창할 필요도 없고 다른 사람에게 내세울 필요도 없다. 그저 나만이 아는 존재 이유를 간직한 채 그렇게 살면 된다. 그 존재 이유를 찾을 때 우리는 세상이 던지는 수많은 질문에 자유로울 수 있다.

꽃이 피어 다행이다

젊었을 때는 꽃이 피는 것이 당연해 보였다. 그래서 꽃이 피는 것을 귀하게 여기지 못했다. 어쩌면 꽃이 피지 않는 것이 당연한지도 모른다. 애써 꽃을 피우기 위한 수고가 고통이었을 테니 말이다.

세월이 흐르니 꽃이 핀 것에 감사하다. 그래서 꽃이 피면 꽃을 찬미하느라 봄이 짧기만 하다. 세월이 흐르면 늙어가는 것이 아쉽다. 그러나 세상의 변화에 감사할 줄 알게 된다. 그래서 꽃이 핀 것만으로도 마음은 행복해진다. 당연해 보인 것이 당연해 보이지 않으니 행복해질 수밖에 없다.

우리는 인생의 해답을 찾아 헤맸지만, 아무것도 얻지 못한 채 세월만 흘려보냈다. 그래도 세월이 흐르면 세상의 모든 것이 고맙게 느껴진다. 그래서 세상의 모든 것을 사랑하게 된다. 인생의 유한함을 깨달을 때 모든 것을 사랑할 수밖에 없다. 그래서 세상의 변화에도 감사하게 된다.

우리는 수많은 시간 동안 우리 곁을 스친 세상의 모든 변화를 당연한 것으로 여겼다. 우리의 눈과 귀를 멀게 만든 많은 것들이 세월이 지나면 보잘것없다는 것을 알게 된다. 우리에게 정말 소중한 것은 올해도 어김없이 찾아온 따뜻한 봄날과 세상을 아름답게 수놓은 꽃들뿐이다.

끝없는 인생의 방황 속에서 뒤늦게 찾은 것은 어김없이 피워준 꽃에 감사하고 행복해하는 나의 모습뿐이다. 그래서 꽃이 피어 다행이다.

12.
늦게 도착한 마음들

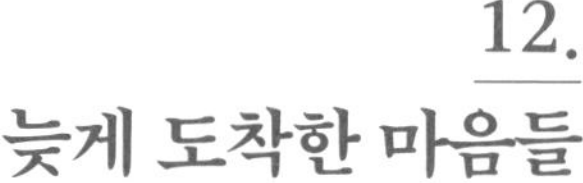

젊은 날의 추억은 시간이 지나면서 빛바랜 사진처럼 희미해져 간다. 그러나 그 속에는 여전히 빛나는 아름다운 순간들이 있다. 우리가 걸어온 길은 모두 사랑이었고 인생의 등불이었다. 세월은 많은 것을 가져갔지만 삶을 지키는 마음만은 남겨두었다. 비록 늦게 도착한 마음이지만 인생에 온기를 불어넣는다.

막내가 따로 오는 날

증권회사에 다닐 때 고객 중 세 자매가 있었다. 세 자매는 어렸을 때 부모의 사랑을 듬뿍 받으며 자랐을 것이다. 성인이 된 세 자매는 같은 도시에 살지만 사는 동네는 달랐다. 첫째와 둘째 자매는 다른 사람들이 볼 때 그래도 잘사는 동네에 살았다. 그러나 막내 자매는 흔한 말로 외곽의 허름한 아파트에 살았다.

첫째와 둘째 자매는 항상 붙어 다녔고 영업점에 방문할 때도 항상 같이 왔다. 그러나 막내 자매는 항상 같은 동네 아줌마들과 왔다. 물론 세 자매는 서로 친했다. 첫째와 둘째 자매의 남편은 도청에 다니는 고위직 공무원이었다. 그래서 그들은 대화하는 주제도 같고 사는 형편도 비슷하여 만나기가 수월했던 것 같다. 막내 자매의 남편은 무슨 일을 하는지 잘 몰랐다. 그러나 사는 동네를 미루어 짐작하면 형편이 그다지 좋아 보이지는 않았다. 막내 자매는 언제나 조용했고, 자신의 이야기를 먼저 꺼내는 일은 거의 없었다.

나는 늘 세 자매를 응대하면서 돈이란 무엇인가에 대해 질문하곤 했었다. 세 자매는 서로 사이가 나쁜 것도 아닌데 막내는 항상 따로 영업점에 왔다. 같은 부모 아래서 자랐지만, 세 자매의 하루는 서로 다른 방향으로 흘러가고 있었다. 남의 시선에 움츠러든 우리는 스스로 선택한 그 부류에 적응하며 산다. 세상은 세 자매를 돈의 무게로 삶의 방식과 환경을 갈라놓은 것 같다.

그들은 명절이면 서로 반갑게 만날 것이다. 부모님에게는 모두 귀한 딸들일 것이다. 그러나 그때가 지나면 그들은 다시 각자가 선택한 삶으로 돌아가야 한다.

나는 그렇게 막내가 따로 오는 것이 안타까웠다. 부모님에게는 막내가 가장 예쁜 딸이 아니었을까! 내가 딸 바보라 그런가! 그러나 부모님의 사랑으로도 세상의 냉정한 현실을 어쩌지는 못하는 것 같다. 막내 자매가 부모님 마음이 아프지 않게, 그리고 자기 마음이 다치지 않게 잘살았으면 좋겠다.

내 젊음을 채워준 그녀

그녀가 벽에 붙여 놓았던 사진bromide처럼 그대로 멈춰 있길 바랐는데. 그녀가 내 젊은 날의 시간 속에 그대로 갇혀 있길 바랐는데. 아무래도 세월 앞에 욕심을 부린 것 같다. 차라리 그녀를 보지 않았으면 좋았을 것을.

그녀의 모습에 내 젊은 추억도 한순간에 늙어버린다. 한때 내 마음을 송두리째 빼앗았던 그녀가 말 한마디 없이 떠나가더니 이제야 내 눈앞에 나타나 내 젊은 날을 퇴색하게 한다.

그때는 그녀가 이슬만 먹고 사는 줄 알았고 그렇게 항상 아름다운 줄 알았다. 그때는 세상 풍파가 그녀만은 피해가 다른 어른들에게만 닥치는 줄 알았다. 그때는 내 젊은 날이 변치 않을 그녀와 영원히 머물러 있을 줄 알았다.

이제야 그녀도 늙는다는 사실을 알았다. 아니! 그녀가 이제 많이 늙었다는 사실을 알았다. 세상 풍파가 그녀도 피해 가지 않았다는 것을 알았다. 항상 화려하고 고귀해 보이던 그녀가 주름진 얼굴과 굽은 등으로 내 눈앞에 나타나 내 마음을 괴롭힌다. 그녀를 보며 나도 그녀처럼 변해가고 있음에 다시 한번 마음이 무거워진다. 영원한 것이 없다는 것을 잘 알면서도 영원하기만을 바라는 내 마음은 한낱 인간의 터무니 없는 욕심 앞에 초라해져만 간다. 그래도 내 젊은 날을 행복하게 지켜준 그녀에게 여전히 감사하다. 그녀가 있어서 내 젊은 날이 더 아련하고 아름답다. 그녀가 있어서 내 젊은 날이 더 기쁨으로 충만했다.

이제야 나타난 그녀가 행복하기를 바란다. 내 젊은 날을 설렘으로 꽉 채워준 그녀가 건강하기를 바란다. 그리고 잃어가는 모든 것 앞에 좌절하지 않고 그녀가 온전히 인생을 누리기를 바란다.

어느 날 우연히 화면 너머로, 고교 시절에 그렇게 좋아했던 여가수를 보고 이렇게 마음을 달래본다. 사진 속에 멈춰 있던 그녀를 다시 움직이게 한 건 세월이었고 그 세월은 나도 가만두지 않았다. 그러나 그녀만이 소환할 수 있는 내 젊은 날의 조각을 다시 찾게 되어 매우 기쁘다. 그 조각을 오랫동안 기억할 수 있도록 그녀가 이 세상에 오랫동안 머물렀으면 좋겠다.

힘을 잃어가는 그늘막

부모님의 그늘막이 힘을 잃어가고 있다. 언제나 자식들의 그늘막이 되어

주실 줄 알았다. 그러나 그 그늘막은 해가 기울 듯 서서히 옅어지고 있다.

아버지는 이제 이빨 빠진 호랑이처럼 엄마의 잔소리에 꼬리를 감춘다. 한때는 아버지도 엄마의 말에 지지 않고 목청을 높이셨다. 그러나 몇 해 전 간암 수술을 하신 뒤로 기력이 눈에 띄게 떨어지셨다. 엄마의 목청은 여전히 쩌렁쩌렁하다. 그러나 그 소리 끝에는 예전 같지 않은 망설임이 묻어 있다. 수시로 날아오는 지인들의 부고訃告에 옳고 그름을 따지는 일이 더 이상 의미 없다고 여기시는 듯하다.

어렸을 적 아버지는 근처 목재소에서 버려진 나무껍질을 실어 오셨다. 그 나무껍질은 겨울마다 아궁이로 들어가 난방비를 대신했다. 우리 집에는 늘 강아지가 많았다. 학교에서 돌아오면 갓 태어난 강아지들로 마당이 북적였다. 하지만 그 아이들은 얼마 지나지 않아 아버지의 자전거에 실려 다시 돌아오지 못했다. 집 지붕에는 벌통이 있었다. 말벌이 날아들 때면 아버지는 빗자루를 들고 지붕 위로 올라가셨다. 공무원 박봉薄俸으로 가정을 지키기 위해 아버지는 지금으로 치면 투잡을 뛰셨다. 엄마도 마찬가지였다. 아이들 학비를 벌기 위해 동네를 걸어 다니며 보험을 파셨다. 자식들은 부모의 그늘막이 너무도 당연해서 그 그늘막이 어떻게 만들어졌는지에는 관심조차 두지 않았다. 이제 아버지는 무엇을 해야 할지 몰라 자꾸 방향을 잃으신다. 엄마는 걷는 일조차 버거워 자꾸 주저앉는다.

부모님은 성인이 된 자식을 여전히 물가에 내놓은 아이처럼 걱정하신다.

자식은 인생의 장애물을 만날 때마다 넉넉히 키워주지 못했다며 부모님을 원망했다. 자식이 많은 집안에서 각자에게 돌아간 사랑은 충분할 수 없었다. 그러나 그 부족함의 무게는 언제나 부모님 쪽으로 기울어 있었다. 그래서인지 엄마는 지금도 자식 손에 무언가를 들려 보내 그 부족함을 채우려 애를 쓰신다.

이제 부모님은 자식이 걸어오는 싸움을 피하신다. 아니, 그 싸움에 반응할 힘이 남아 있지 않다. 자식은 더 이상 받아주지 않는 싸움 앞에서 오히려 마음이 흔들린다. 살아가며 힘들고 지칠 때면 자식은 괴로운 감정을 부모님께 쏟아냈다. 그때마다 부모님은 말없이 자식의 감정을 받아 내는 그릇이 되어 주셨다. 이제 굽은 어깨와 허리, 구부러진 손가락과 휘어버린 다리 그리고 흐려지는 기억력, 부모님은 더 이상 걸어오는 싸움을 감당하지 못하신다. 어느 날 문득, 화면 너머로 보던 호호백발皜皜白髮의 노인이 어느새 부모님이 되어 계셨다.

이제야 알겠다. 아버지의 무뚝뚝한 말투가 가장의 책임에 짓눌린 신음이었다는 것을. 엄마의 끊임없는 잔소리가 걱정과 불안을 이겨내려는 몸부림이었다는 것을. 부모님과의 추억이 적었던 것은 그들에게 자기 인생이 없었기 때문이라는 것을. 허름했던 부모님의 그늘막은 그들의 세월을 갈아 만든 헌신이었다는 것을. 자식을 한 놈이라도 잃지 않으려고 그렇게 끙끙 앓으며 가슴에 품으셨다는 것을. 자식은 더 이상 이기심을 앞세워 부모님께 싸움을 걸 수 없다는 것을.

이제야 보인다. 가족의 생계를 걱정하며 상사 앞에 굽실거렸을 아버지의 뒷모습이. 나무껍질을 손수레에 싣고 혼자 끌던 아버지의 뒷모습이. 도로 한복판에서 강아지를 실은 자전거와 넘어졌던 아버지의 뒷모습이. 추운 겨울 혼자 벌통을 지고 산으로 갔던 아버지의 뒷모습이. 귀한 대접받고 자랐는데 고객 앞에 굽실거렸을 엄마의 뒷모습이. 마를 날 없어 거칠어진 엄마의 투박한 손등과 굽은 손마디가.

부모님의 그늘막은 더 이상 햇볕으로부터 자식을 보호하지 못한다. 이제 해지다 못해 기억의 조각으로도 찾기 힘들다. 그 그늘막을 기억해 내지 못하는 자식은 앞만 보고 걸어간다. 부모님은 여전히 사라져 가는 몸으로 자식들을 가리려 애쓰신다. 이미 가려지지 않는다는 것을 알면서도 그 자리에 서 계신다.

이제야 말씀드린다. 부모님의 억척스러운 고집이 자식을 지켜낸 수고였다고. 부모님의 다그치는 조급함이 자식에 대한 걱정이었다고. 부모님의 외로운 침묵이 자식을 짊어진 무게였다고. 부모님에 대한 원망은 여전히 부모님의 그늘막이 그리워서라고. 부모님의 그늘막은 이제 그 자리에 계시는 것만으로도 충분하다고.

언제 꺼질지 모를 부모님의 촛불이 오늘도 빛을 발한다. 흔들리는 부모님의 촛불이 오늘도 자식을 밝힌다. 부모님의 그늘막은 힘을 잃어가고 있다. 그러나 부모님의 촛불만은 그 자리에서 오래도록 타오르길 간절히 기원한다.

아내에게 남기는 고백

서른 중반의 독거獨居 노총각을 구해준 건 바로 너였지. 회사생활과 대학원 생활로 바쁜 척해도 넌 항상 내 곁에 있었지. 다른 여자들은 나를 평가하고 떠났지만 너는 나를 이해하며 머물러 있었지. 우리 신혼집은 무당집이 즐비했던 동네의 슬래브 집 2층이었지. 여름에는 태양으로 달궈져 너무 뜨거웠고 겨울에는 찬바람을 직접 맞아 너무 추웠지. 그래도 너는 나와 함께 있어 행복하다고 했었지.

생계의 고민에 나는 임신했던 너를 살갑게 대하지 못했어. 그때는 핑계였지만 지금은 변명의 여지가 없는 미안한 마음뿐이야. 너는 첫째 아이를 등에 업고 나 대신 교수임용 지원서를 제출하러 대학교에 다녔지. 임용에 탈락하여 이불을 뒤집어쓰고 울고 있을 때 내 곁을 지켜준 건 바로 너였지. 둘째 아이가 태어나던 해에 회사는 말없이 사라지고 있었지. 회사에서 학교에서 사람들로 닳아갈 때 나를 다독이던 건 바로 너였지. 화창한 봄날 논문을 쓴다고 방구석에 틀어박혀 있을 때도 내가 굶어 죽을까 봐 걱정했던 건 바로 너였지. 너의 손에 들려온 그 군것질거리가 정말로 좋았었어.

우리가 결혼한 지도 벌써 이십 년이 다 되어가고 있네. 아이들은 어느새 어른의 모습을 하고 있어. 너는 여전히 아이들의 감정을 받아 내느라 힘겨워하고 있지. 결혼기념일도 제대로 챙기지 못한 무심한 나를 너는 그냥 품어주었어. 우리를 둘러싼 모든 환경이 너의 희생으로 평화롭다는 것을 잘 알고 있어. 돌이켜보면 내 초라한 젊은 날이 너로 인해 찬란했고 아프지 않았다. 나는 지금 빛을 잃어가고 있지만, 너로 인해 여전히 빛나고 있다.

너는 너의 친구들로 나를 항상 주인공으로 만들어주었지. 굳이 누군가를 만나지 않아도 너 하나로 외롭지 않았어. 여전히 사랑한다는 말은 어색하지만 내 마음은 항상 너를 향해 있어. 너는 방구석 철학가를 밖으로 끌어내주었지. 저녁이면 걷는 너와의 산책이 너무 좋더라. 흔들리는 나를 지키는 건 바로 너였다는 것을 알았지.

마주 본 얼굴에는 어느새 하나둘 주름이 늘어가고 있네. 언젠가 모두가 떠나고 나면 우리 둘만 남겠지. 아프지 말고 계속 이렇게 내 곁에 있었으면 좋겠다. 지금 너는 오십의 문턱을, 나는 오십의 중반을 지나가고 있다. 그러나 아직 우리에겐 서로를 아끼고 사랑할 수 있는 시간이 남아 있다. 그동안 다른 사람을 위해 살았다면 이제는 우리의 인생을 응원해 보자! 마지막으로 인생 절반을 건너오게 해 준 너에게 감사한다. 나의 목적지는 결국 너였다는 것을 이제야 알게 되었다.

에필로그

누구나 인생 절반이 지나간다. 지나온 길이 쉽지 않았기에 남은 인생이 소중해진다. 그러나 자칫 인생의 중심이 흔들릴 수 있는 시기이다. 기대했던 평온은 온데간데없고 여전히 세상에 등 떠밀려 계속 달려야 할 것 같다. 아직 어린 자녀와 연로하신 부모님 그리고 약해지는 나 자신을 보며 늘어난 삶의 무게를 느낀다. 후회와 불안에 마음은 흔들리고 찾지 못한 존재 이유는 공허함으로 남는다. 그러나 살아가야 할 이유를 찾지 못한다면 이제는 살아가야 할 이유를 만들어야 한다. 지나간 인생은 깨달음을 남기며 새로운 절반을 응원할 것이다.

인생 전반기는 세상이 원하는 대로 떠밀리며 살았다. 교육받아야 한다고 해서 초등학교, 중학교, 고등학교 그리고 대학교에 다녔다. 돈을 벌어야 한다고 해서 회사에 취직하였다. 모두 그렇게 한다고 해서 가정을 꾸렸다. 세상은 한시도 인생을 가만두지 않고 행복이라는 이름으로 고통을 주었다.

세상은 까만 밤을 하얗게 지새우게 했다. 세상이 시키는 대로 했는데 왜 이렇게 고통스럽냐고. 세상에 순응하며 살았는데 왜 이렇게 억울하냐고. 그러나 돌아보면 세상은 그대로인데 욕심만 커져 있었다. 아무리 채워도 채워지지 않는 욕심을 세상 탓만 하며 원망하였다. 그리고 그렇게 살다 보니 어느새 인생 절반이 지나갔다.

인생 절반의 결과를 마주할 자신이 없었다. 욕심은 나를 고통이라는 무지無知의 방에 가둬두었다. 내가 없는 인생은 공허하고 의미 없어 보였다. 그러나 욕심을 비집고 깨달음으로 무지의 벽을 허물기 시작했다.

이렇게밖에 살지 못하는 자신을 너무 서운해하지 말자. 인생 후반기는 세상 욕심에 흔들리지 말고 자기 자신으로 살아가야 한다. 설사 흔들려도 금세 제자리에 갖다 놓을 단단한 자신을 만들어야 한다. 인생 절반은 깨달음으로 거듭나 자신을 잃지 않을 등대가 되어 줄 것이다.

지나간 인생은 지나간 대로 그런 의미가 있다. 그것이 후회가 아닌 깨달음이 되어야 한다. 누군가는 남은 인생을 후회로 주저앉을 것이다. 누군가는 남은 인생을 깨달음으로 뻗어나갈 것이다. 어차피 누구나 인생의 끝에 도달하기는 마찬가지이다. 남은 인생은 온전히 자신의 의지로 살아갈 수 있는 마지막 기회이다. 남은 인생이 인생 절반의 깨달음으로 자유의 희열을 만끽하는 시간이 되기를 빌어본다.